KB254036

그림해설

새로운 발상의 마케팅

— 인더스트리얼 마케팅 —

미야 에이지 지음 · 윤상근 편역

　국내에서 마케팅이 붐을 일으킨 지도 이미 40여 년이 지났지만 이제야 겨우 마케팅적 발상법이 기업 경영에 영향을 주기 시작했다. 그런데 오늘날 유감스럽게도 마케팅의 거의 대부분이 소비자를 대상으로 한 소비재(消費財) 마케팅이며, 생산재(生産財)에 대해서는 눈길조차 주지 않았다.

　학문 영역에서도 마찬가지로 소비재 마케팅의 경우는 소비재 매니지먼트론, 소비자행동론, 마케팅리서치, 광고론, 유통론 등의 연구가 활발히 진행되고 있지만 인더스트리얼 마케팅 분야에 대해서는 거의 소외된 상태라고 하겠다. 세상에는 생산재가 엄연히 존재해 있음에도 불구하고 이것들이 전문적인 연구 대상에서 제외되고 심지어 생산재 마케팅을 논하려고 할 때 제멋대로 소비재 마케팅론을 원용(援用)하려는 억지마저 부리고 있다. 그런가 하면 생산재 메이커의 비즈니스맨들조차도 소비재의 마케팅 이론을 아전인수(我田引水) 격으로 받아들여 적용하고 있는 실정이다.

　이와 같은 점을 감안하여 필자가 인더스트리얼 마케팅 분야에 대해 어떻게 해서든 손을 써야겠다는 생각에서 만들어낸 책이 바로 그림해설로 된《새로운 발상의 마케팅 ─ 인더스트리얼 마케팅》(원제 : 圖說 インダストリアル マーケティング)이다. 이 책은 특히 설득효과가 뛰어난 시각화(視覺化)에 포인트를 두고 도표만으로 구성해보았다. 그 까닭은 일체의 이론적인 설명을 생략하고 그것을 도표화함으로써 독자로 하여금 자기 나름대로의 생각과 발상을 유도하는 동시에 지적(知的) 자극을 주려는 의도에서이다. 이를테면 Self-thinking이라는 표현이 타당할지도 모른다. 단지 필자로서는 읽는 사람이 ‘어떻게 해석하든 상관없다’라는 자유방임적 입장임을 부연해 둔다.

　이 책은 인더스트리얼 마케팅의 정의와 인더스트리얼 마케팅 믹스, 그리고 인더스트리얼 마케팅의 새로운 전개 등이 큰 줄기로 하여 구성되어 있다. 그리고 이 책의 주독자층으로 비즈니스맨을 비롯하여 마케팅 관계 연구자, 대학생 및 대학원생 등을 염두에 두고 있다.

　끝으로 이 책을 읽는 여러분께서 흥미롭고 재미있게 인더스트리얼 마케팅을 이해해준다면 필자로서는 무엇보다도 다행스럽게 생각하는 바이다.

　이 책을 펴내기 위해 수고해주신 한국산업훈련연구소 박달규 회장님과 편집에 애써주신 모든 분들께 감사의 말씀을 드린다.

1996년 8월
미야 에이지(三家英治)

편역자의 말

평소 기발한 아이디어와 독창적인 그림으로 난해한 마케팅 이론을 쉽게 전달하여 독자들과 친숙한 관계를 맺고 있는 미야 에이지 교수가 최근 펴낸 《圖說 インダストリアル マ-ケティング》를 우리말로 편역 출판한 책이 바로 《새로운 발상의 마케팅 — 인더스트리얼 마케팅》이다.

마케팅 이론은 20세기 초에 미국에서 시작되어 90년이 넘는 역사를 지니면서 업계에 크게 공헌해온 분야이다. 그런데 유감스럽게도 마케팅 관련 서적의 거의 대부분이 소비재 마케팅에 편중되어 있는 것이 현실이다. 이는 생산재 마케팅(인더스트리얼 마케팅)의 영역을 탐구하려는 업계나 관련자에게 있어서는 매우 아쉬운 일이 아닐 수 없다.

편역자도 산업교육 및 컨설팅 현장에서 인더스트리얼 마케팅의 이론적인 추구를 갈구해왔던 터였다. 이에 부응이나 하듯이 마케팅 분야의 권위자인 미야 에이지 교수가 펴낸 이 책은 시의적절한 등장이 아닐 수 없다.

편역자는 5년 전 미야 에이지 교수가 저술한 《알기쉬운 마케팅》(원제 : 圖說 マ-ケティング)을 번역하여 지금까지 독자들의 좋은 반응을 얻고 있는 가운데 다시금 미야 에이지 교수의 책을 편역하게 되어 기쁜 마음을 금할 길이 없다.

이 책은 놀라운 발상과 짜임새 있는 도표들을 통해서 전달되는 내용의 전개가 탁월할 뿐만 아니라 이해하기가 매우 쉽다. 우리에게 생소한 인더스트리얼 마케팅의 내용을 이처럼 간결하고 쉽게 설명한다는 것은 미야 에이지 교수만이 지닌 면모가 아닐 수 없다.

TR(기술 및 과학 라운드)의 대두, 각국의 기술보호주의, 고도의 기술과 과학을 통한 고부가가치 산업의 창출, 산업의 발전에 따른 산업재 규모와 비중의 증가 및 패러다임의 변화가 요구되는 급변하는 시대에 있어서 이 책을 일독한다면 인더스트리얼 마케팅에 대한 이해가 더욱 빠르리라고 믿는다.

1996년 8월
윤 상 근

차 례

제3장 인더스트리얼 마케팅 믹스 Ⅱ (영업전략)　81

제4장 인더스트리얼 마케팅 믹스 Ⅲ (판촉전략)　109

제5장　인더스트리얼 마케팅의 새로운 전개　　135

제1장
인더스트리얼 마케팅

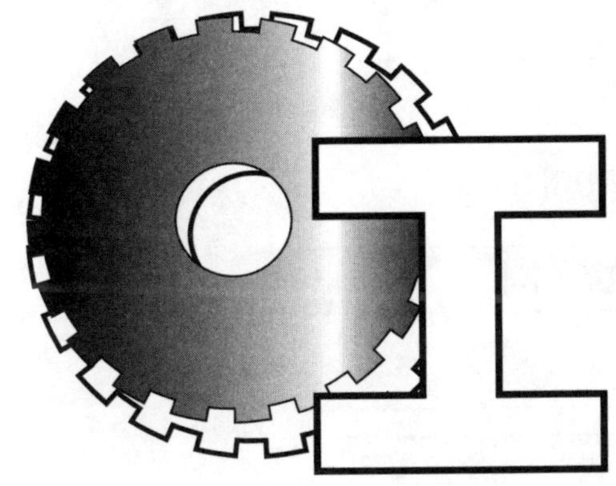

1-1 마케팅의 발상

<그림1> 마케팅의 발상

마케팅의 진리

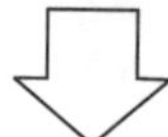

그렇다면 어떻게 고객만족을 추구할 것인가. ⇐ 이것이 마케팅 이론의 테마

≪마케팅의 격언≫

- 마케팅 사전에는 '절대'라는 말이 없다. ··· 모든 것이 상대적이다.
- 정답은 하나뿐이 아니다.
- 정답은 계속 변해간다.
- 선입관을 버린다.
- 역전(逆轉)의 발상이 중요하다.
- 상식보다는 비상식(非常識)이다.
- 돈보다 지혜가 중요하다.
- 붐(Boom)에 편승하지 말고 붐을 만들라.
- 조사는 과거의 결과이다.
- 똑같은 찬스는 두번 다시 오지 않는다.
- 전원의 찬성을 기다리면 때가 늦다.
- 이익은 기업 노력의 결과이다.
- 중소기업이 확실히 해야 할 것은 마케팅이다.

<그림2> 마케팅의 성공요인

- 고객과 끊임없이 접촉한다.
- 고객의 불만이 무엇인가를 확실히 파악한다.
- 표적(Target)이 무엇인가를 확실히 파악한다.
- 브랜드 만들기
- 베스트셀러, 스테디셀러, 유행분석
- 차별화전략이 중요하다.
- 전략을 압축한다.
- Money Making Area를 만든다. ··· 자사의 자신있는 분야를 갖는다.
- 제품의 기능분석 실시
- 철수(撤收)도 전략이다.
- 타업계의 성공사례를 참고한다.
- Time Is Money.
- 따라잡기 전에 도망치는 것도 전략이다.
- 모든 전략을 준비한다.

1-2 마케팅의 정의

마케팅(Marketing)이란, 소비자의 만족을 얻기 위해 전개하는 비즈니스 활동이다.

인더스트리얼 마케팅(Industrial Marketing : IM)이란, 개인이 소비하거나 사용하는 제품・서비스 이외의 모든 제품・서비스의 마케팅을 말한다.

<그림 1> 마케팅과 인더스트리얼 마케팅

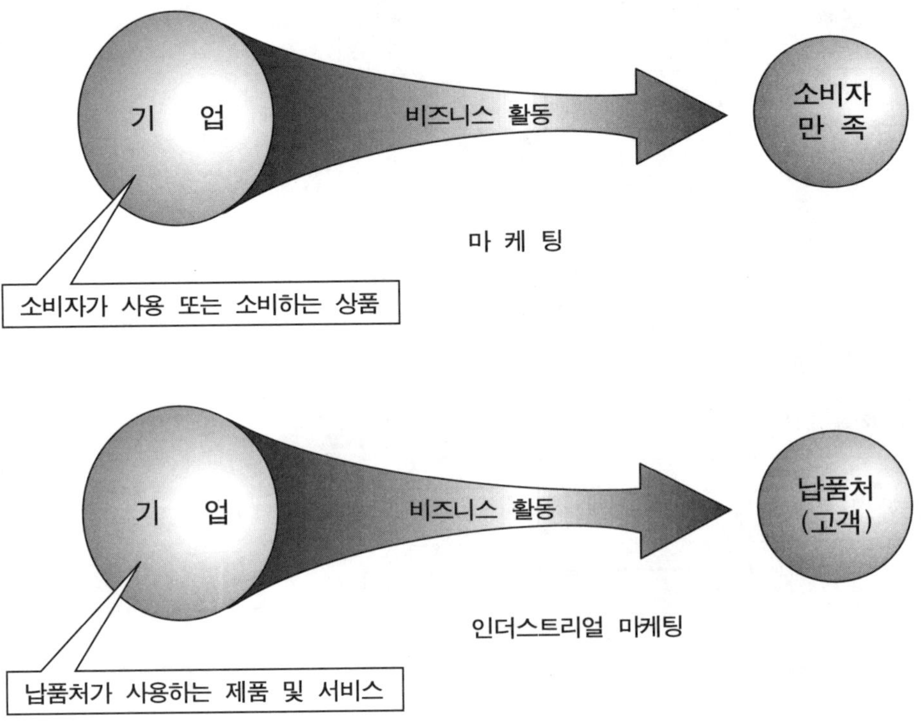

<그림2> 인더스트리얼 마케팅의 별칭

<그림3> 마케팅과 인더스트리얼 마케팅의 루트

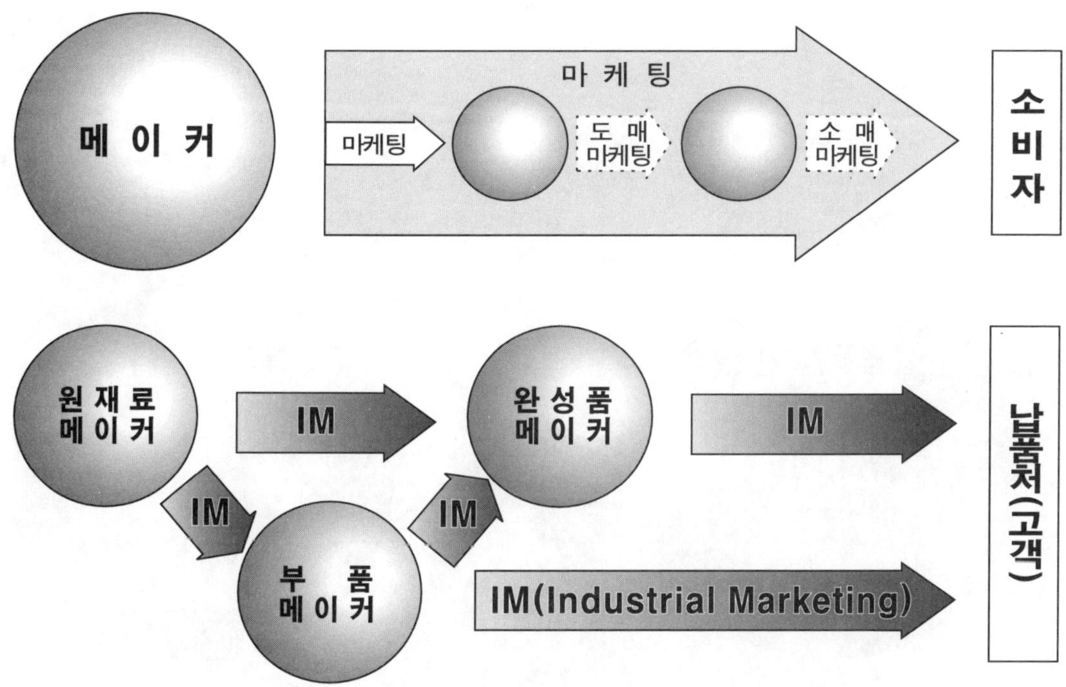

1-3 인더스트리얼 마케팅(IM)

<그림1> 제품·서비스의 분류

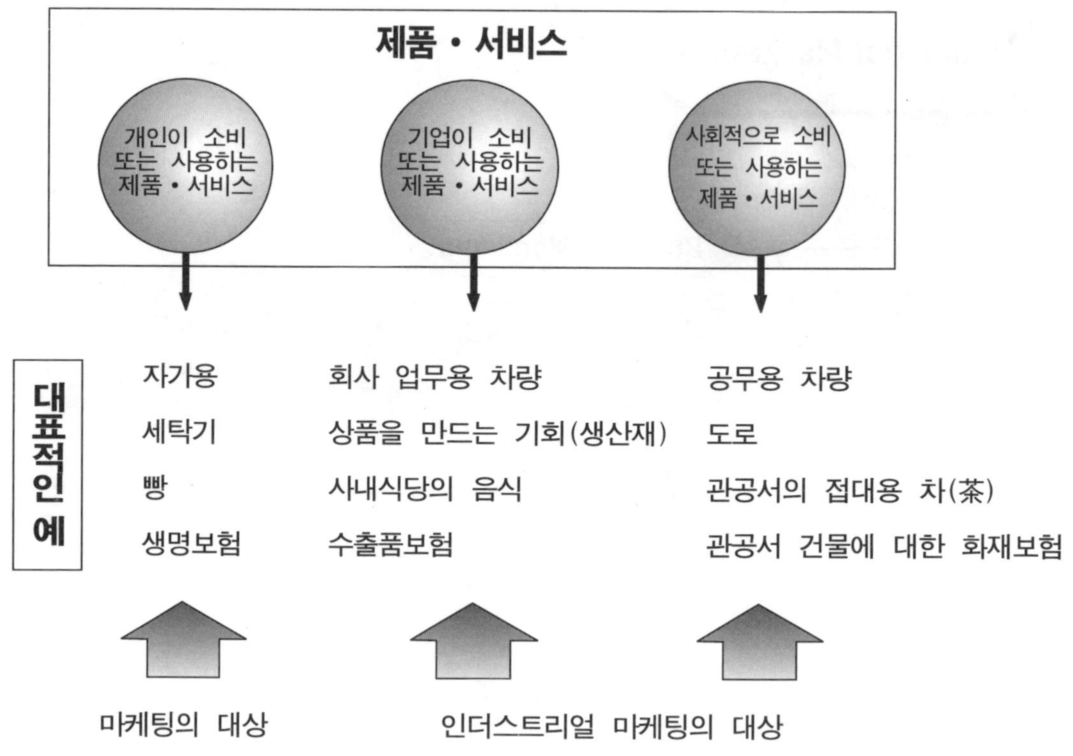

<그림2> 인더스트리얼 마케팅의 주체와 대상

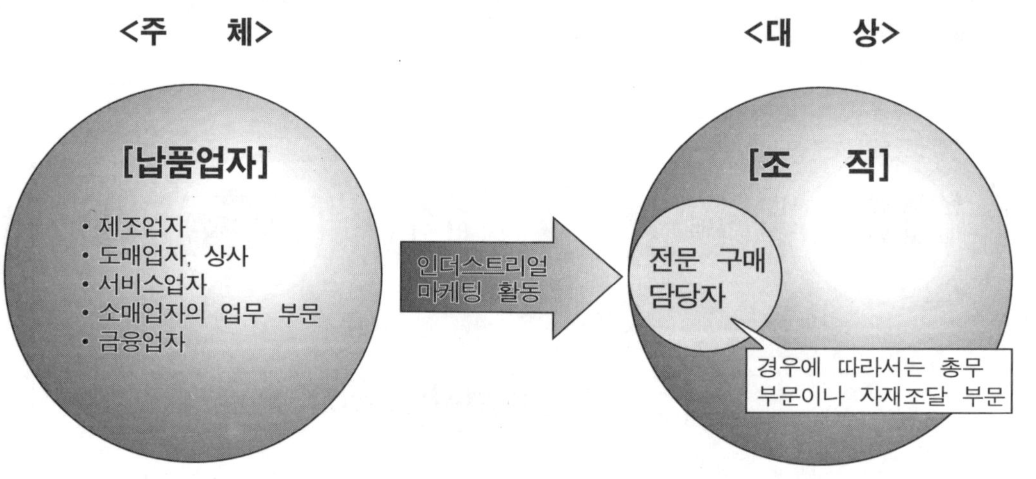

<그림3> 인더스트리얼 마케팅의 분류 (1)

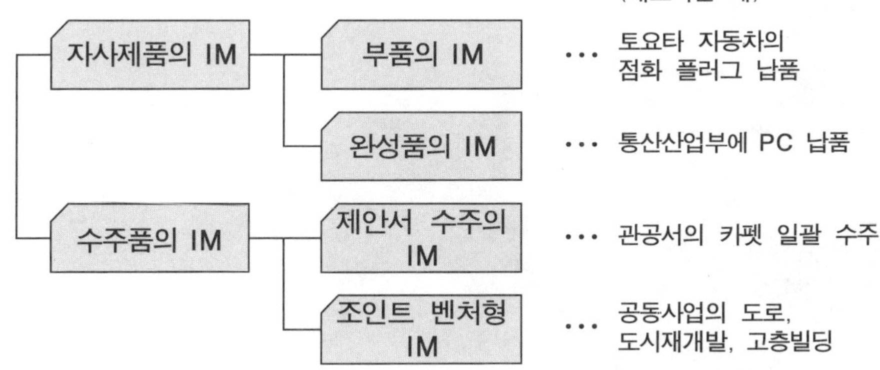

(대표적인 예)
자사제품의 IM
부품의 IM
··· 토요타 자동차의 점화 플러그 납품
완성품의 IM
··· 통산산업부에 PC 납품
수주품의 IM
제안서 수주의 IM
··· 관공서의 카펫 일괄 수주
조인트 벤처형 IM
··· 공동사업의 도로, 도시재개발, 고층빌딩

<그림4> 인더스트리얼 마케팅의 분류 (2)

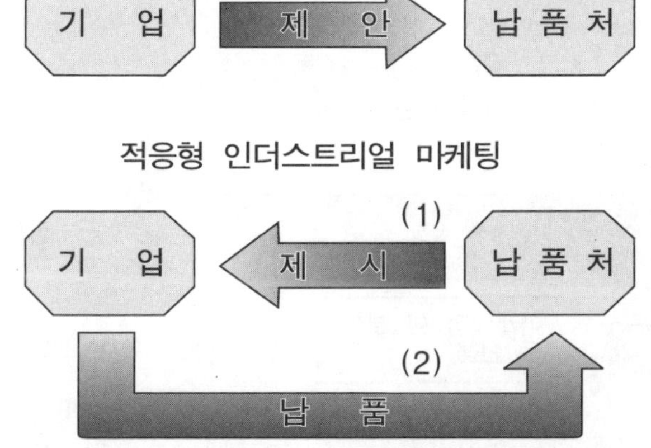

창조형 인더스트리얼 마케팅
기 업
제 안
납 품 처
적응형 인더스트리얼 마케팅
기 업
제 시
(1)
납 품 처
(2)
납 품

<그림5> 인더스트리얼 마케팅의 장래의 방향

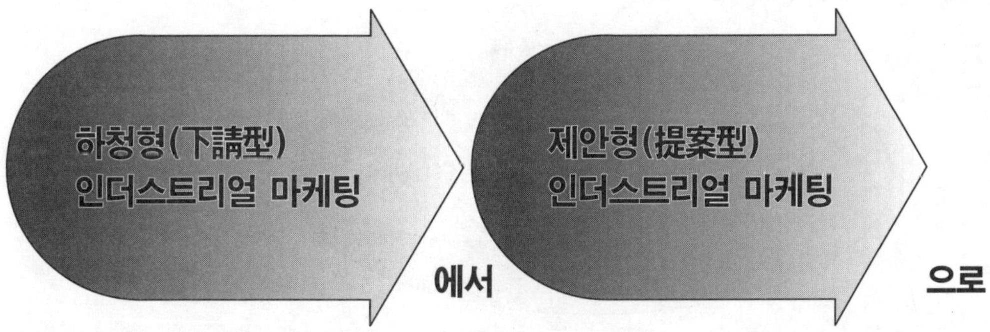

하청형(下請型) 인더스트리얼 마케팅
에서
제안형(提案型) 인더스트리얼 마케팅
으로

1-4 마케팅과의 차이점

<그림1> 인더스트리얼 마케팅과 마케팅의 차이점

인더스트리얼 마케팅
납 품 처
소비재 메이커
도매업자
소매업자
서비스 업자
부품 메이커
산업재 메이커
원재료 메이커
마케팅
메이커
도매업자
소매업자
소비자

<그림2> 마케팅에서 파생된 인더스트리얼 마케팅

20세기 초에 미국에서 탄생
마 케 팅 (Marketing)
현
Market(시장)에 ing가 곁들여져 마케팅이라고 부르게 되었다.
마케팅의 한 분야로 탄생
인더스트리얼 마케팅 (Industrial Marketing)
재

<그림3> 인더스트리얼 마케팅의 위치

마 케 팅
인더스트리얼 마케팅

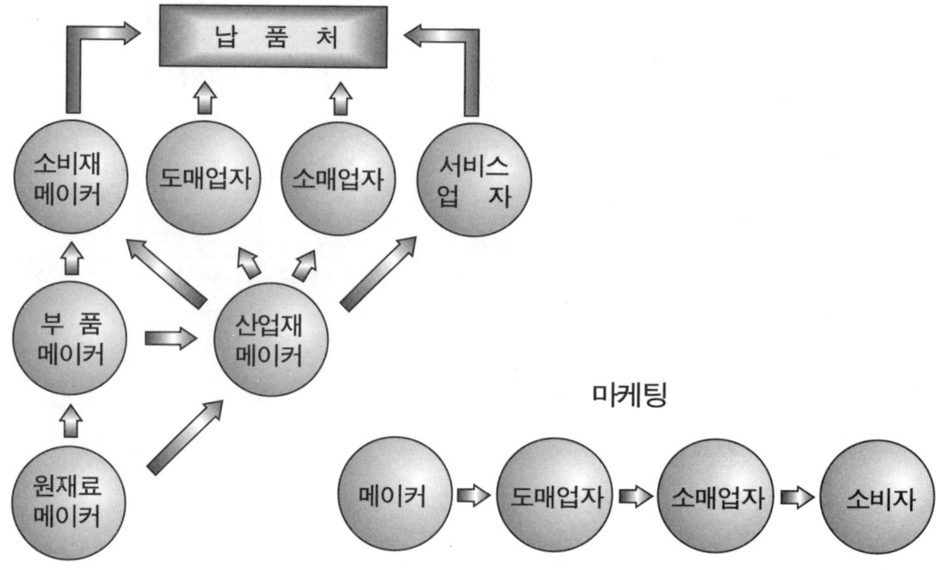

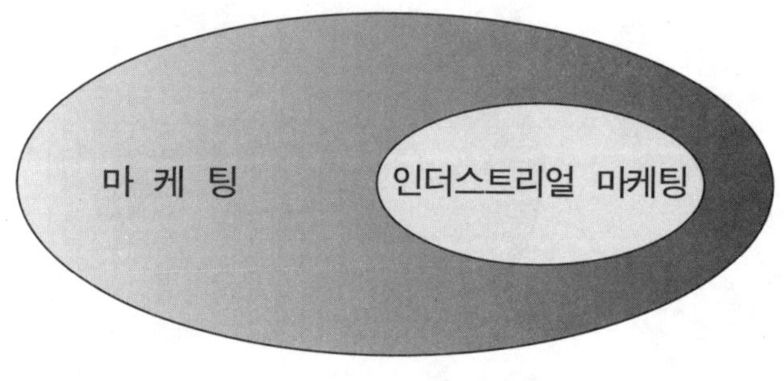

<그림4> 인더스트리얼 마케팅과 마케팅의 기본적인 차이점

	<인더스트리얼 마케팅>	<마 케 팅>
대 상	납품처(고객)	소 비 자
고 객 수	한정된다·적다	많 다
단 위 거 래 량	많 다	적 다
구 입 자	구매담당자(전문가)	소비자(보통사람)
거 래	교 섭 력	소비자는 선택만 할 뿐
구 입 결 정	거 래 조 건	이미지가 중요하다
이 윤 폭	적 다	크 다
에 누 리	대단히 큰 폭	극히 적은 폭
제 품	특 별 사 양	기 성 제 품
납 품	배 달	현품지참 귀가
반 품	당 연 하 다	어 렵 다
매 매	외상매출·어음	현 금
영 업	영업사원이 방문한다	매장에 찾아간다
서 비 스	과 다 하 다	셀 프 서 비 스
프 로 모 션	키탈로그 중심	광고·판매촉진
채 널 정 책	없 다	중 요 하 다

1-5 IM에 있어서의 고객 지향

<그림1> 인더스트리얼 마케팅에 있어서의 고객 지향

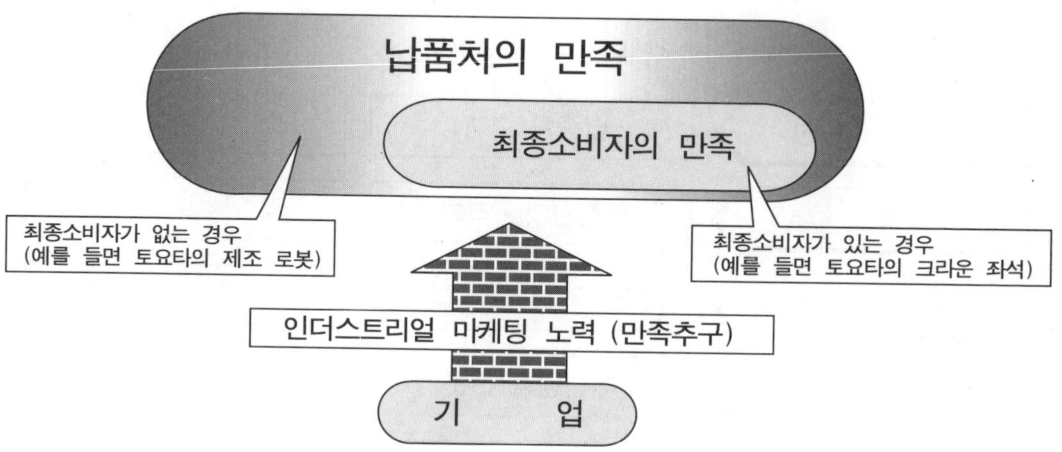

<그림2> 납품처와의 견해차(Discrepancy)

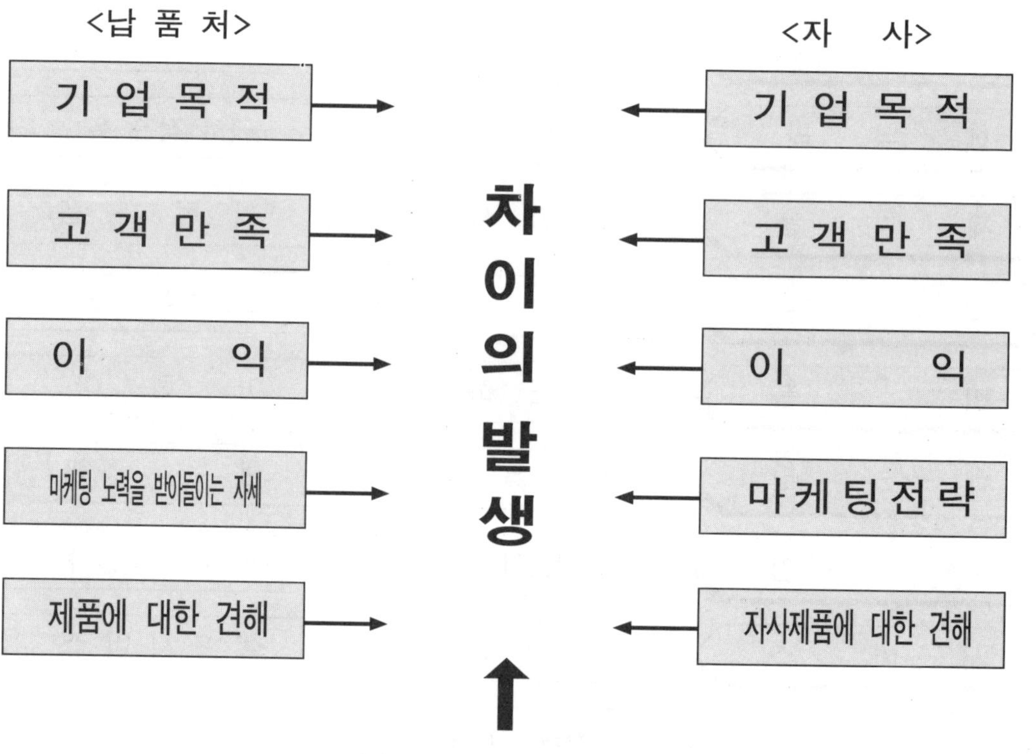

<그림3> 인더스트리얼 마케팅에서 마케팅 기업(Marketing Company)

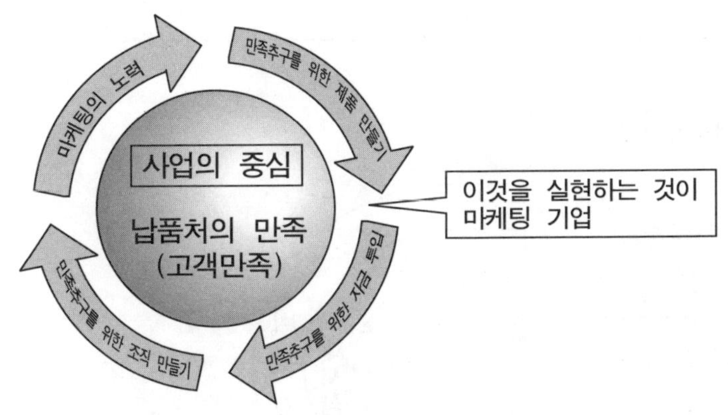

마케팅의 노력
만족추구를 위한 제품 만들기
사업의 중심
납품처의 만족
(고객만족)
만족추구를 위한 조직 만들기
만족추구를 위한 자금
이것을 실현하는 것이
마케팅 기업

<그림4> 소비자 지향과 고객 지향

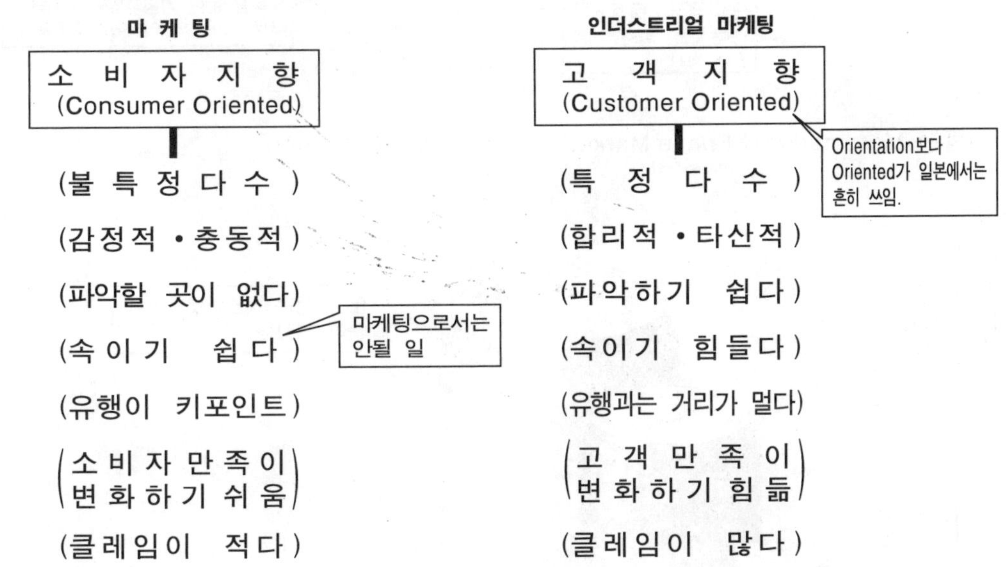

마 케 팅
소 비 자 지 향
(Consumer Oriented)
(불 특 정 다 수)
(감 정 적 · 충 동 적)
(파악할 곳이 없다)
(속 이 기 쉽 다)
(유행이 키포인트)
(소 비 자 만 족 이 변 화 하 기 쉬 움)
(클 레 임 이 적 다)
마케팅으로서는 안될 일

인더스트리얼 마케팅
고 객 지 향
(Customer Oriented)
(특 정 다 수)
(합 리 적 · 타 산 적)
(파 악 하 기 쉽 다)
(속 이 기 힘 들 다)
(유행과는 거리가 멀다)
(고 객 만 족 이 변 화 하 기 힘 듦)
(클 레 임 이 많 다)
Orientation보다 Oriented가 일본에서는 흔히 쓰임.

<그림5> 마켓인(Market In)이란

시장에 깊이 파고들어 고객의 요구를 파악하여 사업에 반영시 킬 것
산업계에서는 흔히 사용됨.
마케팅과 동일함.

1-6 IM에 있어서의 시장

시장(Market)이란, 대상의 제품(서비스)을 구입 또는 장래 구입의 가능성이 있는 조직의 전체를 말한다.

<그림1> 인더스트리얼 마케팅의 시장

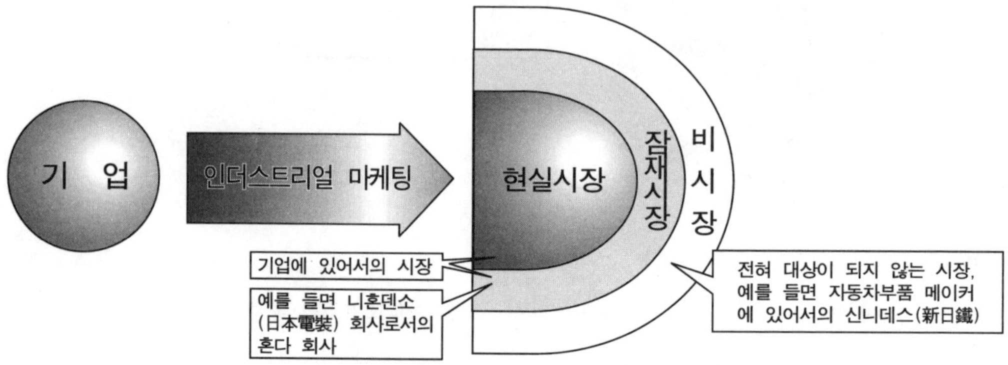

<그림2> Massmarket과 Fringe Market(청량음료 중에서도 캔 시장)

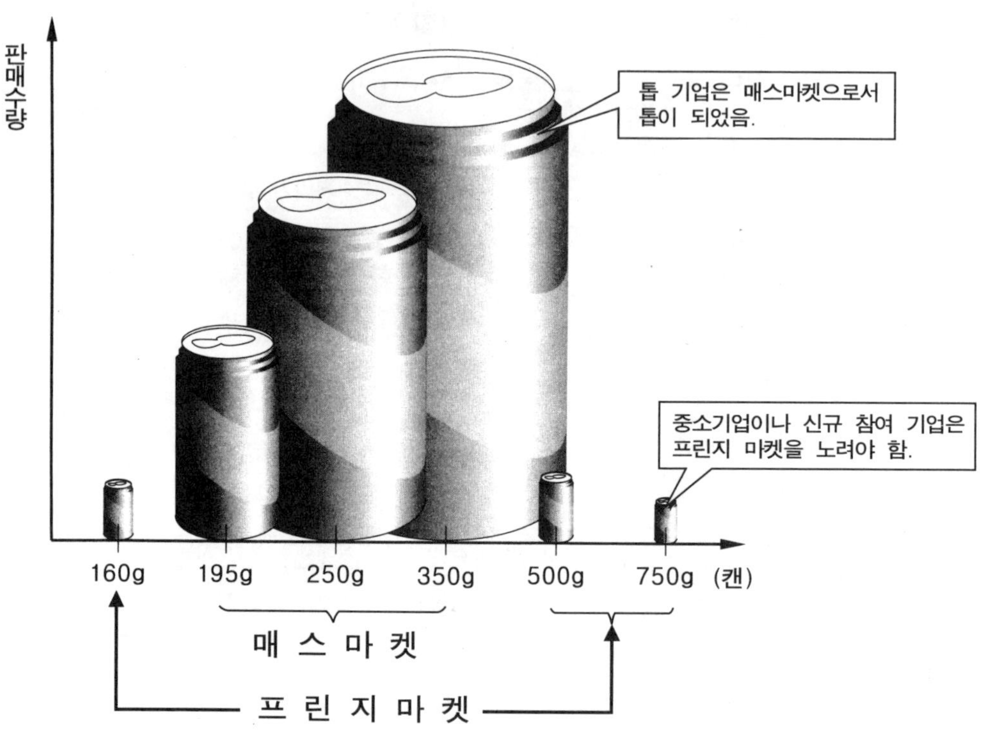

<그림3> 구매시장과 판매시장

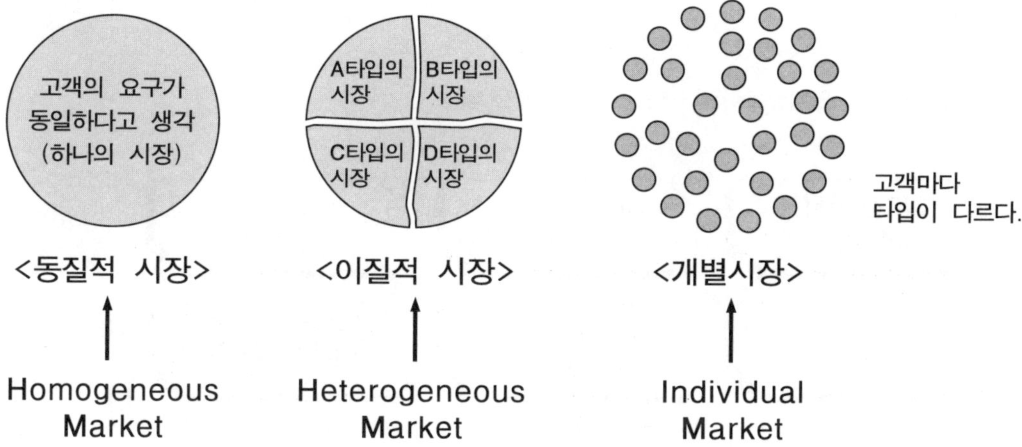

<그림4> 동질적 시장, 이질적 시장, 개별시장

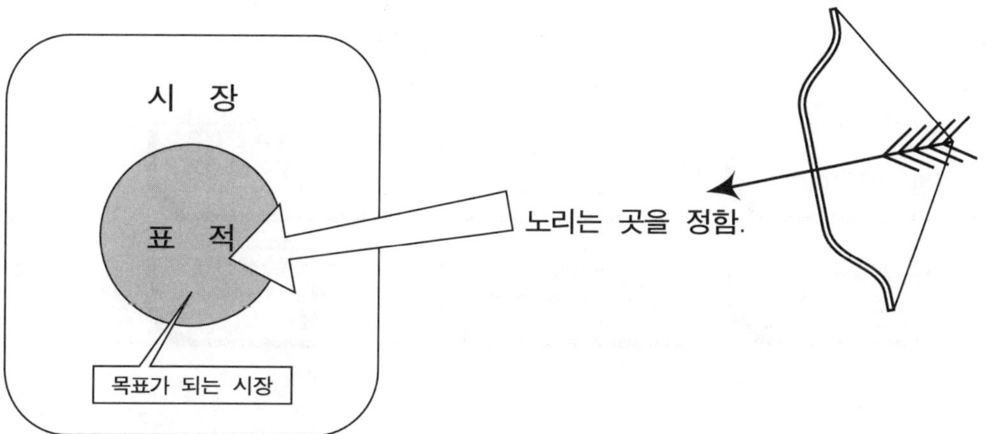

<그림5> 표적(Target)

1-7 창조형 IM과 적응형 IM

<그림1> 창조형 IM과 적응형 IM

창조형 인더스트리얼 마케팅

전혀 새로운 시장을 만들어내는 부품과 제품을 개발하여 그것을 마케팅해서 성공하거나, 아니면 전혀 새로운 창조적인 마케팅에 의해 새로운 시장을 만들어내는 것.

적응형 인더스트리얼 마케팅

변화하는 시장(납품처의 요구 변화)에 적응하는 부품이나 제품을 새롭게 만들어내거나, 변화에 대응하는 마케팅을 생각해내는 것.

<그림2> 창조형 인더스트리얼 마케팅의 대표적인 예

부품상사 (스미스)	자동차부품 (시마노공업[島野工業])	소형모터 (마브치)
엑세느 (도레이)	광(光)센서 (산크스)	반도체 웨이퍼 글라인더·절단장치 (데스코)
지 퍼 (YKK)	학교직판학습드릴 (가구갱[學研])	

<그림3> 적응형 인더스트리얼 마케팅의 대표적인 예

토요타 간판방식에 따른 부품 메이커	세븐일레븐의 납품업자	C.V.S의 요구에 대응한 초밥 도시락 만들기 (시노브후즈)
좁은 골목길에서도 작업할 수 있는 파워 셔블(삽)의 개발	다음날까지의 배송 시스템 구축 (토요새시)	생맥주 생산 지원업(支援業) (산토리)

◆ 기존의 유통채널

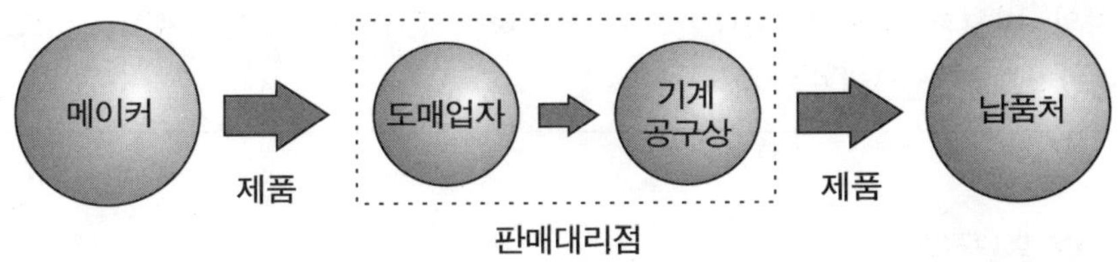

◆ 미스미의 유통채널

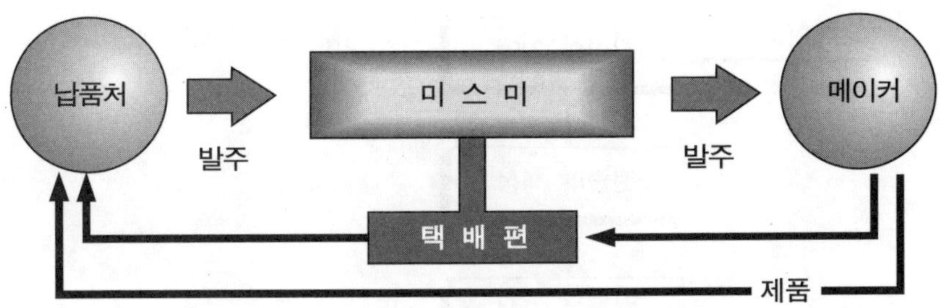

   ○ 제품 카탈로그로 수주함(프레스 金型 카탈로그, 플라스틱 금형 카탈로그,
     自動機 카탈로그 등).
   ○ 카탈로그에는 제품설명, 개수(個數)와 납품가격 등이 기재
   ○ 영업사원이 없음.
   ○ 생산재 분야에서는 처음으로 기업에 통신판매
   ○ '생산재의 세븐일레븐'(사장)
   ○ 독자적인 제품개발(기획) ── 전문 협력 메이커를 확보하고 생산 위탁

◆ 미스미의 인더스트리얼 마케팅은 '역전의 발상'이다.

1-8 IM 매니지먼트

인더스트리얼 마케팅 매니지먼트(Industrial Marketing Management : IMM)
란, 인더스트리얼 마케팅을 수행하는 주체(기업)가 스스로의 마케팅 목표를 달성하기
위해 자사의 자원과 능력을 최대한으로 발휘하면서 전략, 전술, 계획, 컨트롤, 분석,
평가를 종합적으로 실시해가는 것이다.

<그림1> IM 매니지먼트

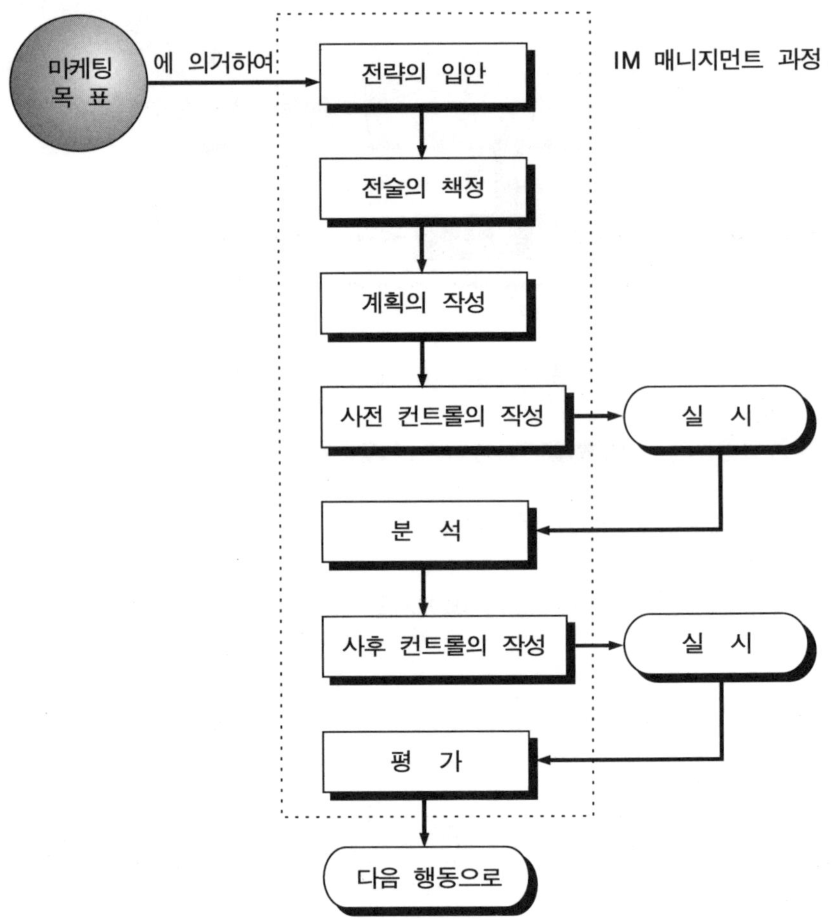

<그림2> IM 매니지먼트에 사용되는 용어와 그 뜻

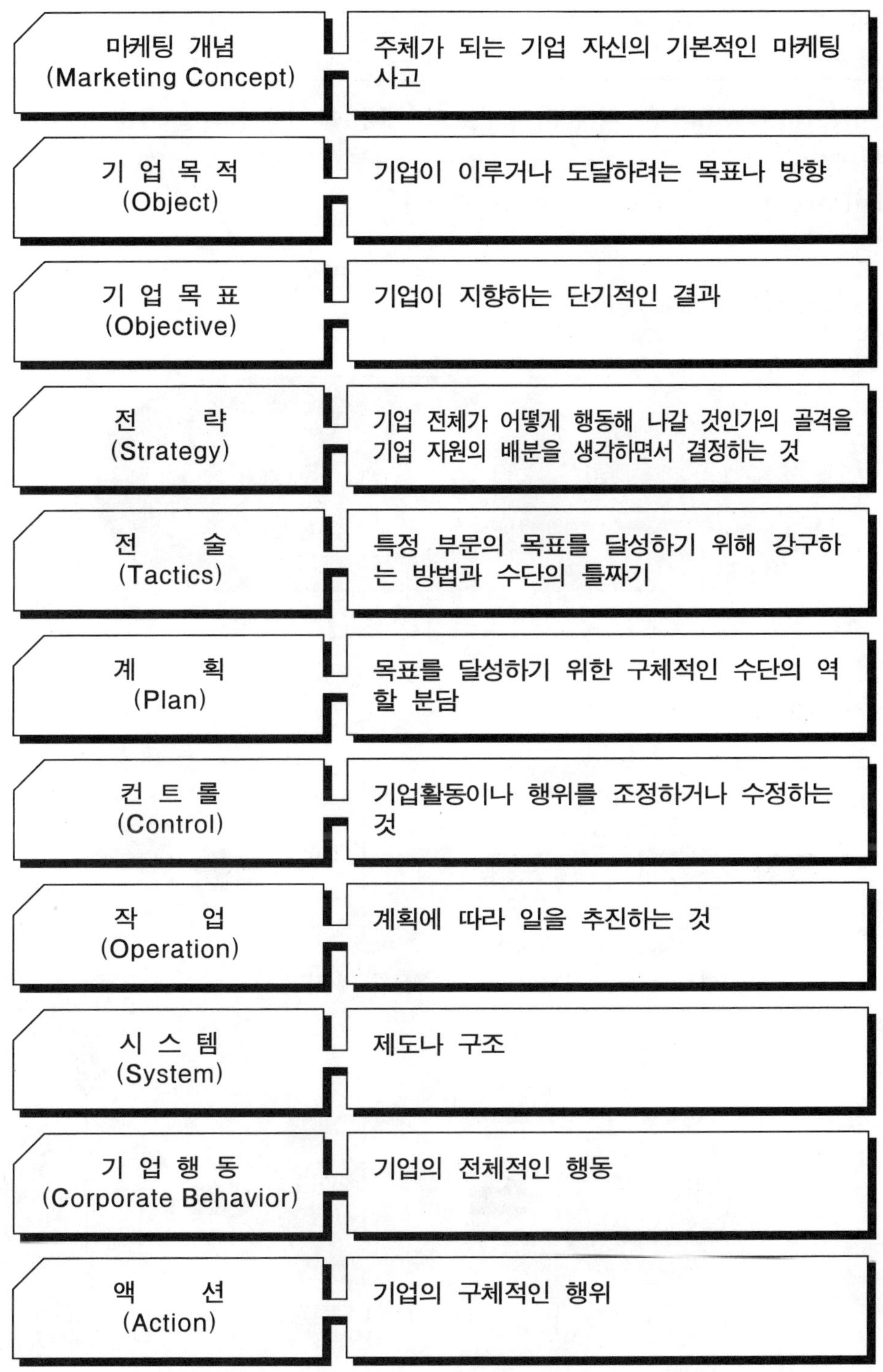

1-9 시장세분화전략과 차별화전략

시장세분화(Market Segmentation)란, 기업 독자(獨自)의 기준으로 시장을 분화(分化)하여 각 시장에 적합한 마케팅을 전개하는 것이다.

차별화(Differentiation)란, 타사와 자사(또는 제품 및 서비스)의 차이를 고객에게 호소하여 마케팅 활동을 보다 유리하게 하려는 것으로 그 유리성(有利性)을 차별적 유리성(Differential Advantage)이라고 부른다.

<그림 1> 시장세분화전략과 차별화전략

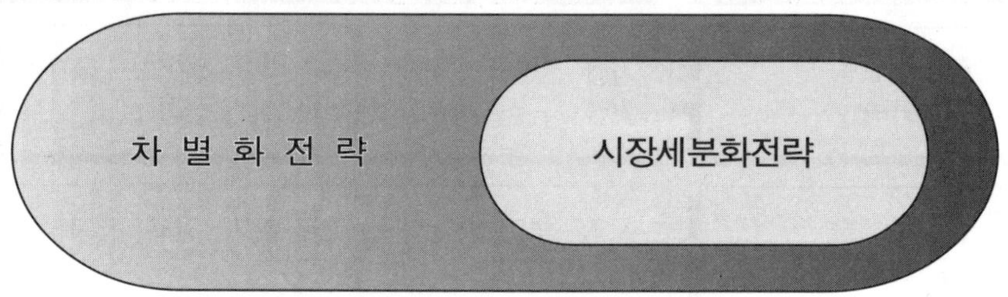

<그림2> 시장세분화전략

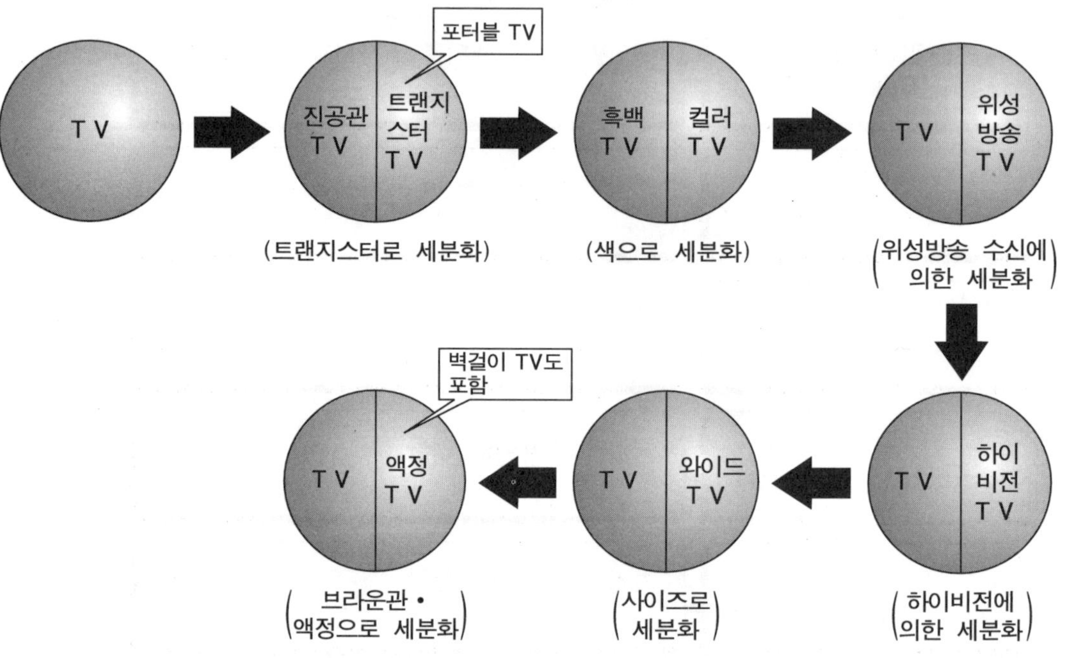

<그림3> 시장세분화의 진전과 소비자 행동의 다양화

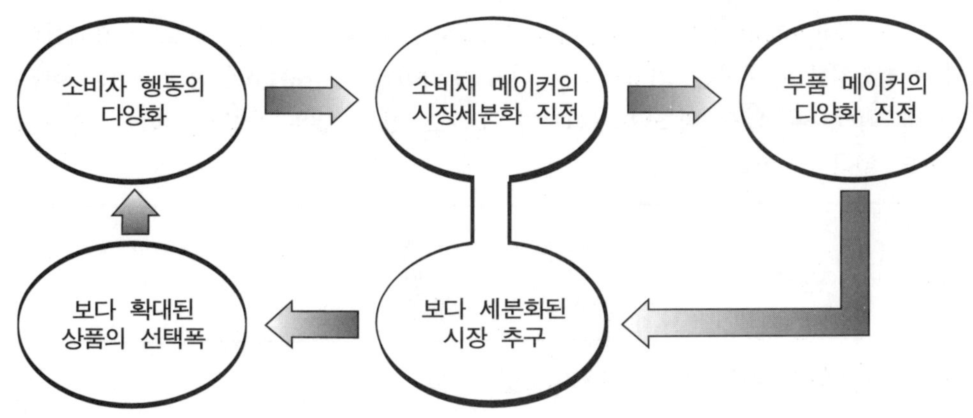
소비자 행동의 다양화
소비재 메이커의 시장세분화 진전
부품 메이커의 다양화 진전
보다 확대된 상품의 선택폭
보다 세분화된 시장 추구

<그림4> 차별화전략과 동일화전략

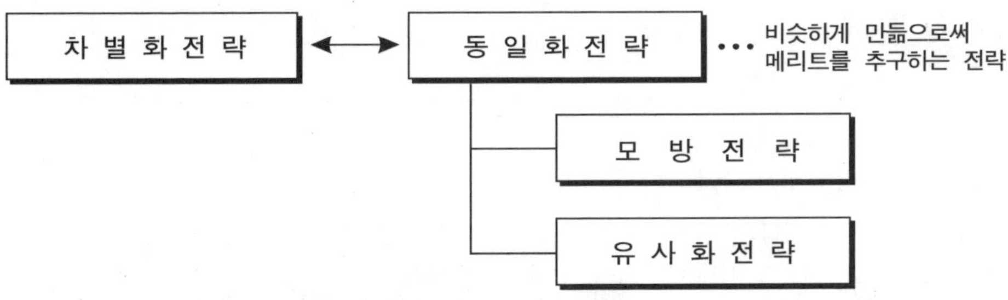
차 별 화 전 략
동 일 화 전 략
비슷하게 만듦으로써 메리트를 추구하는 전략
모 방 전 략
유 사 화 전 략

<그림5> 차별화전략의 방법

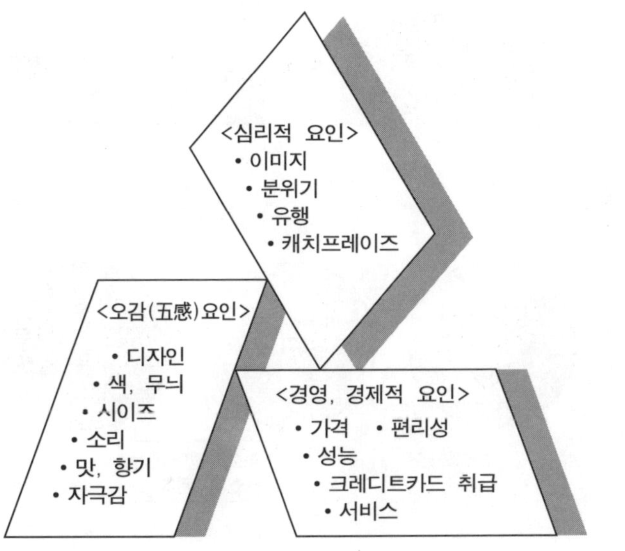
<심리적 요인>
• 이미지
• 분위기
• 유행
• 캐치프레이즈
<오감(五感)요인>
• 디자인
• 색, 무늬
• 시이즈
• 소리
• 맛, 향기
• 자극감
<경영, 경제적 요인>
• 가격 • 편리성
• 성능
• 크레디트카드 취급
• 서비스

1- 10 니치 전략

니치(Niche, 適所)란, 기업환경 속에서의 자사의 최적위치(Position)를 말하며, 학문적으로는 Ecological Niche(환경적 적소)라고 부른다. 일반적으로 시장에서의 자사의 최적위치를 추구하는 기업활동을 니치 전략이라고 말하는데, 일본에서는 이를 더욱 확대 해석하여 틈새 비즈니스(타사가 노리고 있지 않은 시장)를 니치 전략이라고 부르기도 한다.

<그림1> 니치(適所)

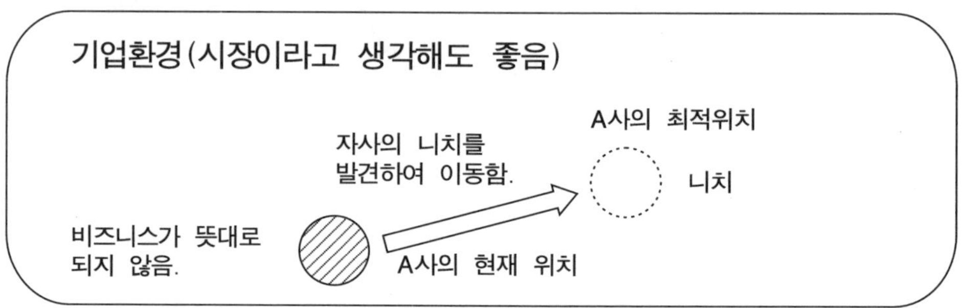

(예) 후지(副士) 실(Seal) 공업

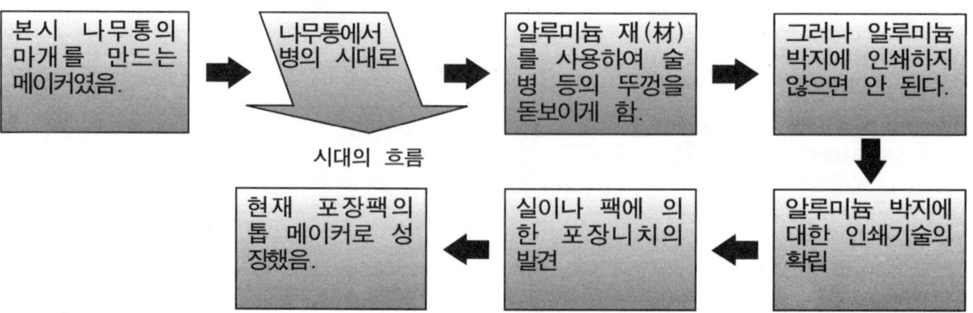

<그림2> 니치의 특성

<그림3> 틈새 비즈니스

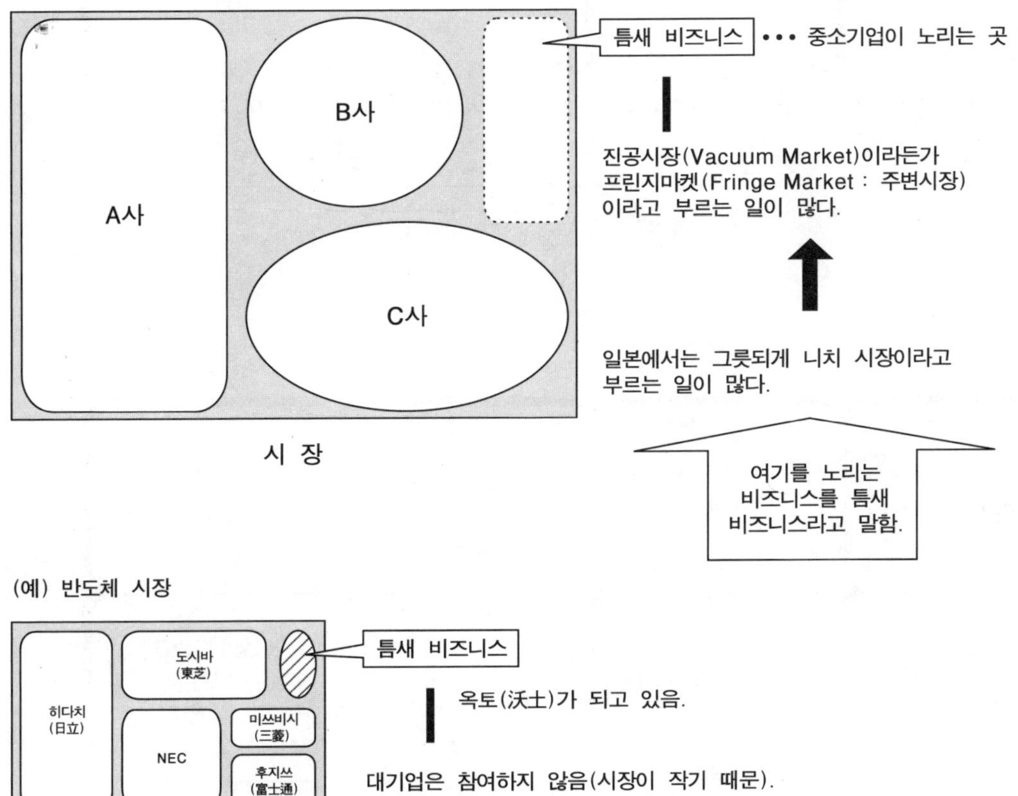

<그림4> 틈새 비즈니스도 거대시장이 가능

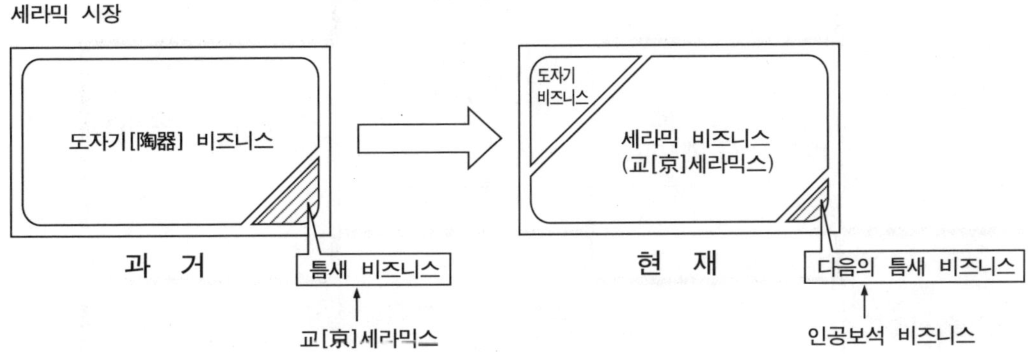

1-11 찬 스

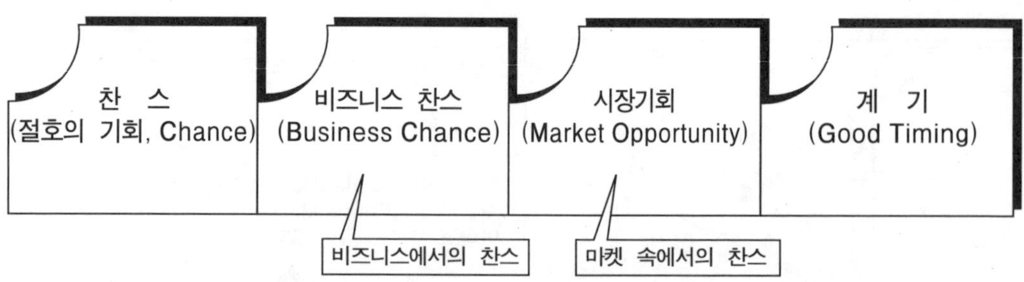

<그림1> 찬스와 동의어
찬 스
(절호의 기회, Chance)
비즈니스 찬스
(Business Chance)
시장기회
(Market Opportunity)
계 기
(Good Timing)
비즈니스에서의 찬스
마켓 속에서의 찬스

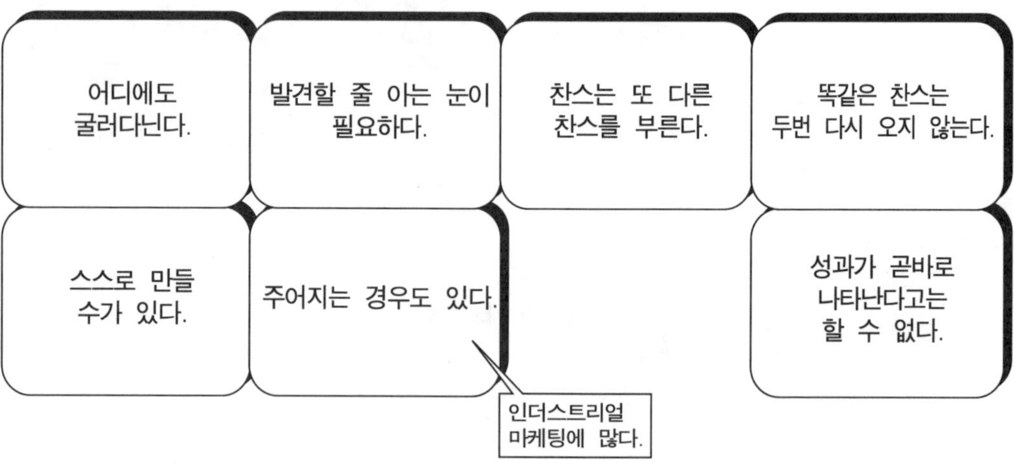

<그림2> 찬스
어디에도 굴러다닌다.
발견할 줄 아는 눈이 필요하다.
찬스는 또 다른 찬스를 부른다.
똑같은 찬스는 두번 다시 오지 않는다.
스스로 만들 수가 있다.
주어지는 경우도 있다.
성과가 곧바로 나타난다고는 할 수 없다.
인더스트리얼 마케팅에 많다.

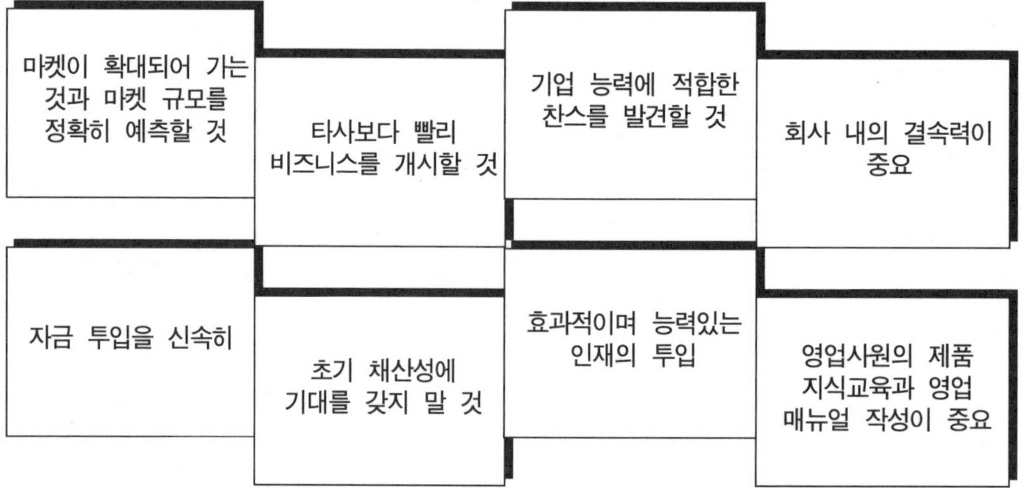

<그림3> 찬스를 성공시키기 위한 방안
마켓이 확대되어 가는 것과 마켓 규모를 정확히 예측할 것
타사보다 빨리 비즈니스를 개시할 것
기업 능력에 적합한 찬스를 발견할 것
회사 내의 결속력이 중요
자금 투입을 신속히
초기 채산성에 기대를 갖지 말 것
효과적이며 능력있는 인재의 투입
영업사원의 제품 지식교육과 영업 매뉴얼 작성이 중요

라이벌 기업이 연구 개발하여 판매하기 시작한 신제품의 매출상황을 눈여겨보고 그것을 분석 평가하여 '이것은 제법 팔릴 것 같다'는 생각이 들면 그것을 곧바로 만들어 선행기업을 단숨에 따돌려 매출액 넘버원이 되도록 하는 전략인데, 연구개발비나 소비자교육비가 적게 드는 장점이 있다. 한마디로 말해서 라이벌 기업으로 하여금 사과맛을 시험 감상케 한 다음 맛있으면 즉시 사과를 대량 먹어치우는 전략이다.

◆ 이 전략으로 성공하려면

(1) 반드시 2번타자로 참여할 것. 너무 늦게 참여하면 사과를 먹지 못한다.
(2) 제품의 시장성 여부를 분석 평가하는 능력이 중요하다.
(3) 2번타자는 선행기업의 것보다 우수하지 않으면 안 된다.
(4) 대량광고 등에 의해 단기간 내에 톱에 오르지 못하면 선행기업을 앞지르지 못한다.
(5) 치사한 전략이 아니라 훌륭한 마케팅 전략이다.

◆ 먼저 개발했지만 패배한 대표적인 예

컴퓨터 (후지필름)	비디오 테이프 (소니)	생맥주 (산토리)	생명보험 (메이지생명)
PC (히다치)	가라오케 (클라리온)	게임기 (반다이)	슈퍼마켓 (아오야마기노구니야)

1-12 경 쟁

<그림1> 경쟁 위치에 의한 인더스트리얼 마케팅의 차이

톱 기업

○ 마켓셰어에서 톱 위치 사수
○ 슈퍼마켓에서 압도적으로 강한 힘을 발휘
○ 혁신적인 신제품을 제일 먼저 발매
○ 종합력을 충분히 활용
○ 영업력을 톱 수준으로 유지

2위 기업

○ 톱 기업과의 차별화전략
○ 시장세분화를 시도해봄.
○ Money Making Area 확보
   (특정 제품 분야에서 계속 톱을 유지해야 함)
○ 풀라인에 구애받지 않음.

기타 기업

○ 한정 라인으로 생산
○ 주문생산, 한정생산의 활용
○ 한정된 시장의 발견
○ 제휴나 대기업 계열화도 고려해봄.
○ 저가격화전략

<그림2> 경쟁사 수에 의한 시장 분류

독점시장
(1개사만이)

과점시장
(몇개 사만이)

이중구조시장
(대기업과 중소기업)

자유경쟁시장
(대단히 많은 회사)

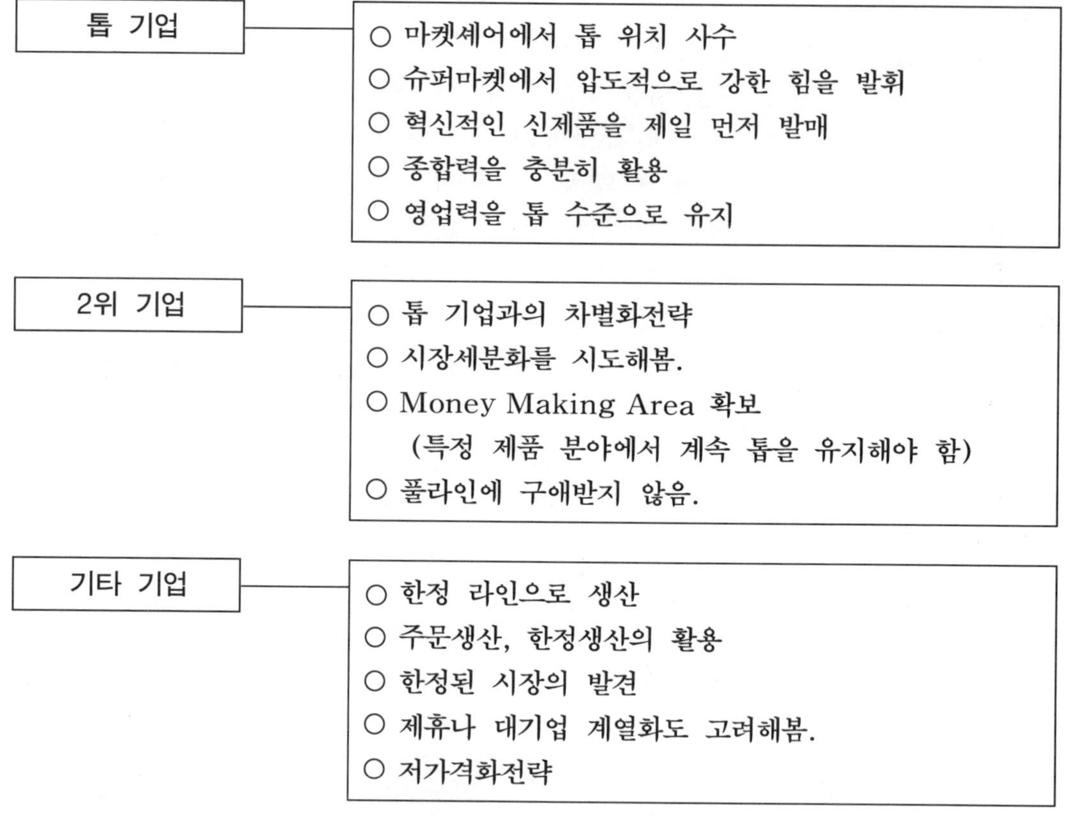

<그림3> Money Making Area 전략

○ 일반적으로 마켓셰어가 30% 정도이면 톱이 될 수 있다.
○ 톱 기업의 마켓셰어가 30% 이상이고, 2번타자의 기업이 15% 미만이면 톱의 자리는 거의 흔들림이 없다.
○ 그러나 마켓셰어가 60%를 넘어서면,
  (1) 전략상 큰 실패를 범하지 않는 한 60%의 셰어는 유지가 가능하다.
  (2) 앞으로 혁신적인 신제품이 나타나지 않는 한 마켓셰어에는 변동이 없다.
  (3) 광고 등 프로모션에 별로 투자하지 않더라도 마켓셰어는 줄어들지 않는다
    (적은 투자로도 충분하다).
  (4) 타사는 마켓셰어를 유지하기가 벅차며, 자칫 방심했다가는 마켓셰어를 떨어뜨리는 일이 있다.

<그림4> 60% 마켓셰어의 단맛

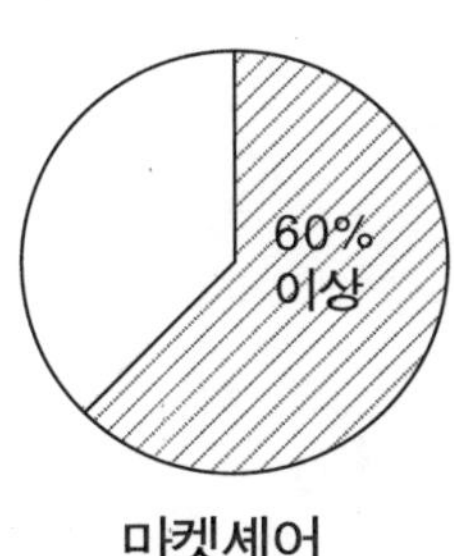

◇ 그러나 규모가 큰 시장에서 60% 이상의 마켓셰어를 계속 유지할 경우 독점금지법에 저촉될 우려가 있다.

◇ 50% 정도의 마켓셰어라면 타사가 협력하기만 하면 경쟁력은 반반 정도가 되기 때문에 톱의 자리는 불안해진다.

1- 13 완성품의 IM과 부품의 IM

<그림1> 완성품의 IM과 부품의 IM의 위치

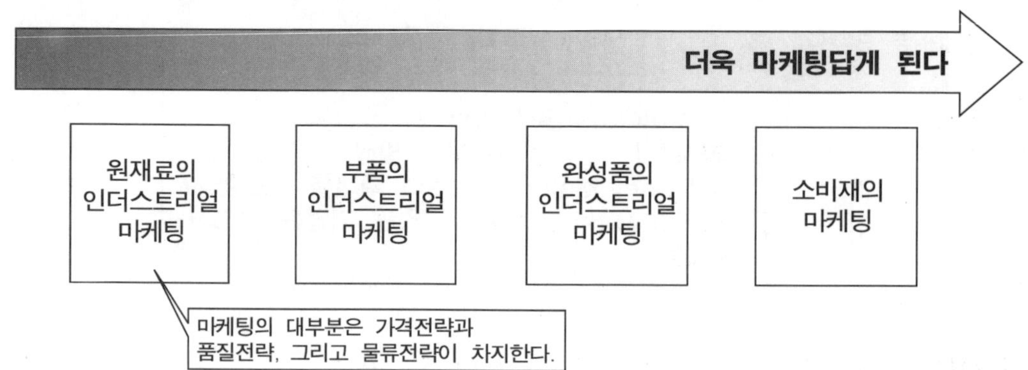

<그림2> 원재료의 인더스트리얼 마케팅

<초콜릿 원재료의 예>

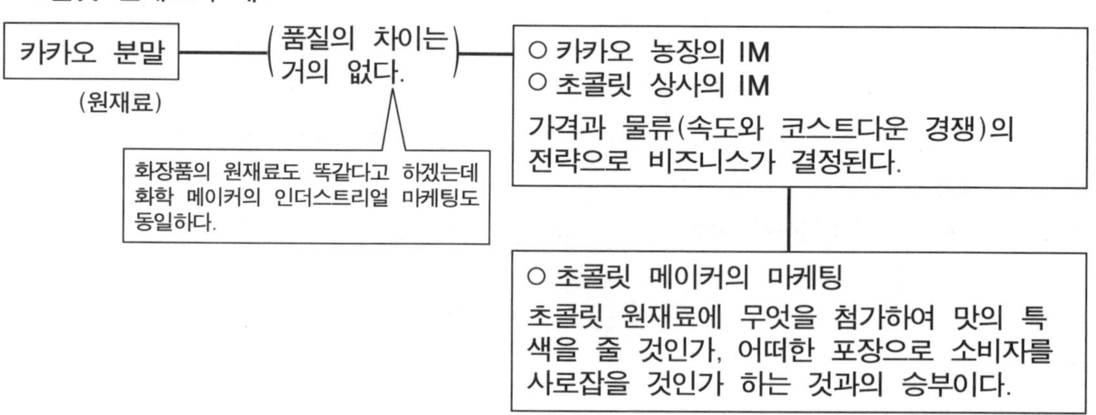

<그림3> 원재료의 인더스트리얼 마케팅(일반적인 타입)

브랜드가 없다.	거래처의 변동이 적다.
IM 믹스 중 가격, 제품 (품질), 물류가 중요	기업이 비즈니스에 얽히는 일이 많다.
연간계약 등 장기계약이 많다.	고액계약이 많아 접대하는 일이 잦다.

<그림4> 완성품의 IM과 부품의 IM의 차이점

완성품의 인더스트리얼 마케팅

부품의 인더스트리얼 마케팅

○ 브랜드 전략의 전개가 쉽다.
○ 노 브랜드의 부품으로 인식되는 일이 많다.

○ 프로모션 전략의 전개가 쉽다.
○ 합리적, 무미건조한 카탈로그가 중심이 된다.

○ 거래가 유동적이 되기 쉽다.
○ 고객의 로열티가 강해진다. (타사 제품으로 대체되는 확률이 낮다.)

○ 납품처와의 관계가 제품마다 단발적이 되기 쉽다.
○ 납품처와의 팀 머천다이징(공동 기획 생산)이 전개되기 쉽도록 안정된 비즈니스가 되기 쉽다.

○ 항상 공급과잉 상태가 되어 영업력의 차이가 업적에 반영되기 쉽다.
○ 부품의 공급부족이 가끔 발생하여 고압적인 마케팅이 행해지는 일이 있다.

○ 애프터서비스 및 인서비스가 중요시된다.
○ 납품처가 요구하는 품질이 될 수만 있다면 서비스 전략은 적극적으로 전개하지 않아도 된다.

○ 입찰방식의 가격결정이 많다.
○ 납품처가 가격을 정해주는 일이 많다.

○ 제품의 결함문제는 제품의 회수와 사죄로서 끝나는 일이 많다.
○ 제품의 결함문제는 큰 문제로 발전하기 쉽다.

○ 부품과 비교한다면 가격인상이 용이하다.
○ 값을 올리기가 어렵다.

○ 자사의 독자적인 물류 시스템을 구축하기 쉽다.
○ Just In Time의 물류 시스템에 편입되기 쉽다.

○ 다품종 소량생산의 제품이 많다.
○ Scale Merit를 추구하는 비즈니스가 되기 쉽다.

원재료의 인더스트리얼 마케팅은 부품의 인더스트리얼 마케팅과 비슷하다고 하겠다.

1- 14 백업 비즈니스

<그림1> 인더스트리얼 마케팅은 백업(Backup)을 통해 만족을 얻는 비즈니스이다

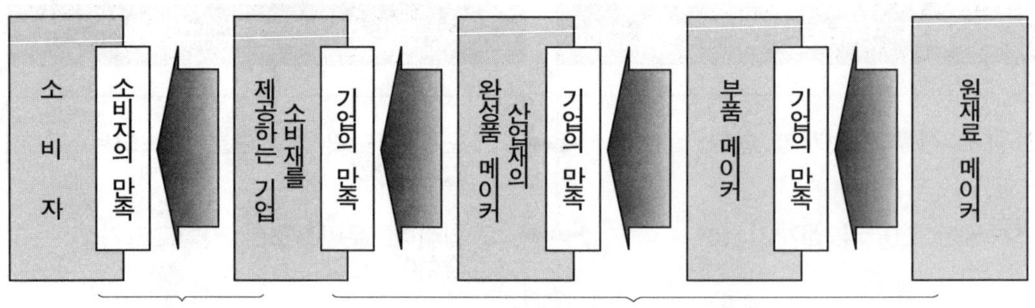

- 재료 메이커는 부품 메이커를 백업해줌으로써 부품 메이커의 만족을 얻는다.

- 부품 메이커는 산업재(産業財)의 완성품 메이커를 백업함으로써 산업재의 완성품 메이커의 만족을 얻는다.

- 산업재의 완성품 메이커는 주로 소비재를 제공하는 기업을 백업함으로써 소비재를 제공하는 기업의 만족을 얻는다.

  산업재의 완성품 메이커 중 도로나 철도, 건축물을 만드는 메이커는 직접 소비자로부터 만족을 얻는다.

- 소비재를 제공하는 기업은 소비자의 생활을 백업하는 제품이나 서비스에 의해 소비자의 만족을 얻는다.

- 소비자는 모든 기업의 마케팅 노력에 의해 만족을 얻는다.

<그림2> 백업의 분류 (1)

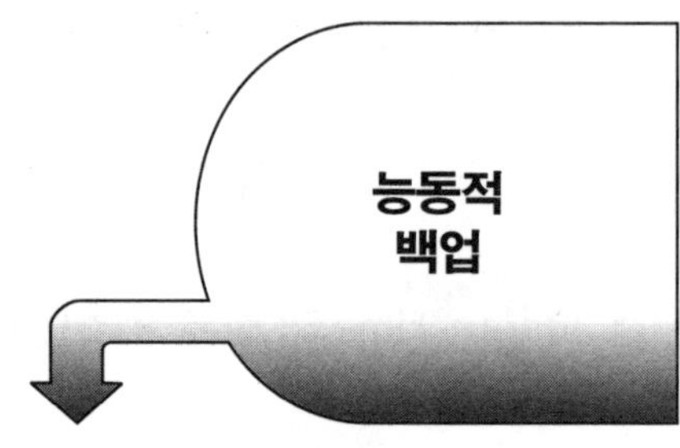

부품 메이커의 경우 납품처의 제품기획 및 최종 제품의 품질에까지 큰 영향을 준다.

하청(下請) 비즈니스로 이어진다.

<그림3> 백업의 분류 (2)

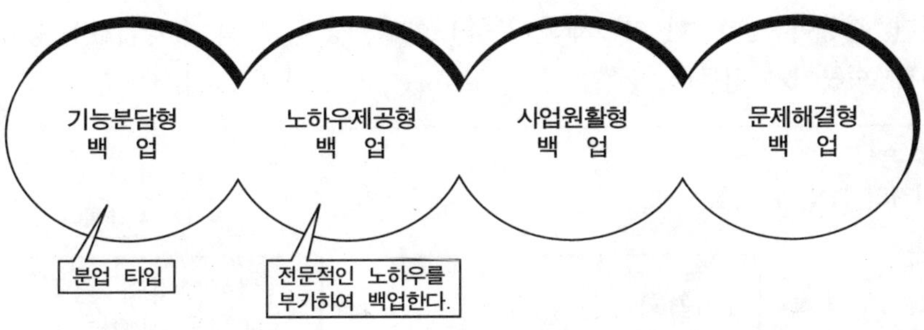

<그림4> 백업의 분류 (3) —— 제품 만들기 면에서의 분류

<그림5> 햄버거 체인(프랜차이즈)의 백업

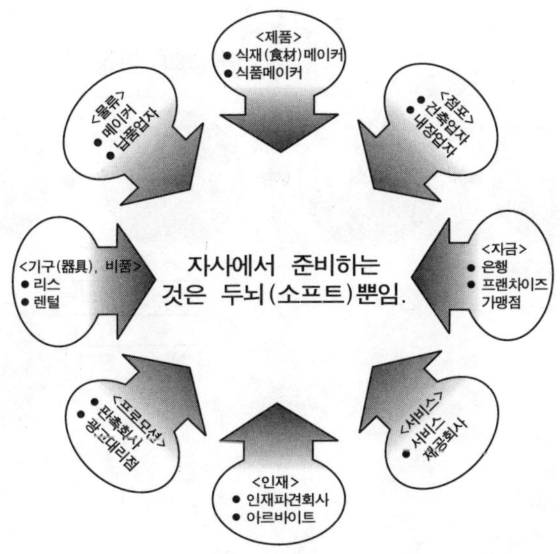

1-15 계열과 하청

인더스트리얼 마케팅을 전개하는 기업은 하청 지향의 비즈니스에 빠지기 쉽다. 특히 부품 메이커는 이런 경향이 강해 한 번 제품(부품) 개발기능을 모회사(母會社) 등에 넘겨주면 두번 다시 되찾기가 힘들다.

<그림1> 부품 메이커의 계열화 과정

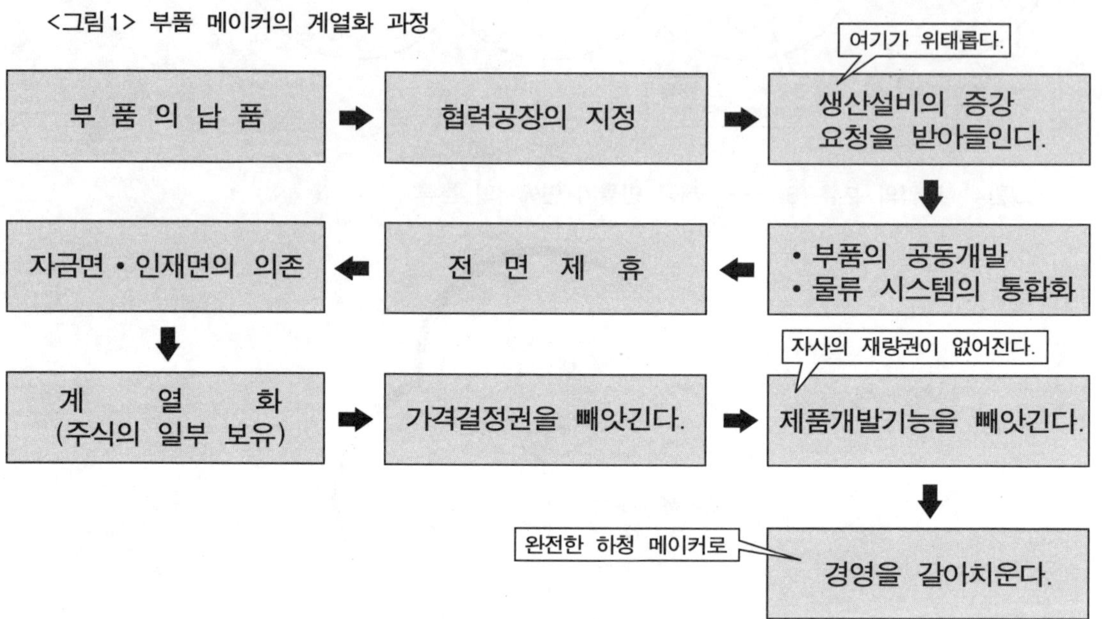

<그림2> 계열과 하청

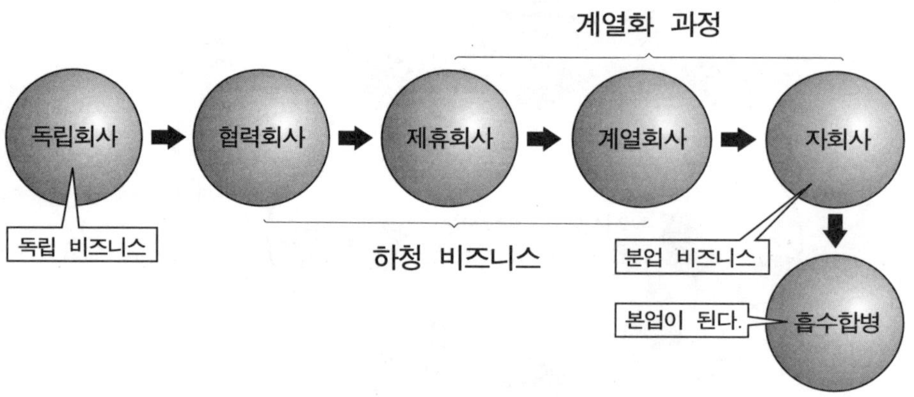

<그림3> 계열, 하청, 독립 비즈니스의 IM상의 특징

계 열	하 청	독 립
○ 마케팅 노력을 하지 않고 생산 노력에만 집중하면 된다.	○ 어느 정도 마케팅 노력이 필요하지만 마케팅 코스트가 적게 든다.	○ 스스로 마케팅 노력을 하지 않으면 안 된다. 마케팅 코스트가 필요하게 된다.
○ 가격결정권은 모회사(母會社)가 행사한다.	○ 모회사와의 가격교섭이 대단히 치열하다.	○ 가격이 세일즈 포인트가 된다.
○ 물류는 모회사의 지시에 따른다.	○ 물류 부담이 크다.	○ 물류기능 및 능력도 기업능력의 하나이다. 그래서 차별화전략에 이용할 수 있다.
○ 영업 코스트는 제로이다.	○ 모회사에 대한 영업은 톱이 직접 담당한다.	○ 영업력이 업적에 큰 영향을 미친다.
○ 제품의 질은 모회사의 만족기준에 준한다.	○ 제품개발면은 자사의 자유 재량이기 때문에 하청 비즈니스에서 벗어나는 수단으로 이용된다.	○ 제품개발면에서 타사와의 차별화를 기하지 않을 수 없다.
○ 서비스는 모회사가 책임진다.	○ 서비스 전략에의 투자는 일반적으로 매우 적다.	○ 각종 서비스를 행하게 된다.
○ 판촉투자는 극히 적다.	○ 모회사에의 프로모션은 제로이다.	○ 카탈로그에의 투자가 일반적으로 크다.

<그림4> 계열의 별칭

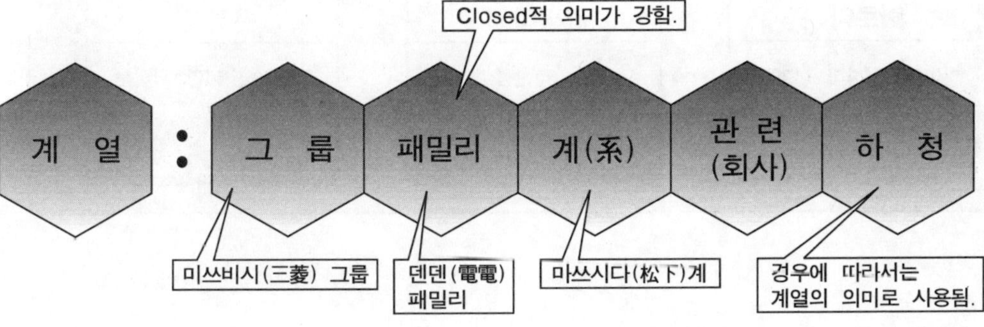

1- 16 코디네이터의 역할

인더스트리얼 마케팅을 전개하는 업계에서는 인맥을 필요로 하는 경우가 많아 중간 역할자인 코디네이터(Coordinator : 중개인)가 특히 중요시된다. 코디네이터의 등장은 케이스 바이 케이스라고 하겠지만, 어쨌든 여러 형태의 조직이나 개인 사이에서 활약한다. 상사, 브로커, 컨설팅 회사, 그리고 정치가까지 등장한다.

<그림1> IM을 전개하는 업계에 코디네이터가 필요한 이유

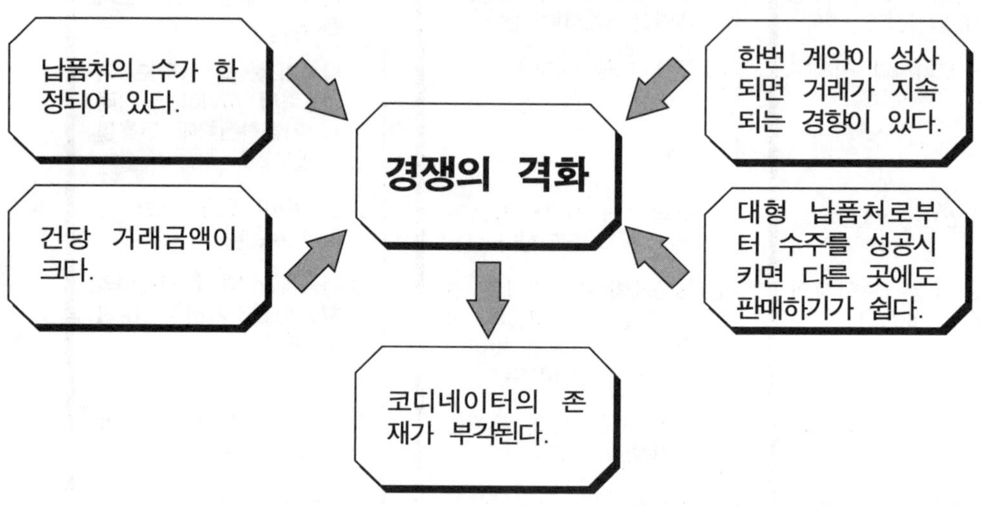

<그림2> 인더스트리얼 마케팅의 중개 기능

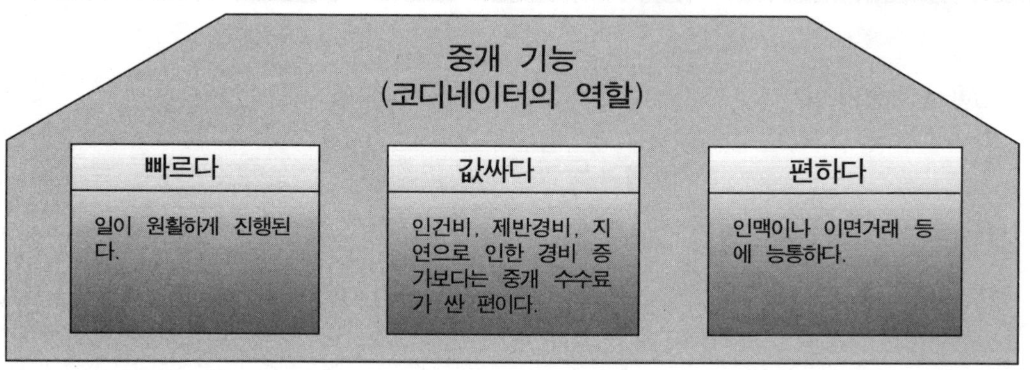

<그림3> 인더스트리얼 마케팅에서 코디네이터의 기능이란

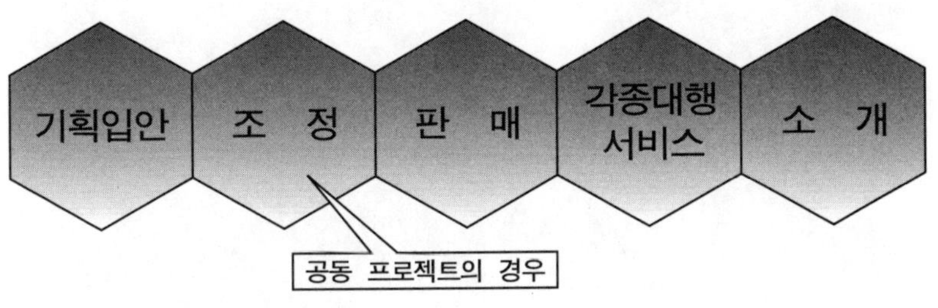

기획입안
조 정
판 매
각종대행 서비스
소 개
공동 프로젝트의 경우

<그림4> 코디네이터 기능상의 소개와 대우

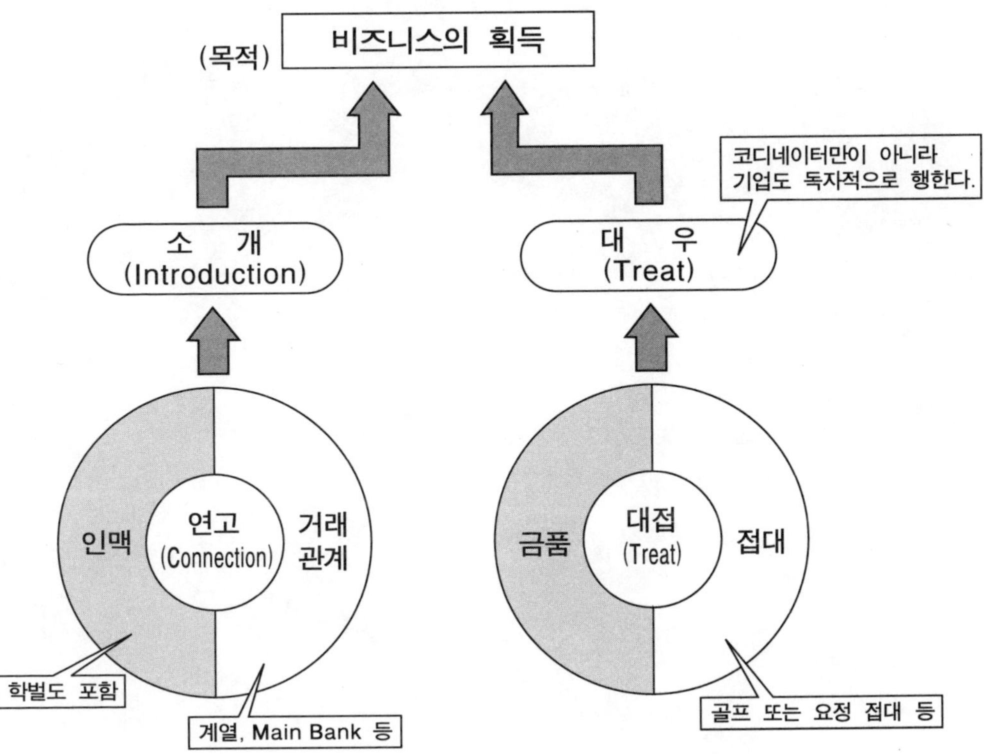

(목적)
비즈니스의 획득
소 개 (Introduction)
대 우 (Treat)
코디네이터만이 아니라 기업도 독자적으로 행한다.
인맥
연고 (Connection)
거래 관계
학벌도 포함
계열, Main Bank 등
금품
대접 (Treat)
접대
골프 또는 요정 접대 등

제2장
인더스트리얼 마케팅 믹스 I (제품전략)

2-1 인더스트리얼 마케팅(IM) 믹스

IM 믹스(Industrial Marketing Mix)란, 인더스트리얼 마케팅을 행하기 위한 기본활동을 전체적으로 보다 효율적으로, 보다 효과적으로 발휘하기 위한 상승효과(시너지 효과 : Synergy Effect)를 추구하는 전략을 말한다.

<그림1> IM 믹스의 기본활동

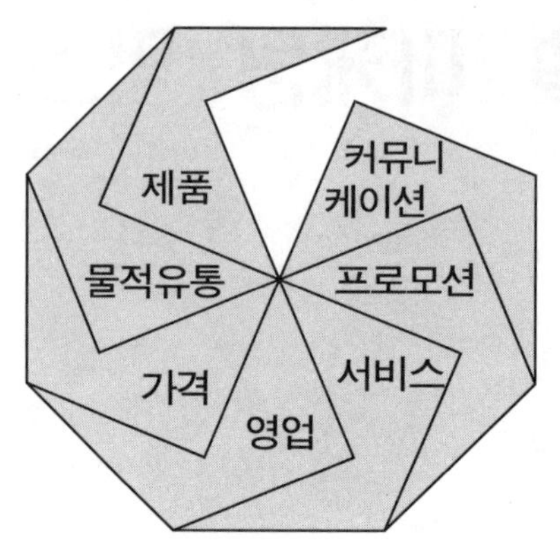

<그림2> 시너지 효과

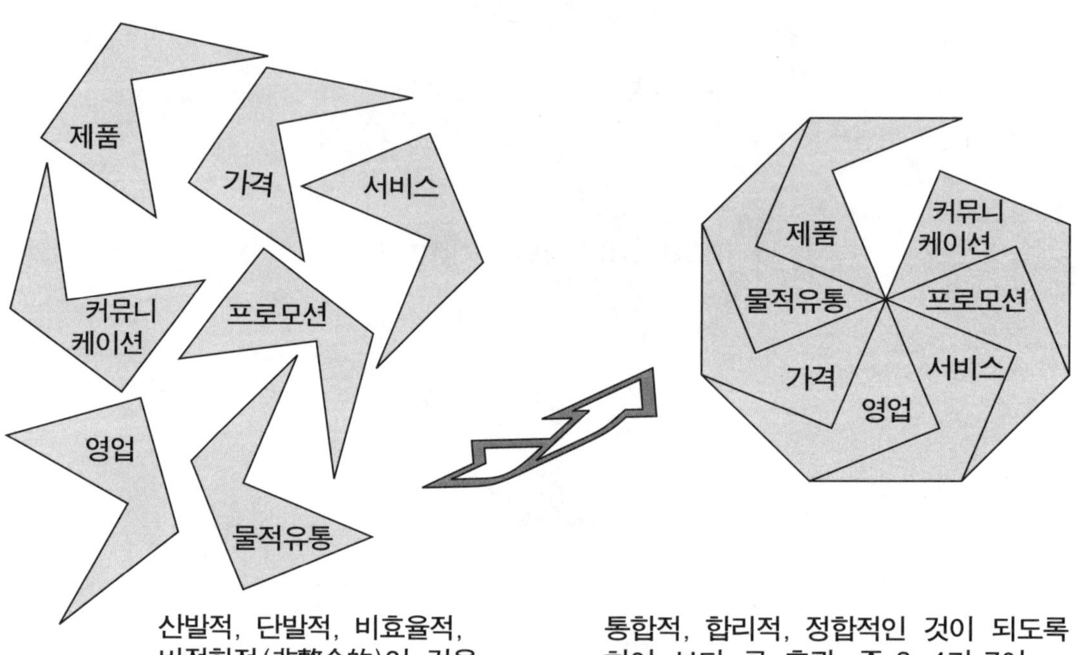

산발적, 단발적, 비효율적, 비정합적(非整合的)인 것을

통합적, 합리적, 정합적인 것이 되도록 하여 보다 큰 효과, 즉 3+4가 7이 아니라 10 또는 15가 되게 하는 것임.

<그림3> 마케팅 믹스

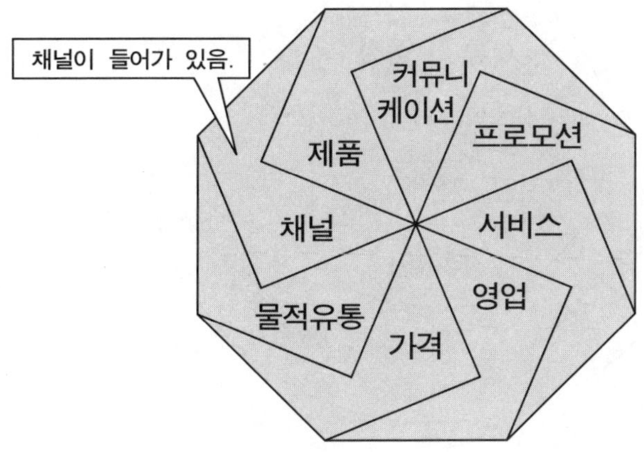
채널이 들어가 있음.
커뮤니케이션
프로모션
제품
서비스
채널
영업
물적유통
가격

<그림4> 서비스업의 마케팅 믹스

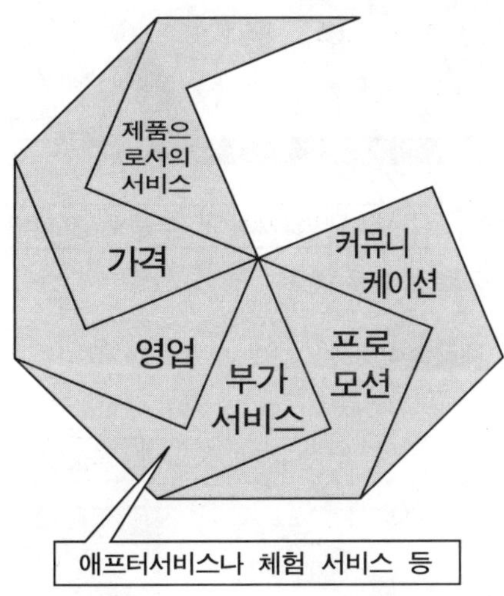
제품으로서의 서비스
커뮤니케이션
가격
프로모션
영업
부가서비스
애프터서비스나 체험 서비스 등

2-2 제품전략

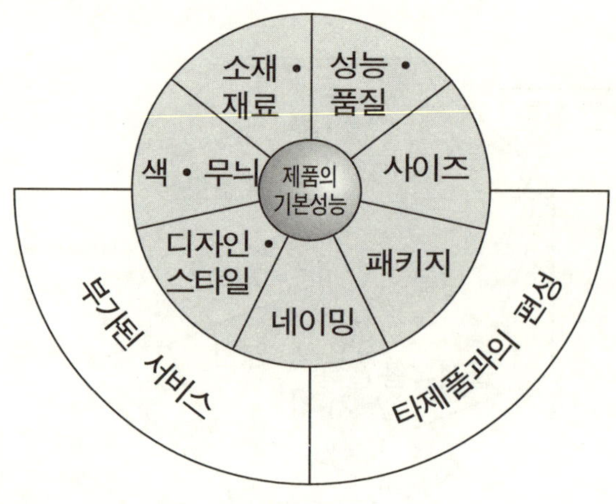

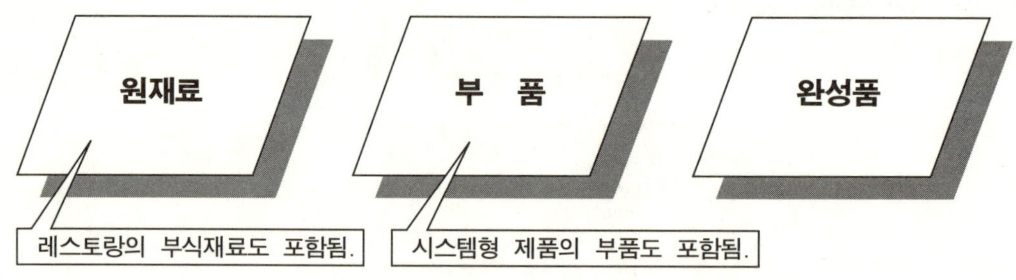

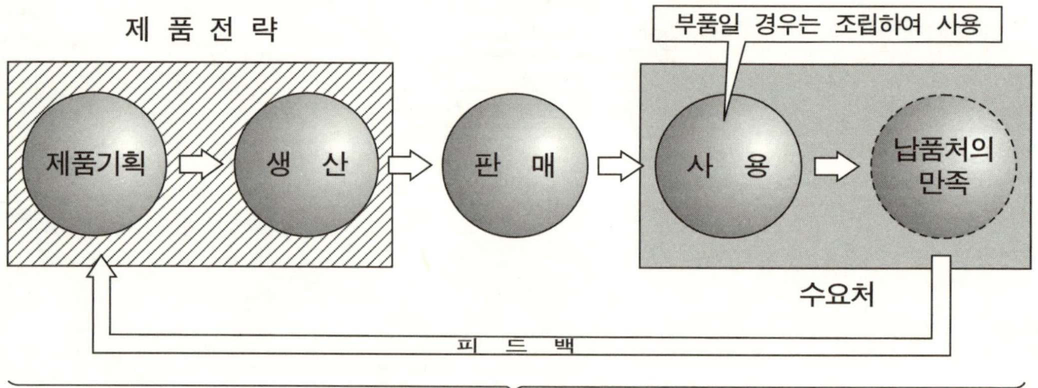

그러나 제품전략을 입안할 때는 여기까지 생각할 필요가 있다.

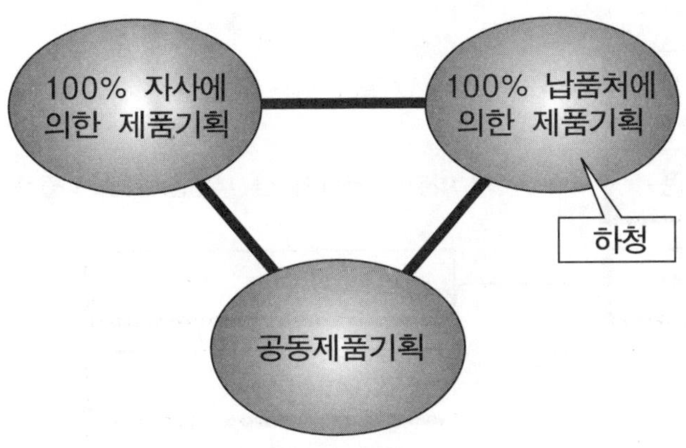

<그림5> 인더스트리얼 마케팅에 있어서의 제품전략 유형

제품＼시장	기존시장 공격	새로운 시장 공격
기 존 제 품	제품이용확대전략	영업확대전략
기존제품의 대체품으로서의 신제품	제품대체전략	
전혀 새로운 신제품	신제품침투전략	신제품참여전략 (제품다각화전략)
기존제품정책과 변화된 신제품	제품다양화전략	신시장개척전략

2-3 부품전략

<그림1> 부품의 분류

반 제 품
··· 완성되는 과정에 있는 제품
부 품
··· 기계 따위의 전체의 한 부분을 이루는 물품, 부분품
부 분 품
전체의 일부라는
뜻이 강함.
키트(Kit)
··· 부품 한벌을 말함.
모듈(Module)
··· 시스템의 한 부품
컴포넌트(Component)
··· 조립구성부품

<그림2> 부품의 기본 기능

품질 ·
성능
제품과의
정합성
(整合性)
부품의
기본 기능
소재
사이즈 ·
스타일
색상

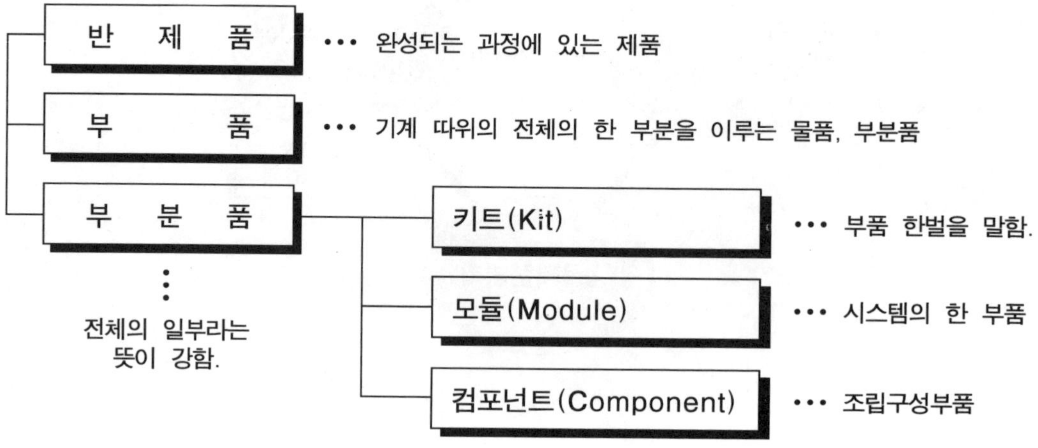

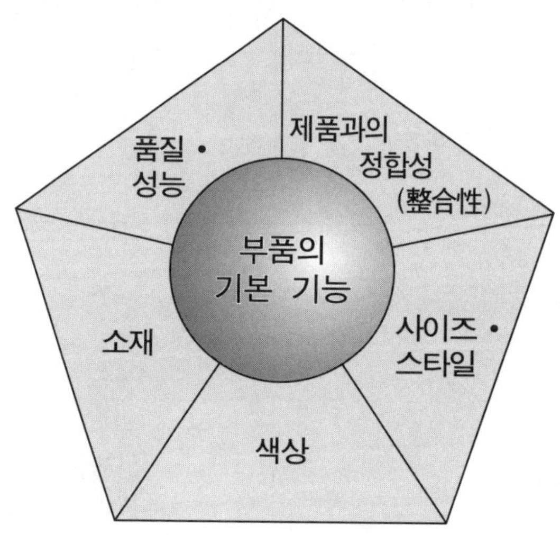

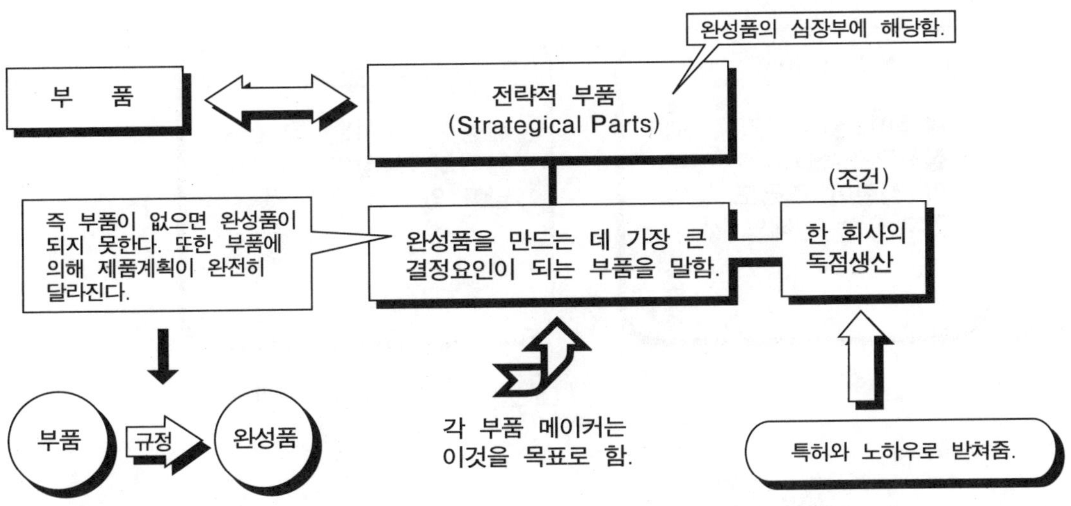

<그림3> 전략적 부품
부 품
전략적 부품
(Strategical Parts)
완성품의 심장부에 해당함.
즉 부품이 없으면 완성품이 되지 못한다. 또한 부품에 의해 제품계획이 완전히 달라진다.
완성품을 만드는 데 가장 큰 결정요인이 되는 부품을 말함.
(조건)
한 회사의 독점생산
부품
규정
완성품
각 부품 메이커는 이것을 목표로 함.
특허와 노하우로 받쳐줌.

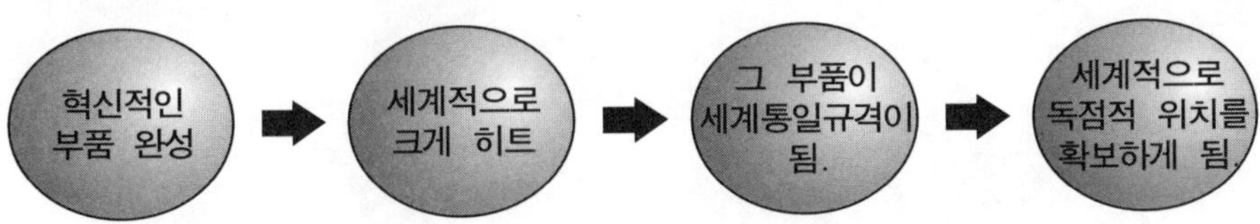

<그림4> 부품에 의한 세계 제패
혁신적인 부품 완성
세계적으로 크게 히트
그 부품이 세계통일규격이 됨.
세계적으로 독점적 위치를 확보하게 됨.

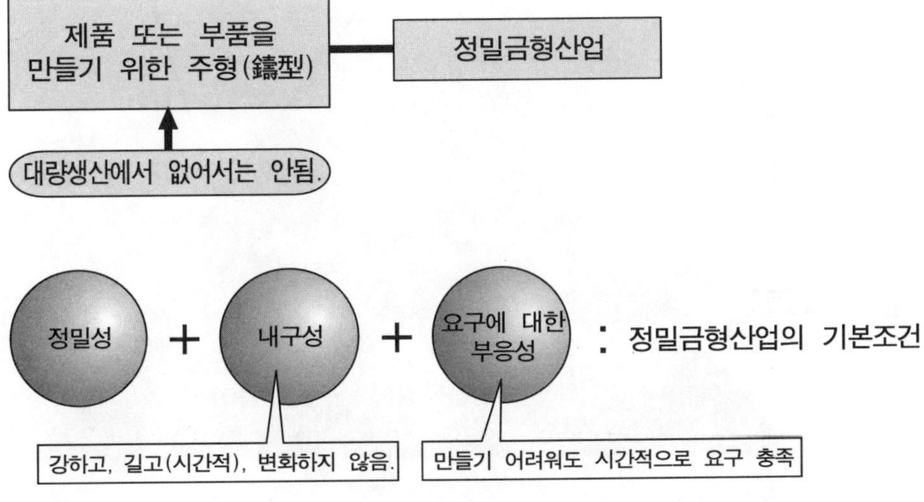

<그림5> 금형(金型) 산업
제품 또는 부품을 만들기 위한 주형(鑄型)
정밀금형산업
대량생산에서 없어서는 안됨.
정밀성
+
내구성
+
요구에 대한 부응성
: 정밀금형산업의 기본조건
강하고, 길고(시간적), 변화하지 않음.
만들기 어려워도 시간적으로 요구 충족

2-4 원재료전략

<그림1> 원료와 재료의 차이점

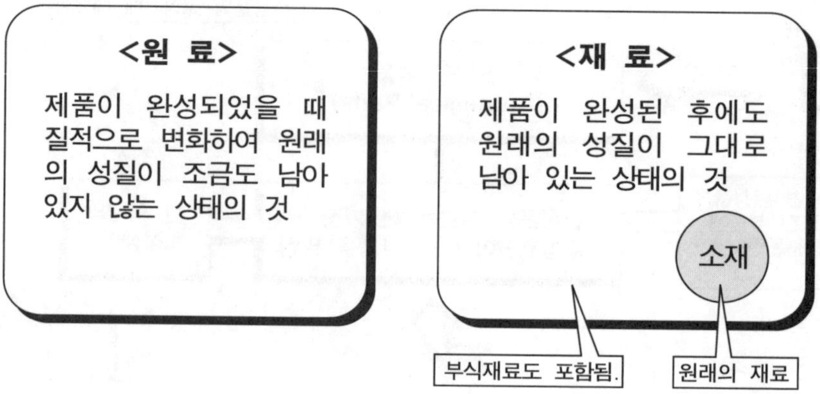

<원 료>
제품이 완성되었을 때 질적으로 변화하여 원래의 성질이 조금도 남아 있지 않는 상태의 것
<재 료>
제품이 완성된 후에도 원래의 성질이 그대로 남아 있는 상태의 것
소재
부식재료도 포함됨.
원래의 재료

<그림2> 원재료의 마케팅 믹스

가 격
영 업
물적 유통
서비스
원재료
품 질
균질성
가공도
가공의 용이성
취급의 용이성
판매하는 원재료의 가공 정도
위험성, 운송의 용이성, 무게 등

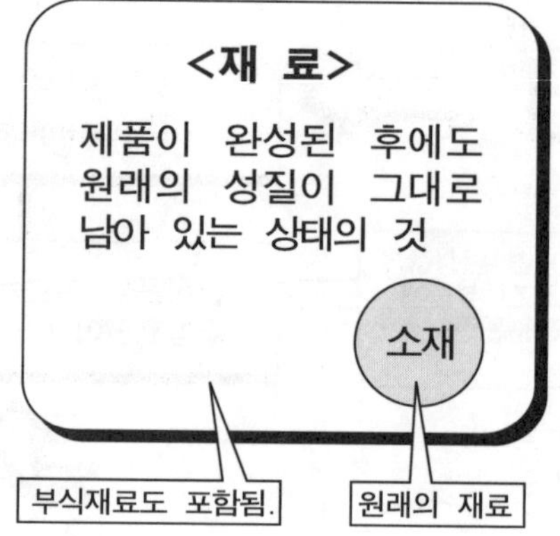

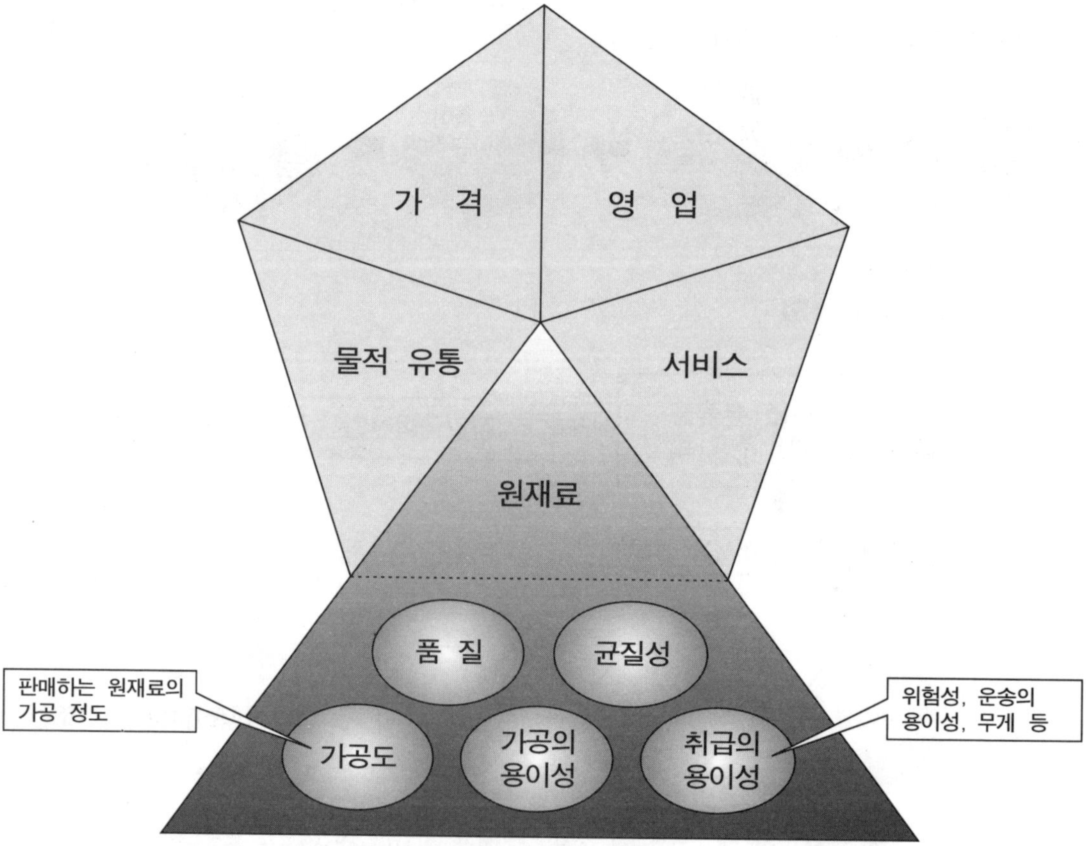

<그림3> 부식(副食) 재료 비즈니스

케이스 1. 요정(料亭)

요리는 모두 주문에 의해 부식 메이커로부터 매입한다.

<이유> • 주방 요리사의 급여가 비싸 고용하기가 어렵다.

　　　• 요리사의 이직률이 대단히 높다(그래서 일손 구하기가 힘들다).

　　　• 요리사의 비위 맞추기가 여간 어렵지 않다.

　　　• 요리사를 고용하여 요리를 만들면 코스트가 지나치게 올라간다.

　　　• 주문 요리는 맛도 좋고 요리의 가짓수도 많고 제철의 것을 즐길 수
　　　　있으며, 요리 수준도 대단히 높다.

그러므로 요정에서는 단지 식기류만을 준비하면 된다. 최근에는 식기류도 리스나
렌털로 마련할 수가 있다.

케이스 2. 패밀리레스토랑

부식 메이커에의 의존 제품(햄버거, 런치의 경우)

　　　• 밥　　• 햄버거　　• 햄버거 소스　　• 썰어놓은 양배추

　　　• 익힌 야채(당근, 완두콩, 옥수수, 감자, 버섯)

　　　• 모든 조미료

점포에서 하는 일이란 전자레인지로 데워 접시에 담을 뿐이다.

부식 메이커는 레스토랑이 주문한 대로 부식(공업품화되어 있는 것)을 공급하면
된다.

　　　※ 맥도날드에서는 빵의 크기에서부터 기포(氣泡)의 크기, 고기의 두께까지
　　　　지정한 모든 부식을 매입에 의존한다(식품 메이커나 식품도매업, 부식
　　　　메이커 등).

<그림4> 부식재료와 보관법

2-5 브랜드 전략

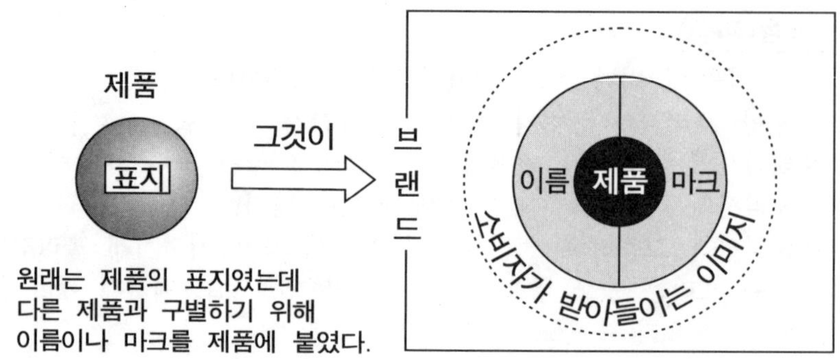

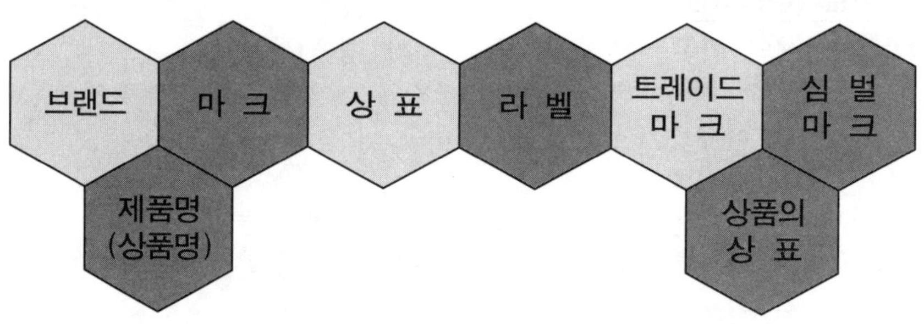

<그림3> 브랜드의 여러 가지 명칭

내셔널 브랜드	로컬 브랜드	톱 브랜드	무명 브랜드	고급 브랜드	주력 브랜드	노 브랜드
스토어 브랜드	더블 촙 브랜드 (double chop)	패밀리 브랜드	유명 브랜드	서브 브랜드	공통 브랜드	포괄적 브랜드
프라이빗 브랜드	가짜 브랜드	캐릭터 브랜드	탤런트 브랜드	제휴 브랜드	해외 브랜드	국산 브랜드
상대방 브랜드	일류 브랜드	이류 브랜드	로열 브랜드	유사 브랜드	모방 브랜드	경쟁 브랜드
수입 브랜드	메이커 브랜드	지역한정 브랜드	젊은이 브랜드	자사 브랜드	B급 브랜드	저가격 브랜드

<그림4> 흔히 이용되고 있는 브랜드 전략

단일(單一) 브랜드 전략
멀티 브랜드 전략
자사(自社) 브랜드 전략
상대방 브랜드 전략
브랜드 로열티 전략
브랜드 스위칭 전략
(타브랜드에서 전향)
패밀리 브랜드 전략
동일제품 다(多) 브랜드 전략
브랜드 고급화 전략
저가격 브랜드 전략

<그림5> 브랜드 로열티

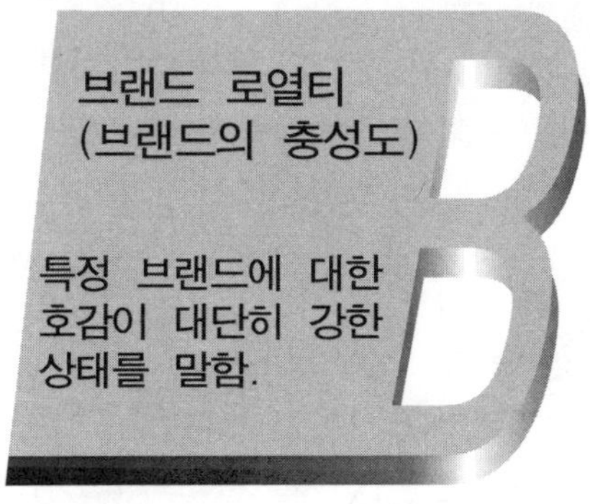
브랜드 로열티
(브랜드의 충성도)

특정 브랜드에 대한
호감이 대단히 강한
상태를 말함.

B

<그림6> 브랜드에 대한 태도

앤티(Anti)
브랜드
브랜드에
대한 호감
브랜드의
일방적 지향
브랜드의
절대적 권위
브랜드의
맹신

2-6 제품 라이프사이클

제품 라이프사이클(Product Life Cycle)이란, 제품에도 수명이 있는데 그것은 탄생, 성장, 성숙, 쇠퇴, 그리고 소멸(제품의 생산중지)에 이르기까지의 프로세스를 말한다. 응용상으로는 업계 라이프사이클 및 기업 라이프사이클 등이 있다.

<그림1> 제품 라이프사이클

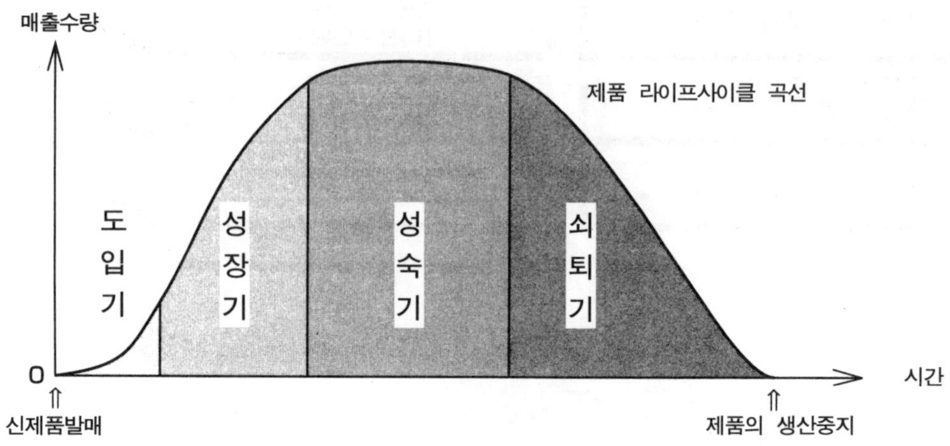

<그림2> 제품 라이프사이클과 이익액

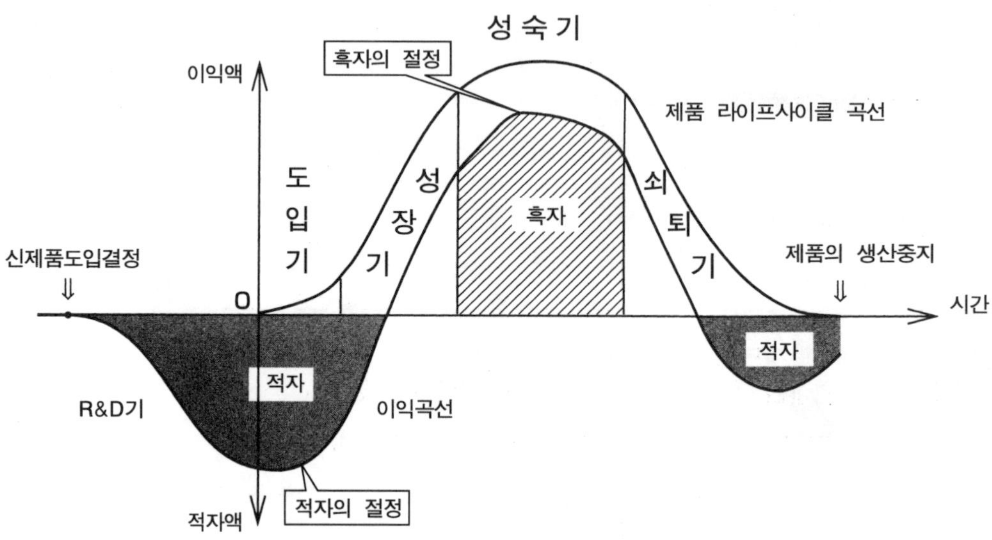

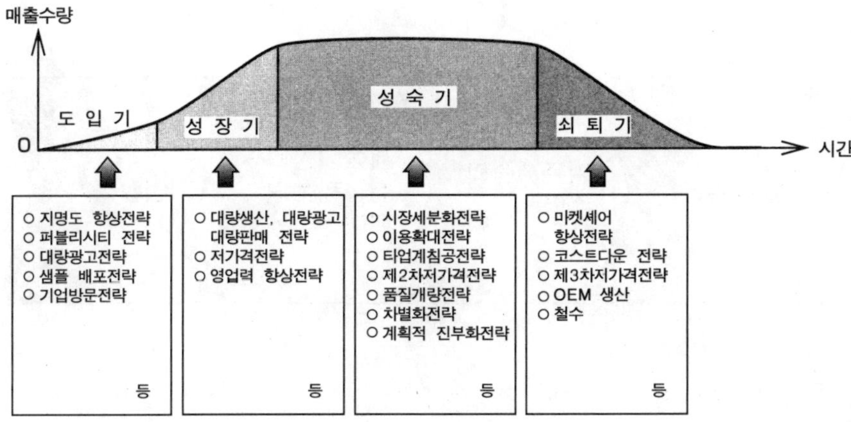

<그림3> 제품 라이프사이클과 IM 전략

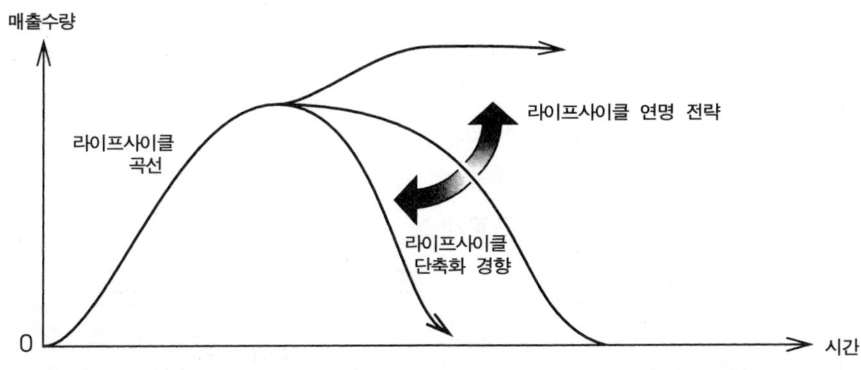

<그림4> 라이프사이클의 연명(延命) 전략과 단축화 경향

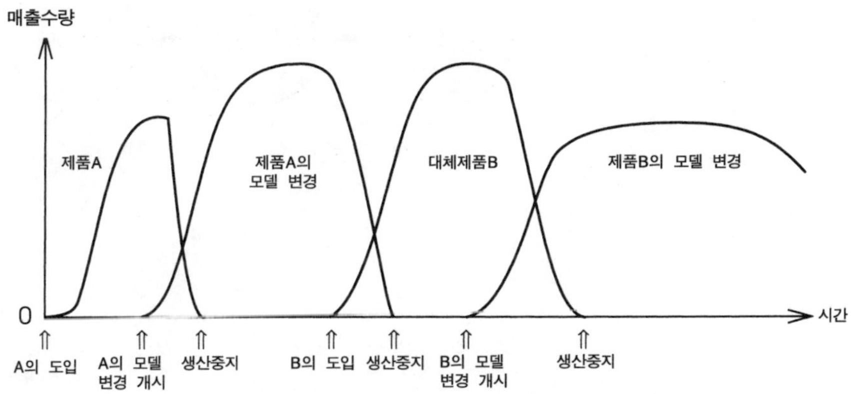

<그림5> 제품의 계획적 진부화전략(Planned Product Obsolescent Strategy)

2-7 신제품전략

<그림1> 신제품의 도입 이유

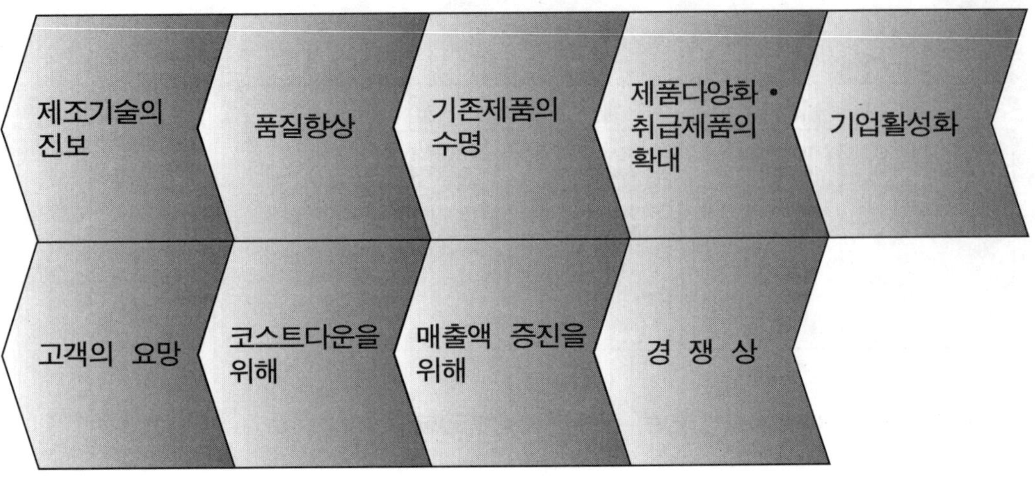

<그림2> 인더스트리얼 마케팅의 신제품 도입 프로세스

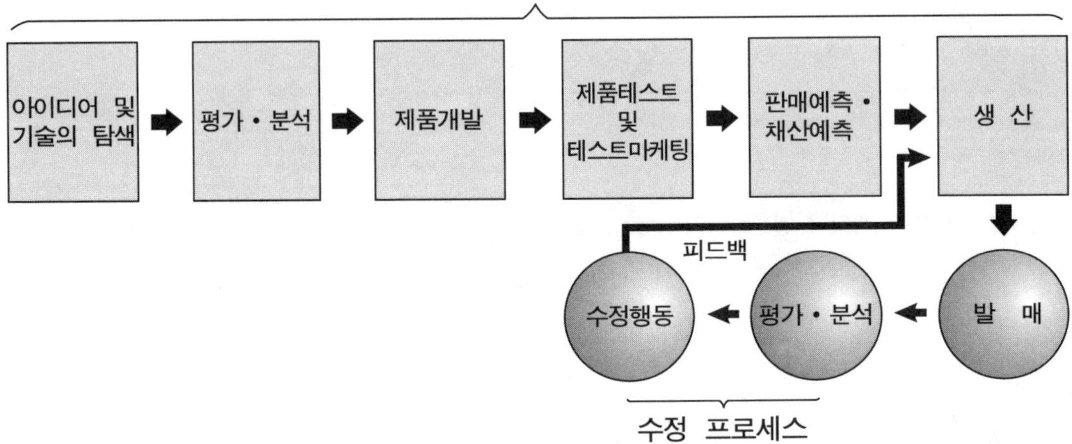

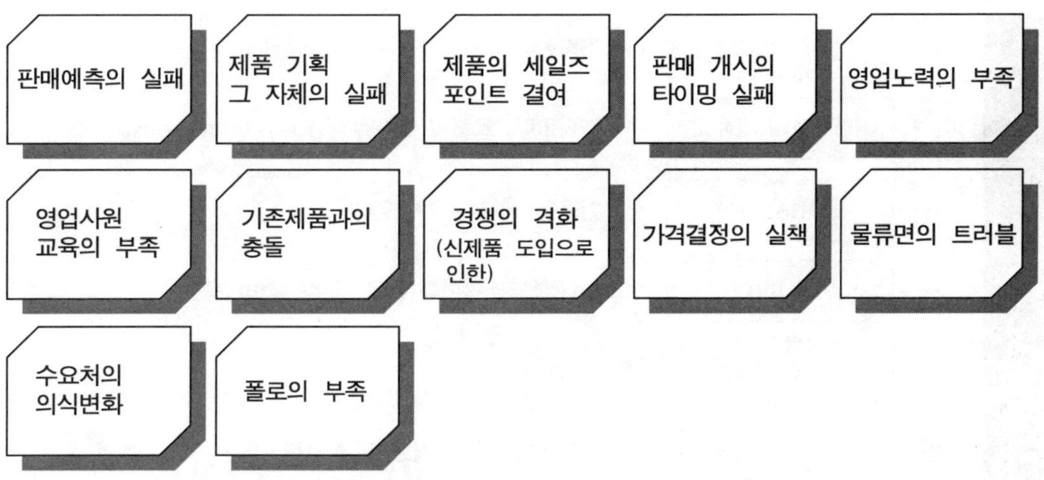

<그림4> 인더스트리얼 마케팅의 신제품 개발

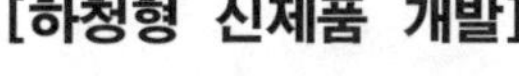

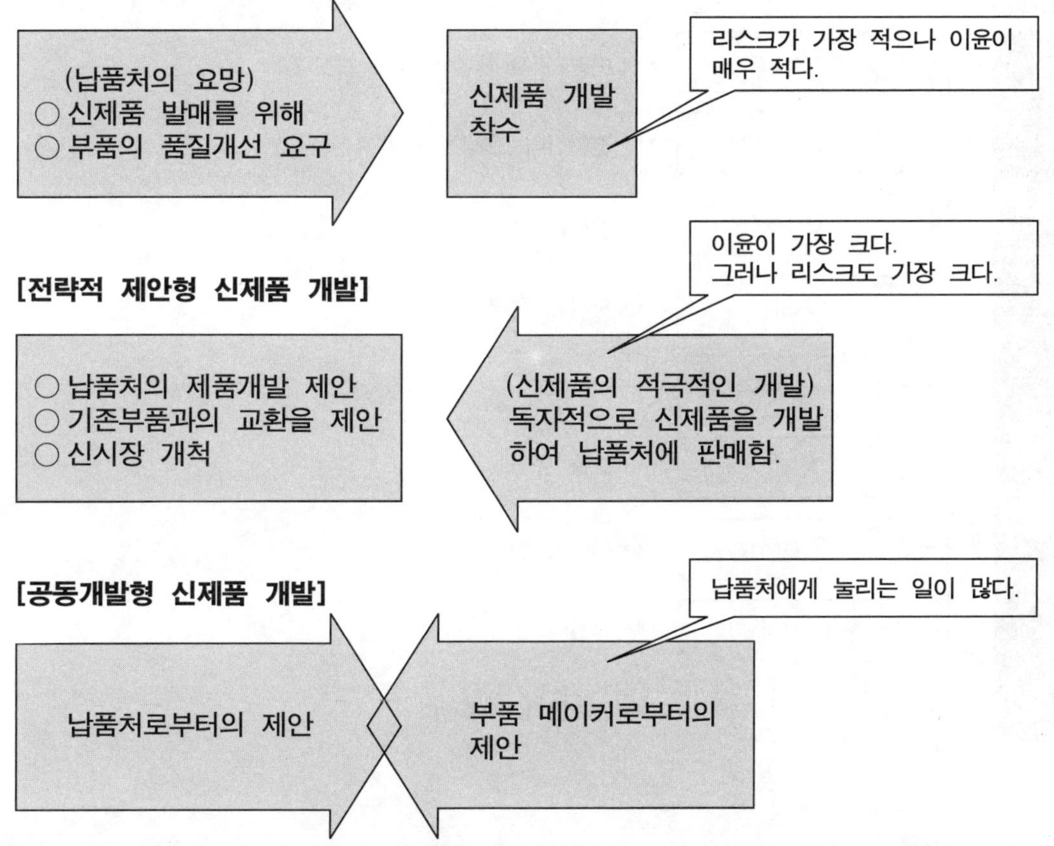

2-8 편성전략

<그림1> 조립과 편성

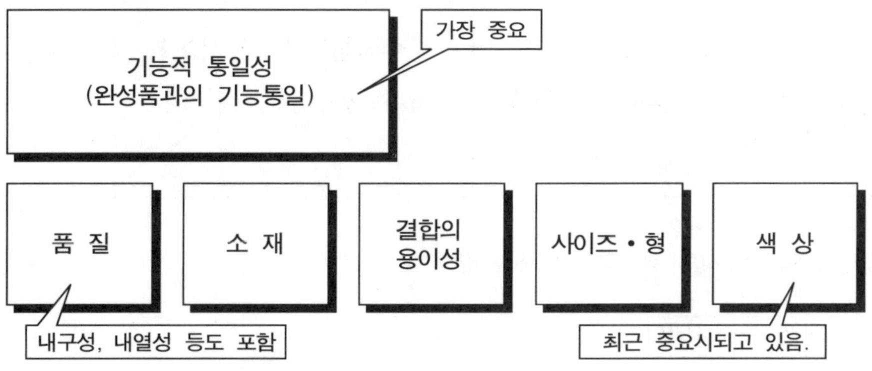

<그림2> 편성의 기본(부품의 경우)

<그림3> 부품 편성의 마케팅 믹스

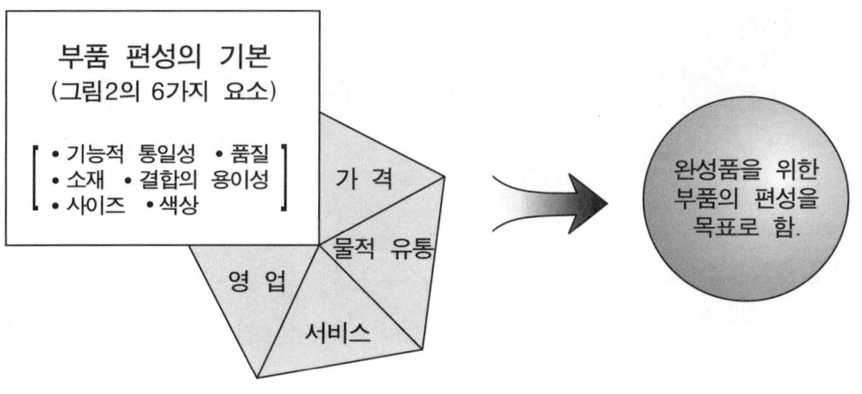

<그림4> 자동차 메이커의 독자적인 부품의 기준설정과 부품 편성의 Closed화

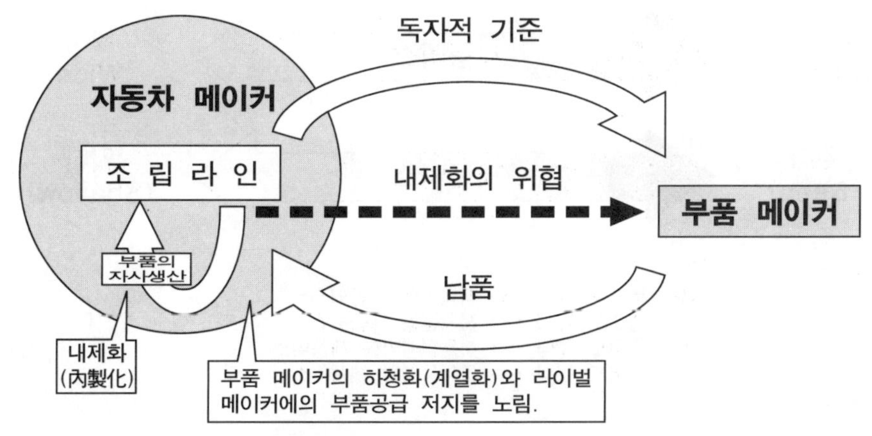

2-9 제품믹스 전략

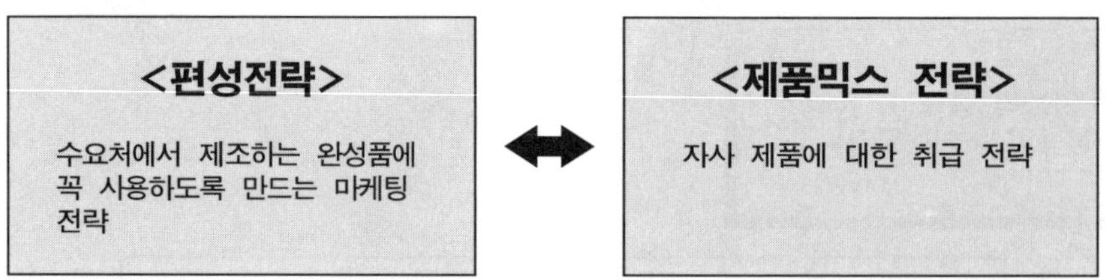

<그림2> 제품믹스 전략으로서의 제품믹스의 폭과 깊이 및 일관성

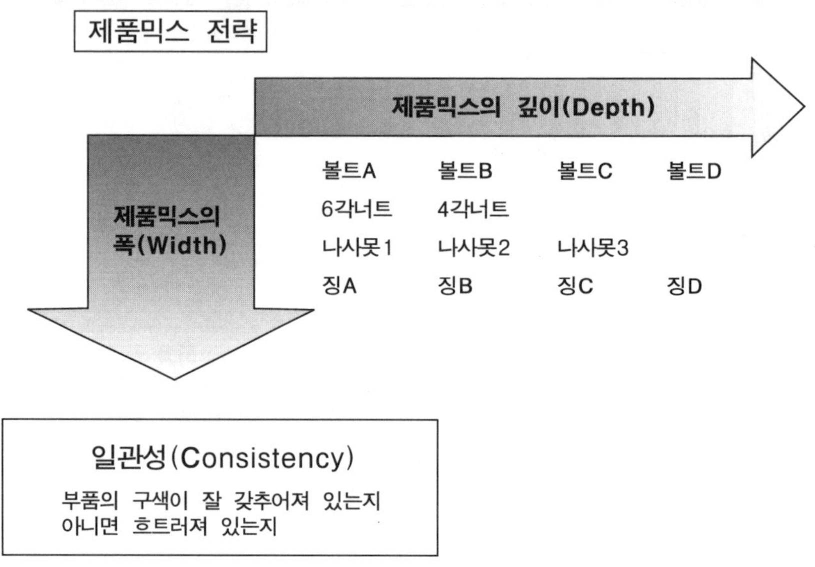

<그림3> 제품믹스의 표현방법

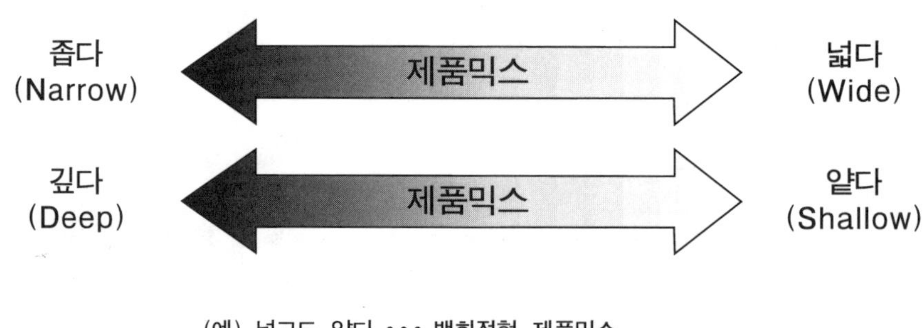

<그림4> 이상적인 제품믹스의 실현

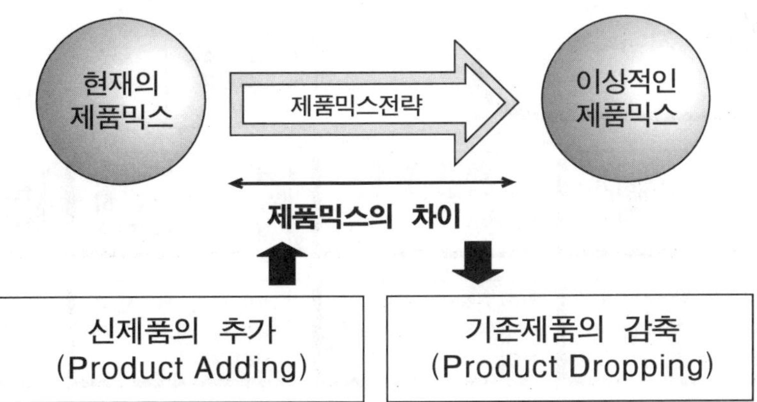

현재의 제품믹스
제품믹스전략
이상적인 제품믹스
제품믹스의 차이
신제품의 추가 (Product Adding)
기존제품의 감축 (Product Dropping)

<그림5> 제품믹스의 재편성전략(Rearrangement Strategy)

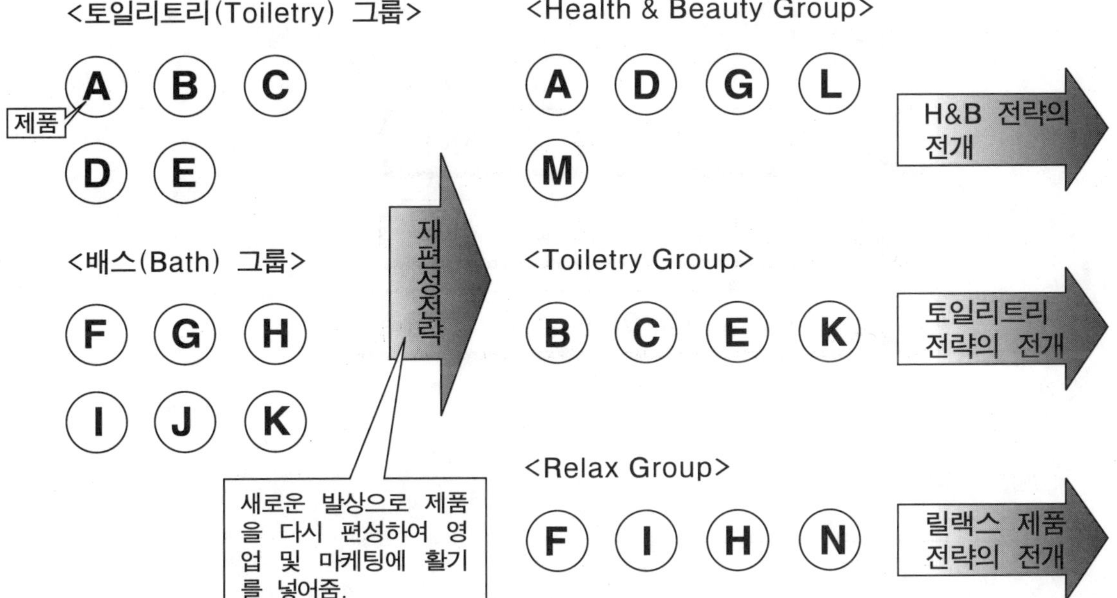

<토일리트리(Toiletry) 그룹>
제품
A B C
D E
<배스(Bath) 그룹>
F G H
I J K
재편성전략
새로운 발상으로 제품을 다시 편성하여 영업 및 마케팅에 활기를 넣어줌.
<Health & Beauty Group>
A D G L
M
<Toiletry Group>
B C E K
<Relax Group>
F I H N
H&B 전략의 전개
토일리트리 전략의 전개
릴랙스 제품 전략의 전개

2-10 드라핑 전략

<그림1> 드라핑 전략(Product Dropping Strategy)의 전개

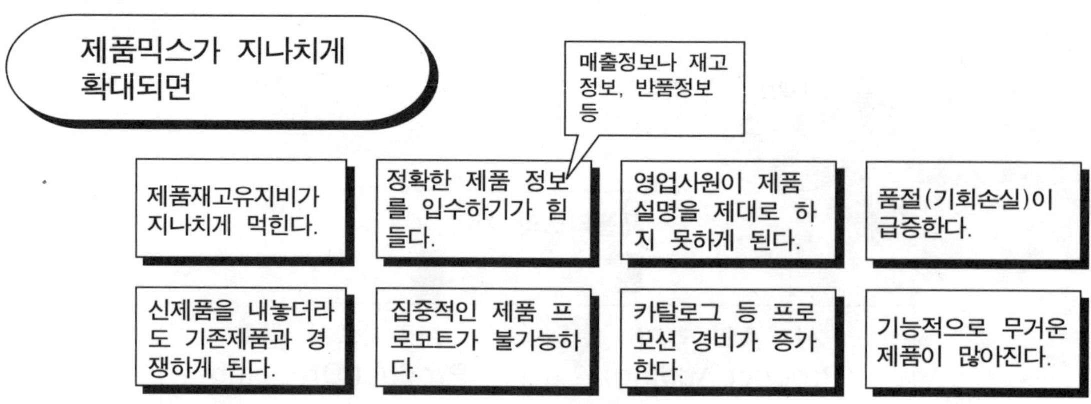
제품믹스가 지나치게 확대되면
매출정보나 재고 정보, 반품정보 등
제품재고유지비가 지나치게 먹힌다.
정확한 제품 정보를 입수하기가 힘들다.
영업사원이 제품 설명을 제대로 하지 못하게 된다.
품절(기회손실)이 급증한다.
신제품을 내놓더라도 기존제품과 경쟁하게 된다.
집중적인 제품 프로모트가 불가능하다.
카탈로그 등 프로모션 경비가 증가한다.
기능적으로 무거운 제품이 많아진다.
즉 비효율적이며 낭비가 많아진다.

<그림2> 드라핑의 내용

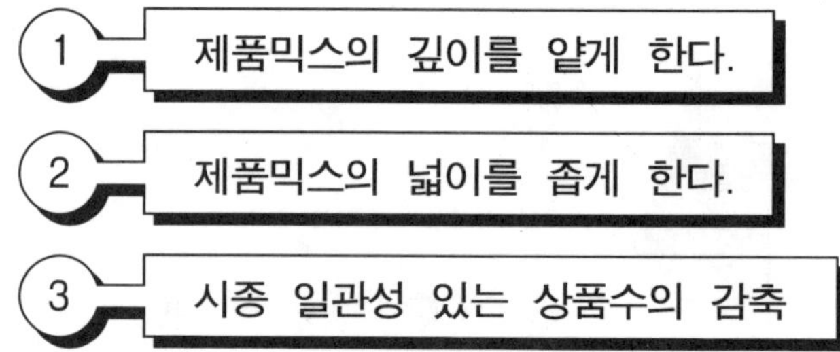
1 제품믹스의 깊이를 얕게 한다.
2 제품믹스의 넓이를 좁게 한다.
3 시종 일관성 있는 상품수의 감축

<그림3> 철수(撤收)와 드라핑

사업의 경우는 철수
(Withdrawal)
제품의 경우는
생산중지
(Dropping)
서비스의 경우는 취급 중지

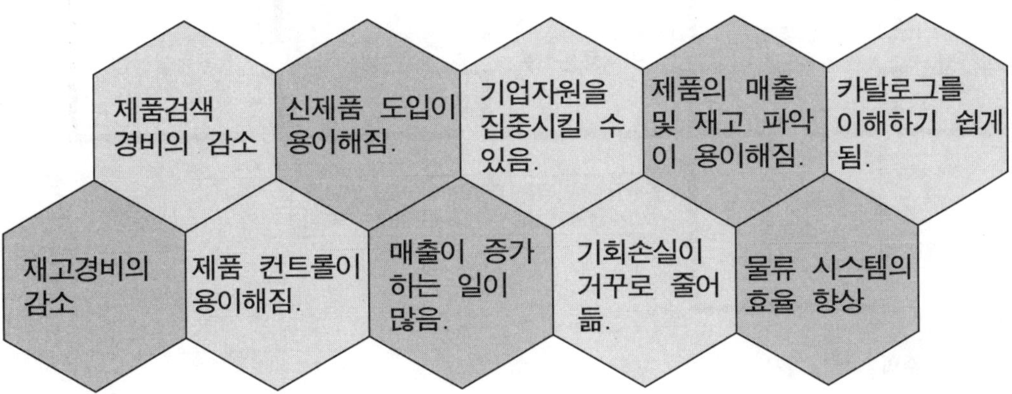

<그림4> 드라핑의 효과

<그림5> 드라핑 전략과 신제품도입전략의 연결

그렇지 않으면
제품믹스의 축소균형이 된다.

<그림6> 드라핑해서는 안 될 제품

2-11 수주와 생산

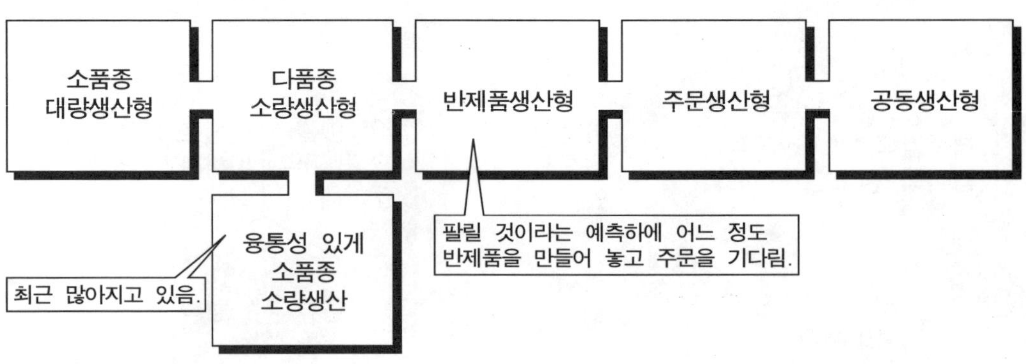

<그림1> 부품의 생산전략의 기본 패턴

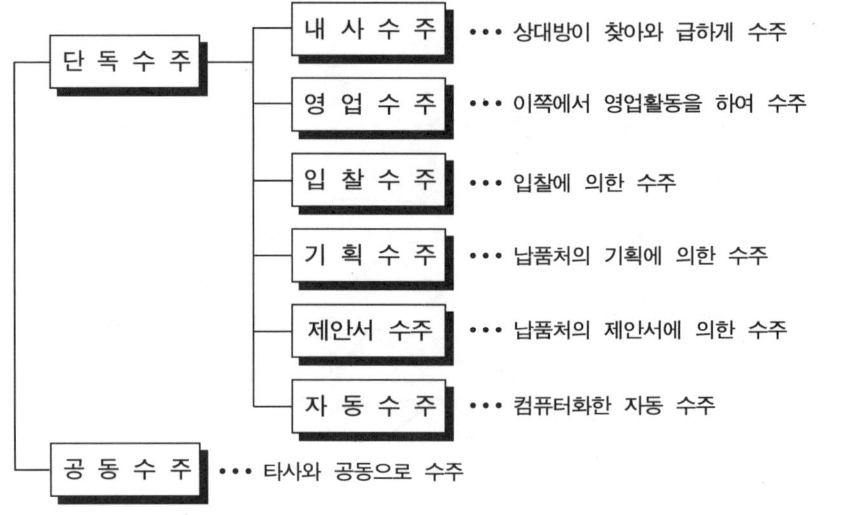

<그림2> 수주의 여러 가지

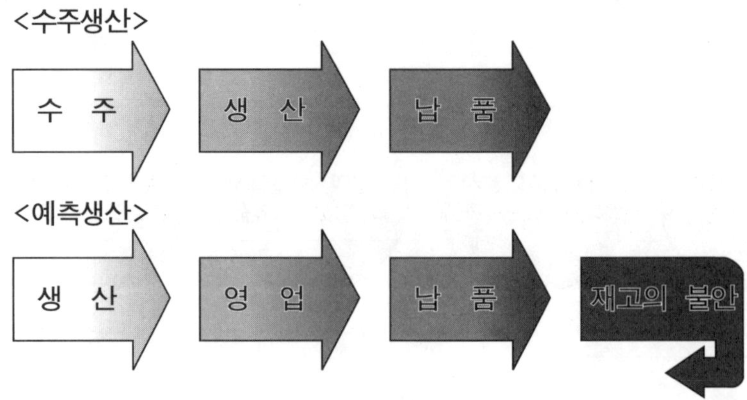

<그림3> 수주생산과 예측생산

<그림4> 수주·생산·납품의 단축화 경향

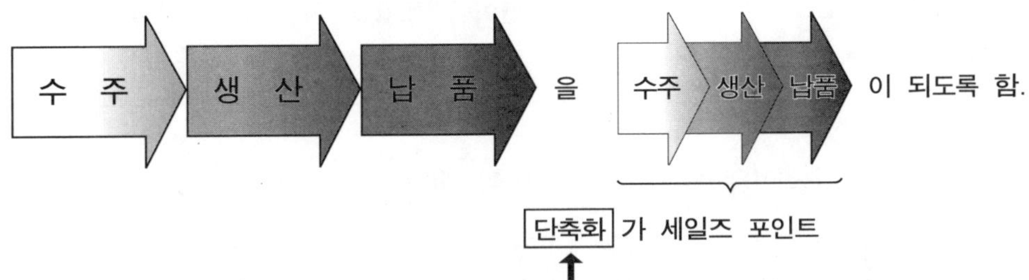
수 주
생 산
납 품
을
수주
생산
납품
이 되도록 함.
단축화 가 세일즈 포인트
비즈니스의 환경변화에 대한 리스크 회피도 된다.

<그림5> 생산의 새로운 조류

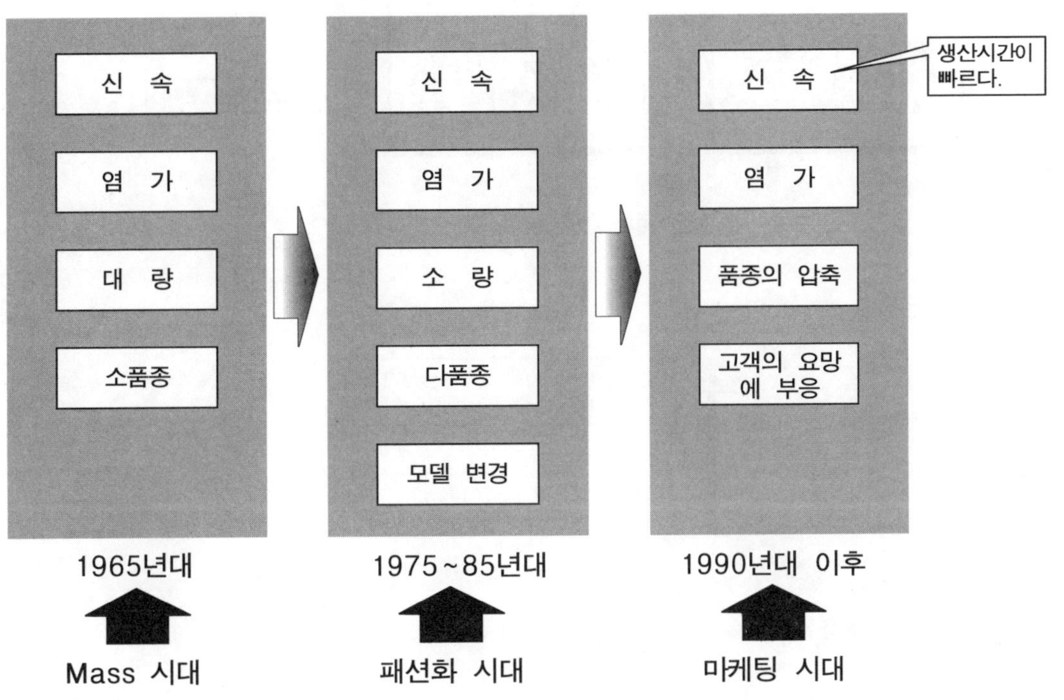
신 속
염 가
대 량
소품종
1965년대
Mass 시대

신 속
염 가
소 량
다품종
모델 변경
1975~85년대
패션화 시대

신 속
염 가
품종의 압축
고객의 요망
에 부응
1990년대 이후
마케팅 시대

생산시간이
빠르다.

<그림6> 반품

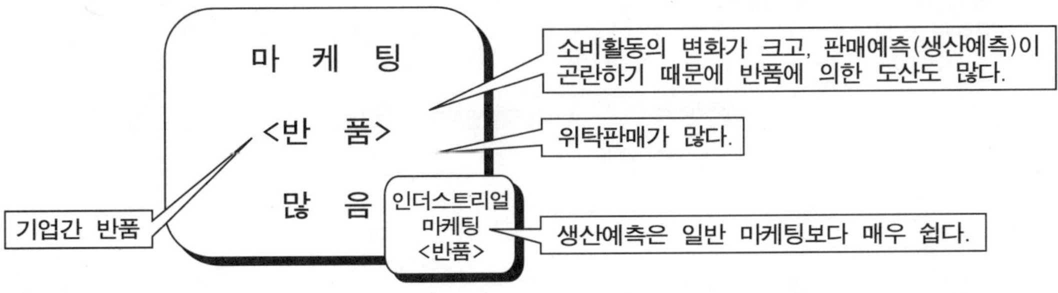
마 케 팅
<반 품>
많 음
인더스트리얼
마케팅
<반품>
소비활동의 변화가 크고, 판매예측(생산예측)이
곤란하기 때문에 반품에 의한 도산도 많다.
위탁판매가 많다.
기업간 반품
생산예측은 일반 마케팅보다 매우 쉽다.

2-12 패브레스 전략

패브레스(Fabless)란, Fabricate(생산한다, 조립한다)가 없다는(Less) 것으로서 일본인들이 만들어낸 조어이다. 즉 스스로 생산이나 조립을 하지 않고 타사에 위탁하는 것을 말한다.

<그림1> 패브레스 전략(공장이 없는 메이커의 전략)의 메리트

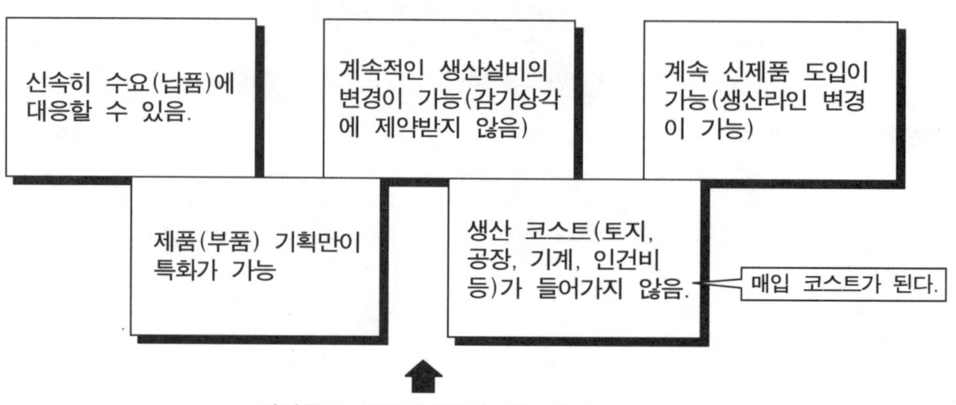

<그림2> 패브레스 전략의 디메리트

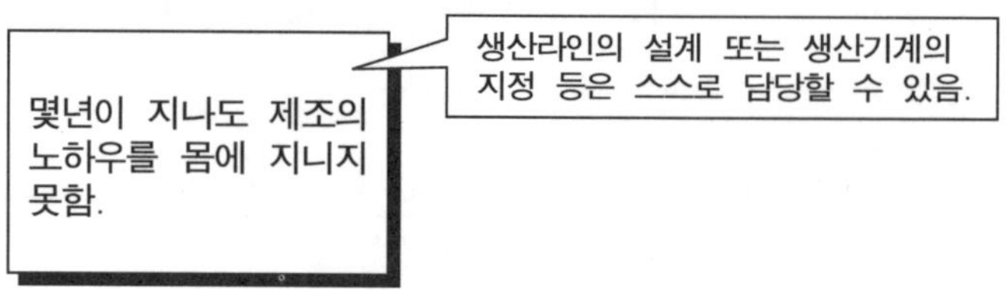

<그림3> 패브레스화를 위한 돈독한 유대

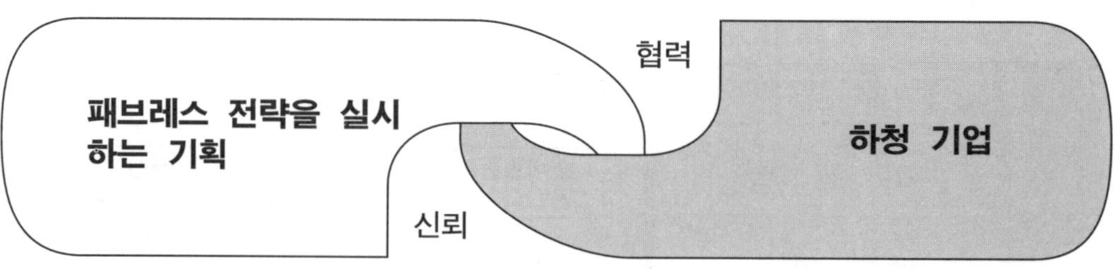

<그림4> 패브레스 전략의 성공조건

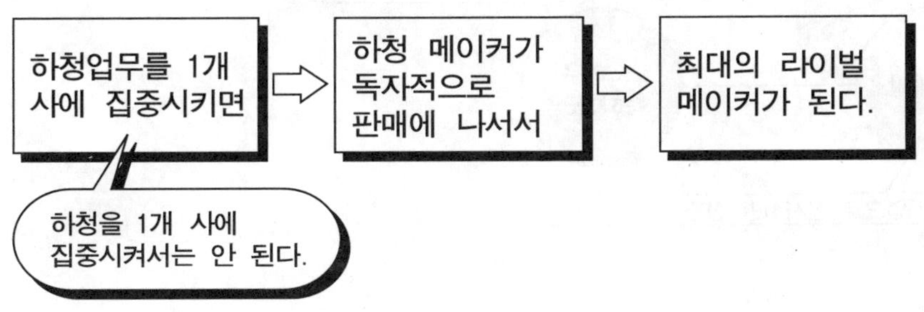

<그림5> 패브레스화에서 가장 주의해야 할 점

<그림6> 패브레스화를 지향하는 시대

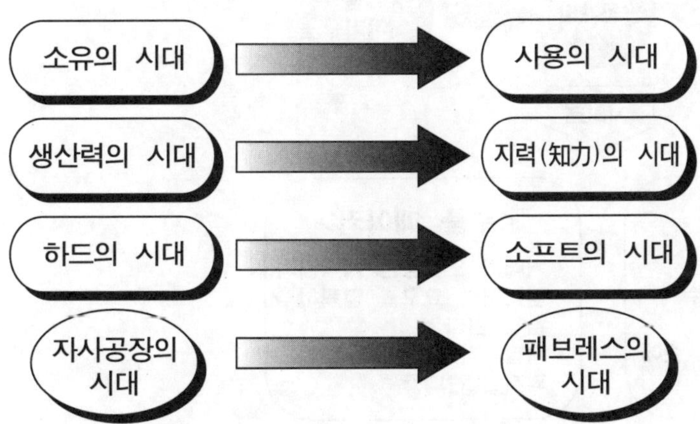

2-13 공동개발전략

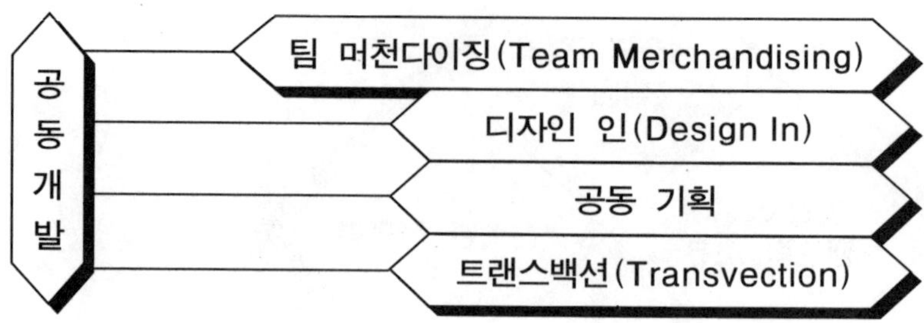

<그림1> 공동개발전략의 별칭

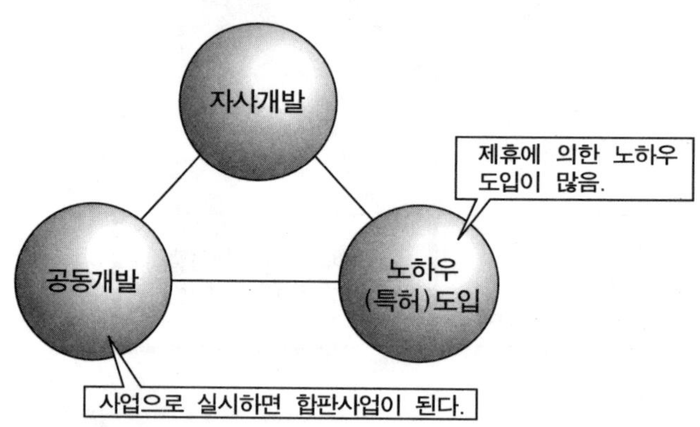

<그림2> 개발전략의 3가지 타입

<그림3> 부품 메이커의 납품처와의 공동개발

<납품처>	**<부품 메이커>**
• 계열화시킬 수 있다. • 어려운 주문을 할 수 있다. • 원하는 부품을 쉽게 손에 넣을 수 있다.	• 거래가 오랫동안 지속된다. • 납품처의 요구를 명확히 알게 된다. • 개발비가 절반밖에 투입되지 않는다.

<그림4> 공동개발의 실패 원인

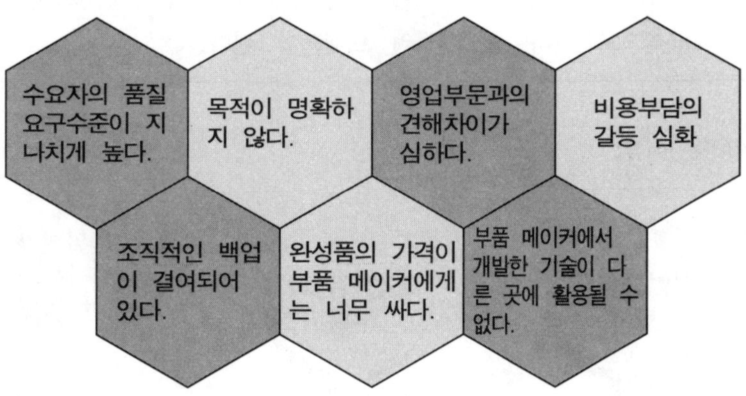

<그림5> 부품 메이커가 공동개발에 앞서 우려해야 할 문제점

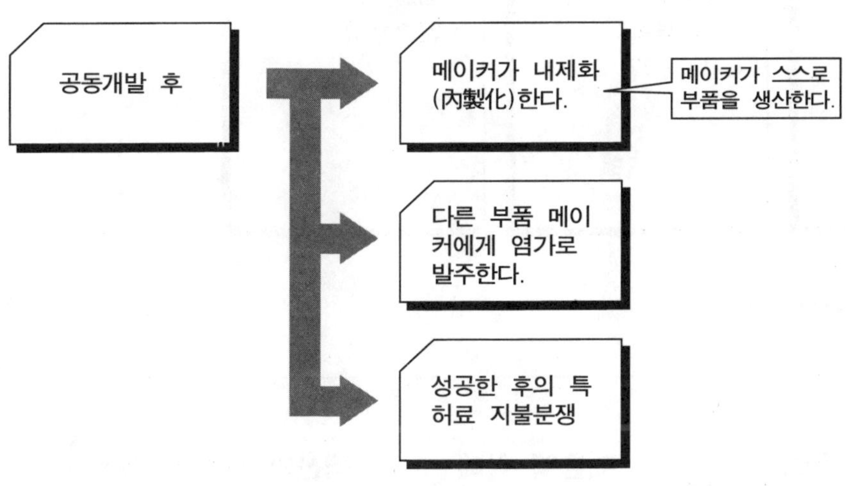

<그림6> 대규모의 공동개발

<반도체 개발의 예>

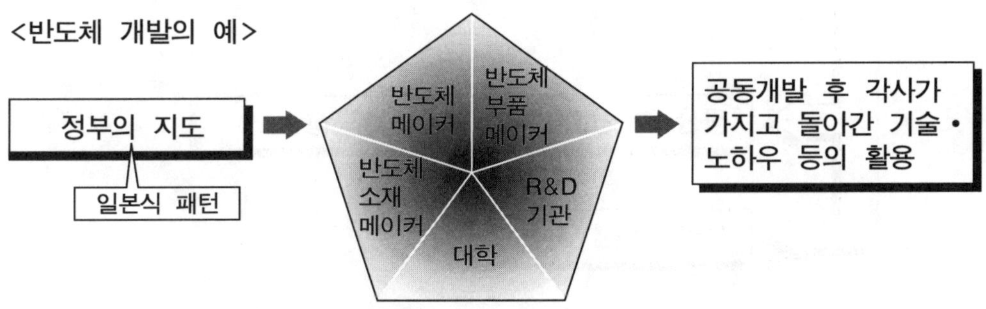

2-14 OEM생산전략

OEM(Original Equipment Manufacturing)이란, 주문자 기업의 브랜드 제품을 생산하는 일이다. 일반적으로는 라이벌 기업의 브랜드가 된다.

<그림1> OEM생산을 의뢰하는 이유

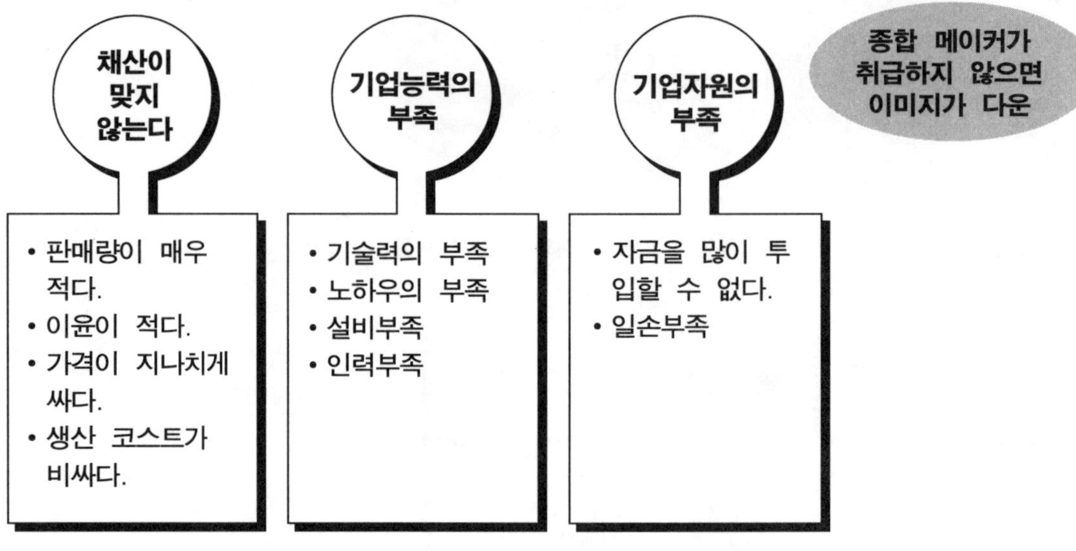

<그림2> OEM생산의 수용 이유

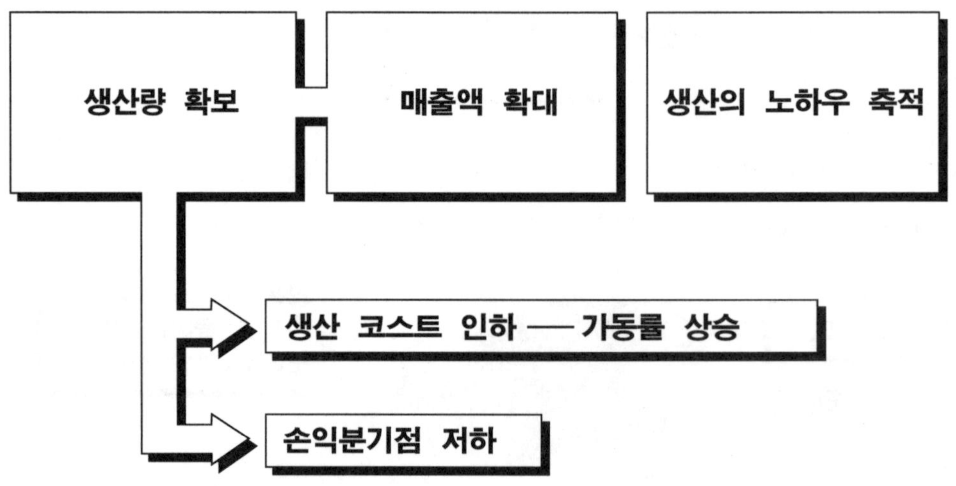

<그림3> OEM생산이 이익이 되지 못해도 받아들이는 이유

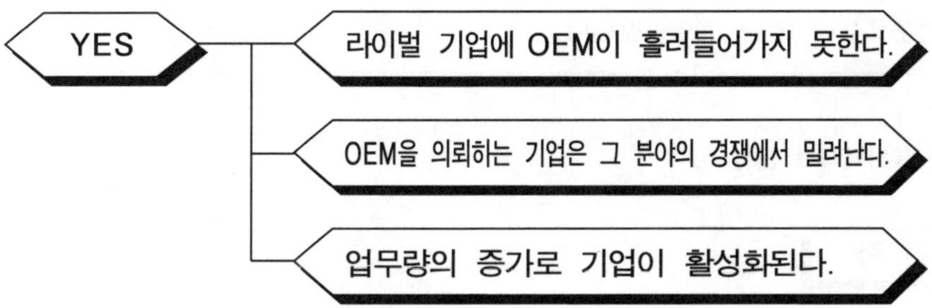

YES
라이벌 기업에 OEM이 흘러들어가지 못한다.
OEM을 의뢰하는 기업은 그 분야의 경쟁에서 밀려난다.
업무량의 증가로 기업이 활성화된다.

<그림4> OEM생산과 하청생산의 차이점

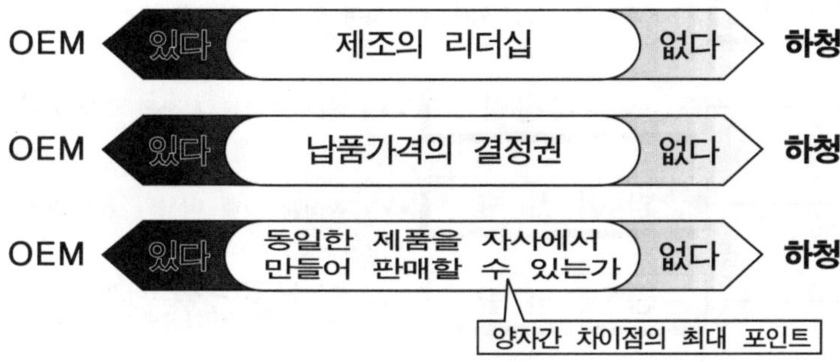

OEM 있다 제조의 리더십 없다 하청
OEM 있다 납품가격의 결정권 없다 하청
OEM 있다 동일한 제품을 자사에서 만들어 판매할 수 있는가 없다 하청
양자간 차이점의 최대 포인트

<그림5> 자사생산, OEM생산, 하청생산 및 생산중지

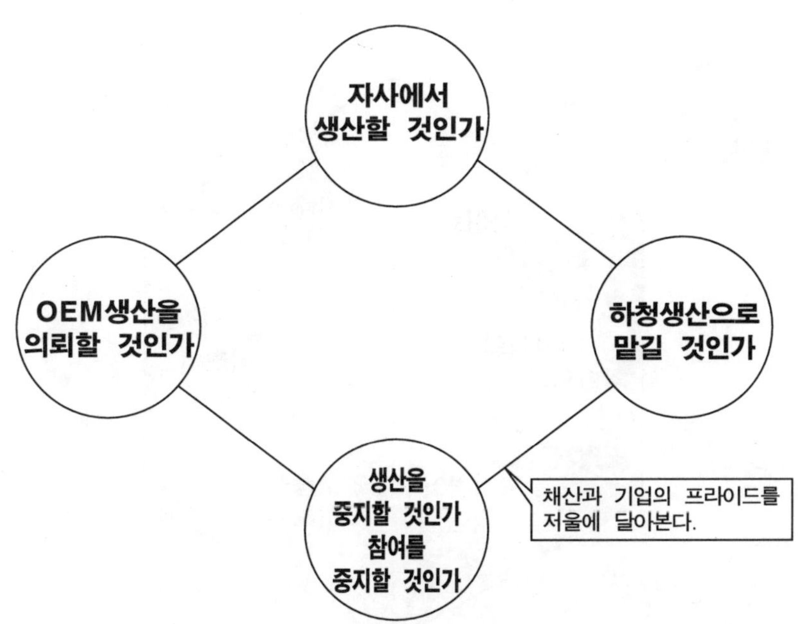

자사에서 생산할 것인가
OEM생산을 의뢰할 것인가
하청생산으로 맡길 것인가
생산을 중지할 것인가 참여를 중지할 것인가
채산과 기업의 프라이드를 저울에 달아본다.

2-15 특허전략

특허(Patent)란, 발명, 실용신안, 의장(意匠), 상표 등을 독점적으로 사용하는 권리를 정부로부터 얻는 것을 말한다.

<그림1> 특허전략의 분류

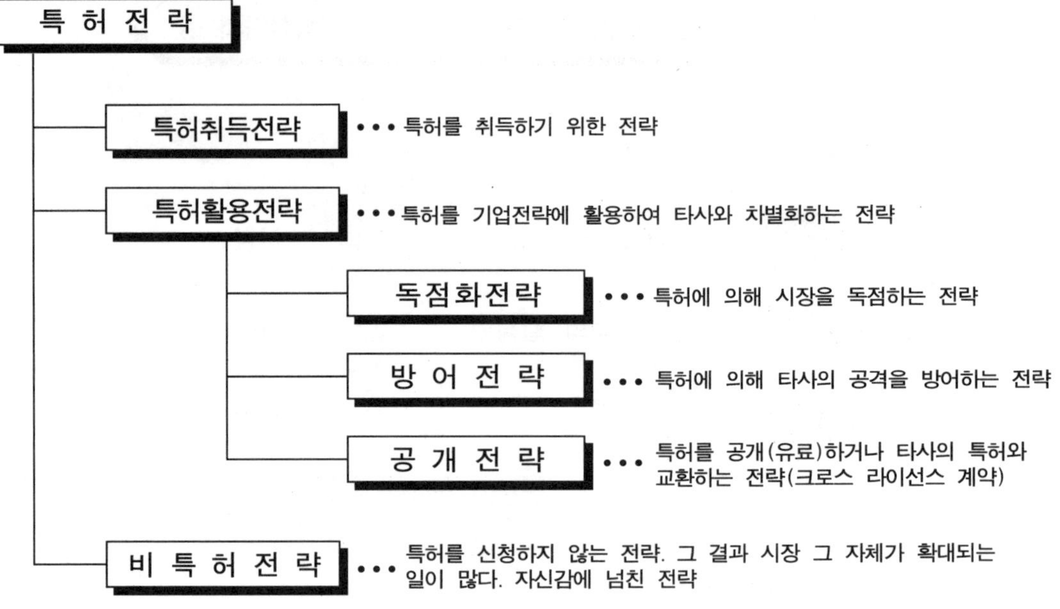

<그림2> 특허의 메리트

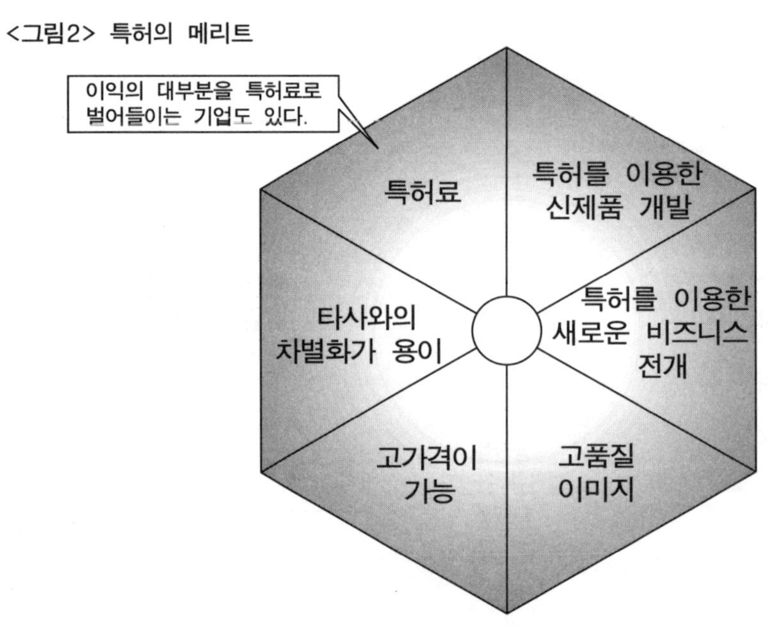

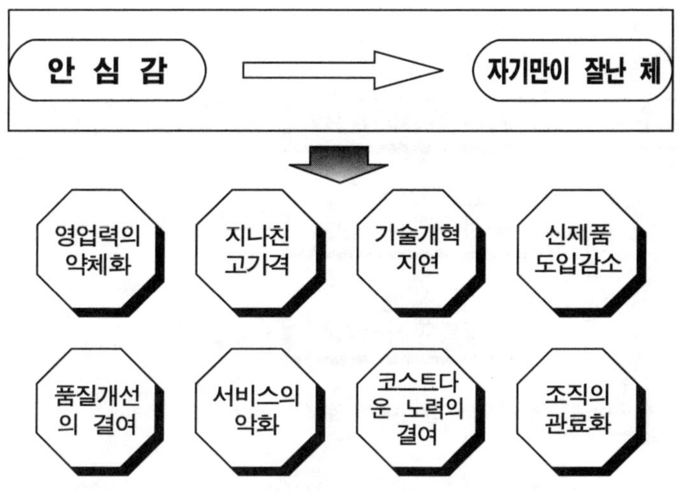

<그림4> 특허전략과 특허회피전략

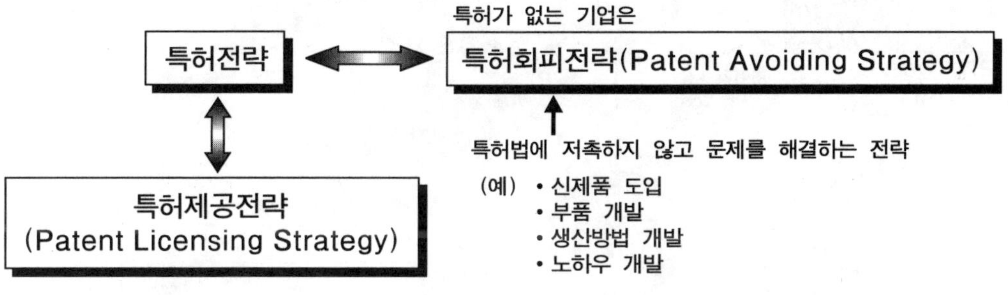

<그림5> 리버스 엔지니어링

리버스 엔지니어링(Reverse Engineering)이란, 제품이나 소프트를 분해 또는 분석하여 그 구조나 방식의 아이디어를 끌어내는 기술을 말한다. 이것을 이용하여 제품개발에 결부시키는 일이 많다. 그러나 이렇게 해서 유사품을 만들면 특허법에 저촉되이 많은 문제를 낳는다.

2-16 규격전략

<그림1> 규격전략(Standard Strategy)

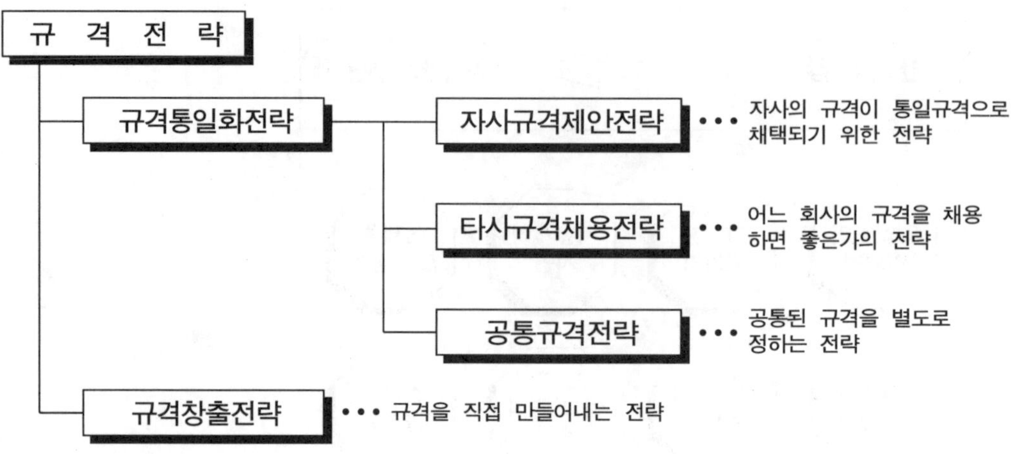

<그림2> 규격의 종류

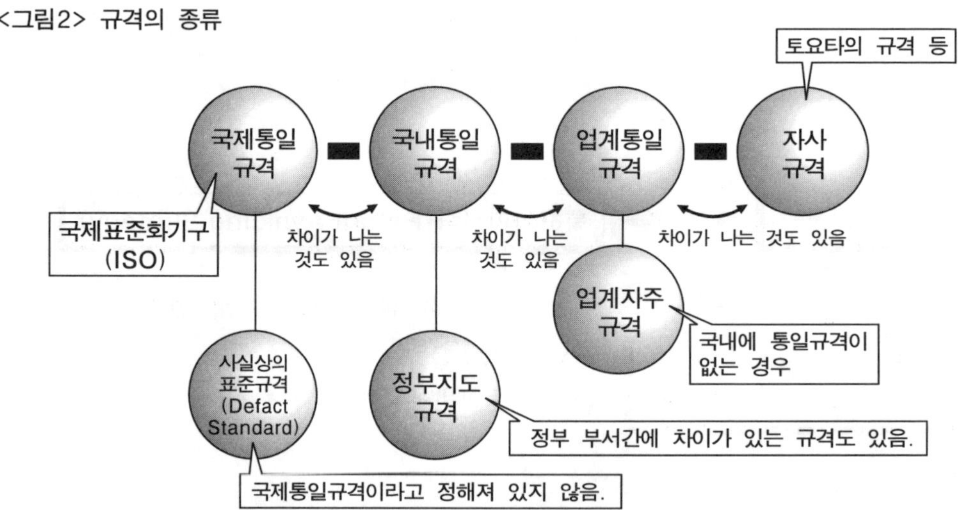

<그림3> 규격통일화전략의 성공과 실패

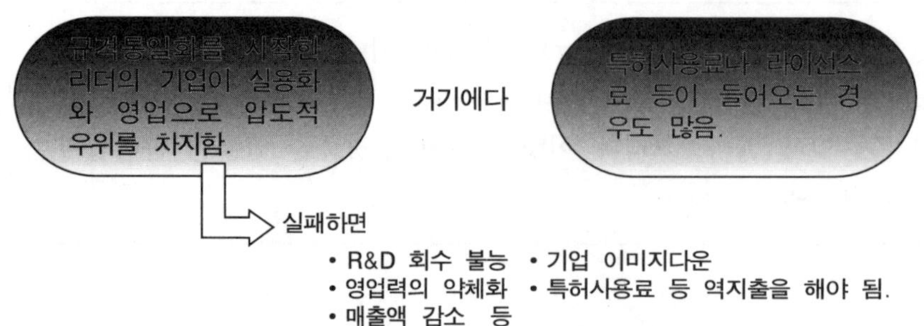

<그림4> 국제규격통일화전략

[VTR : VHS vs 베타]

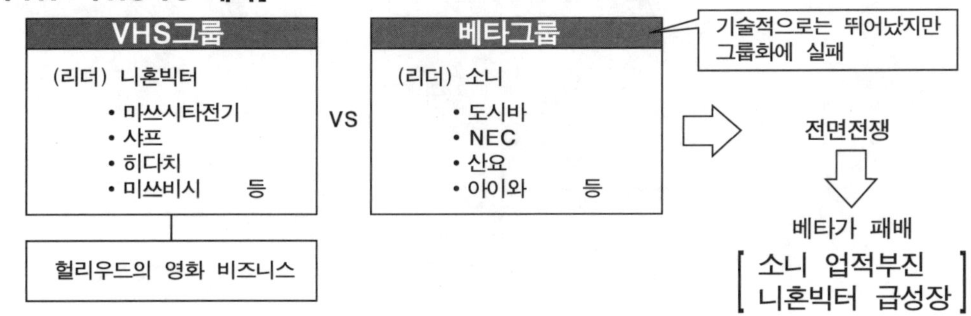

[DVD(Digital Video Disk) : 도시바 방식 : 소니 방식]

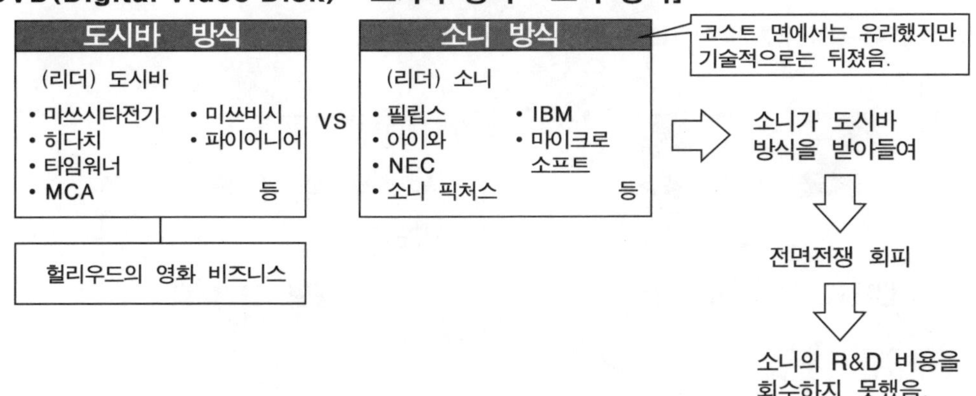

<그림5> NC장치(수치제어 : Numerical Control)의 규격전쟁

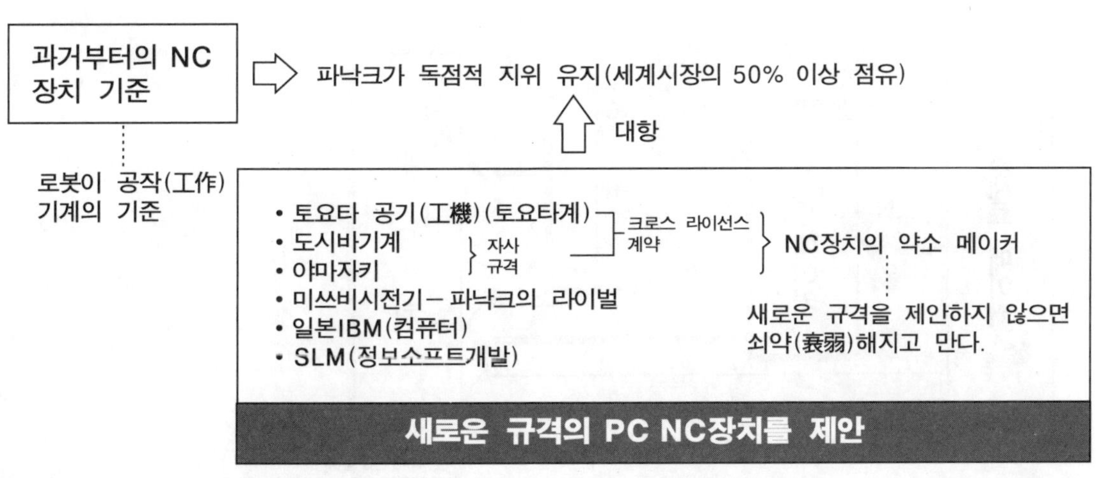

2- 17 물적유통전략

<그림1> 물적 유통(줄여서 물류라고 함)

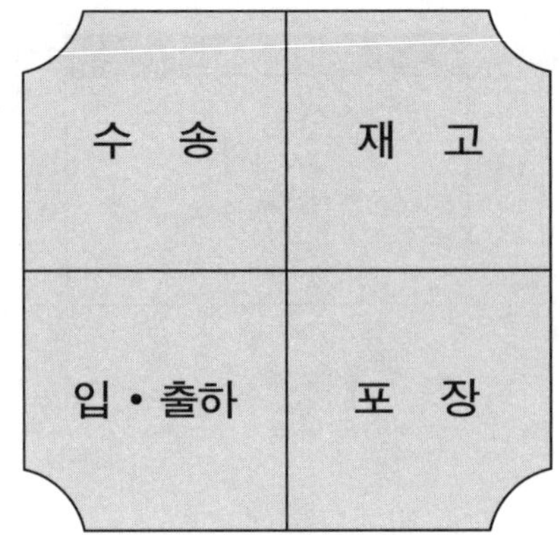

<그림2> 물적(物的) 유통과 상적(商的) 유통(합해서 물상류라고도 함)

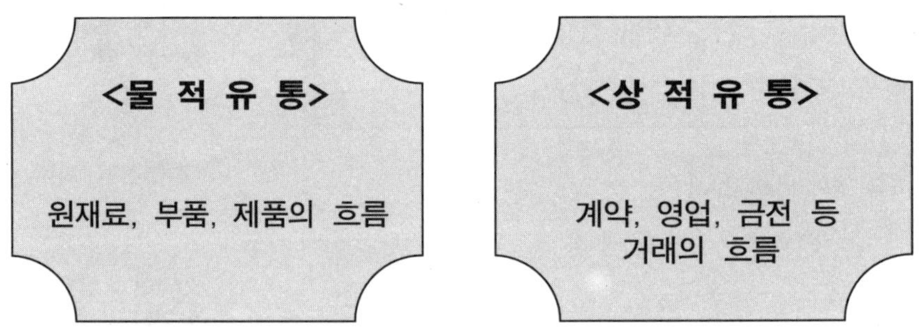

<그림3> 인더스트리얼 마케팅에 있어서의 물류

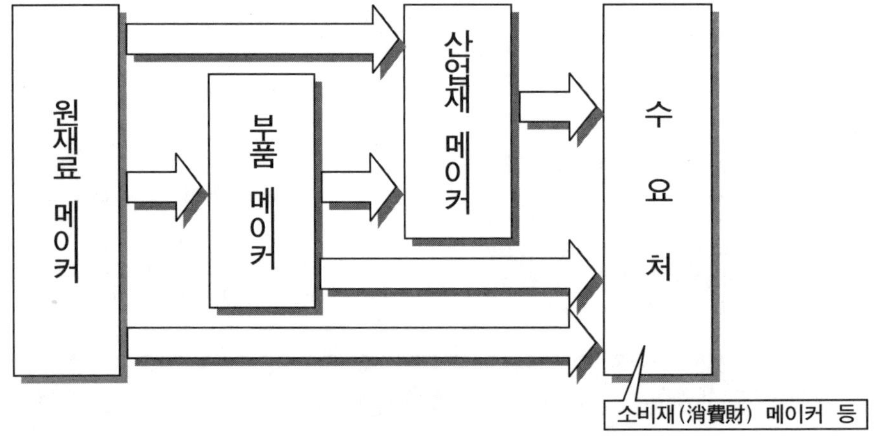

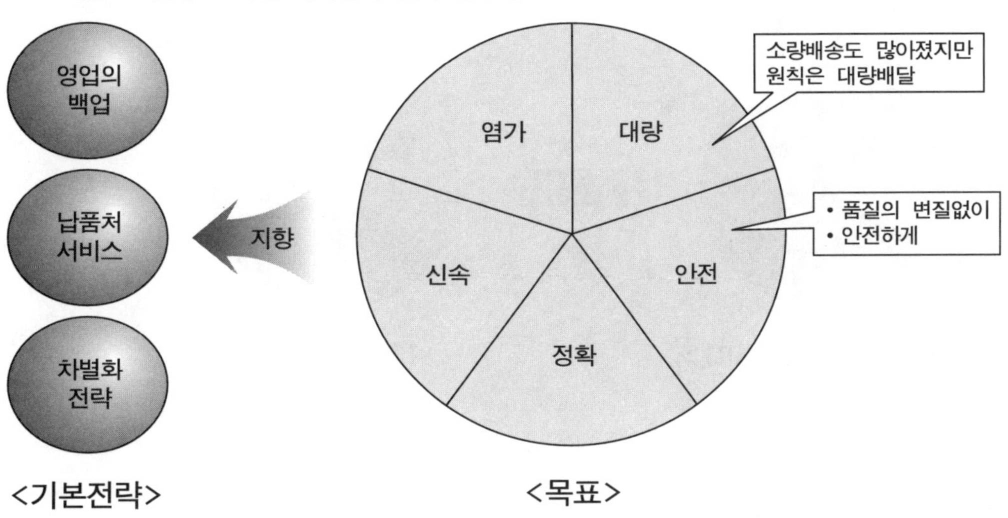

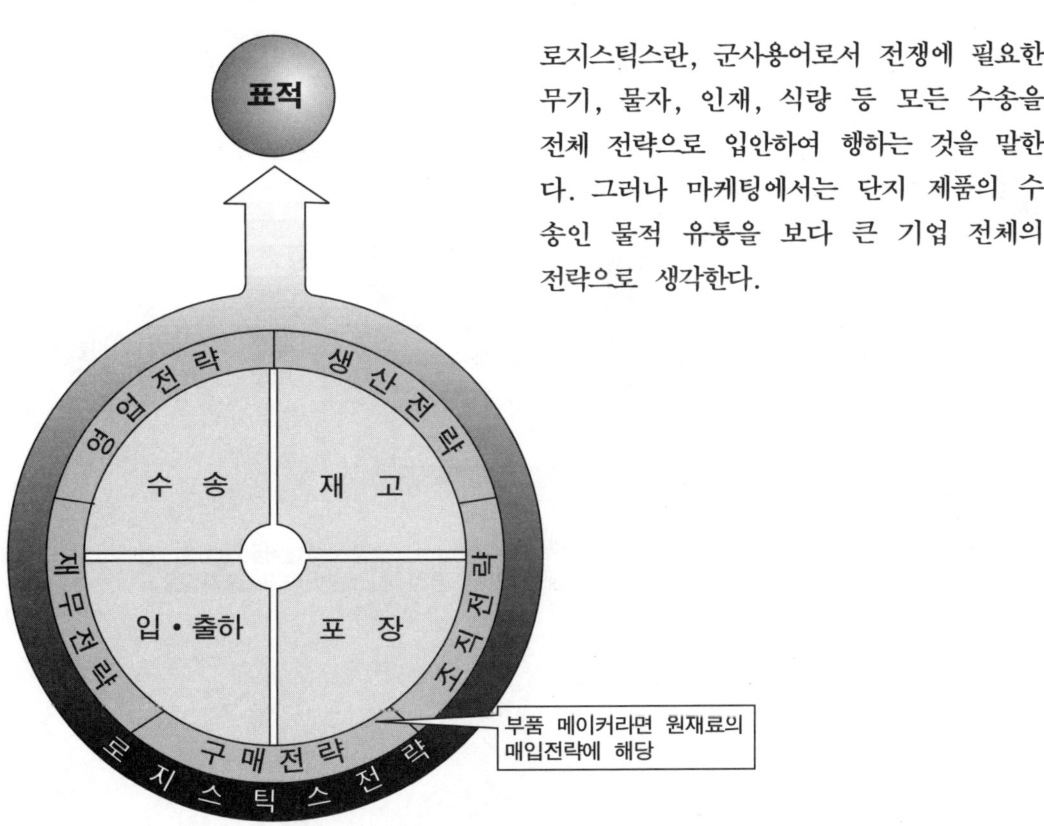

로지스틱스란, 군사용어로서 전쟁에 필요한 무기, 물자, 인재, 식량 등 모든 수송을 전체 전략으로 입안하여 행하는 것을 말한다. 그러나 마케팅에서는 단지 제품의 수송인 물적 유통을 보다 큰 기업 전체의 전략으로 생각한다.

2-18 납품전략

<그림1> 납품전략(Delivery Strategy)의 변천

염가
신속
대량
<고도경제성장 시대>
염가
정확
소량
<버블경제 붕괴 후>

<그림2> 토요타의 간판방식

목표는 코스트다운
<토요타>
부품재고의 감축
토요타의 경우는 재고량 감소
발주표(發注票) 대신
발주처리의 경감
<부품 메이커>
코스트 상승 요인, 결과적으로 부품 메이커의 재고량 증가
간판의 고안
간판을 중심으로 한
발주·물류 시스템 구축
(간판 시스템)
소량단위배송
다빈도배송
시간엄수
물류 시스템의 역사를
바꾸는 혁신적인 방법
융통성 있는 생산
시스템을 완성시킴.
세계적으로도 유명하며, 경영사적(經營史的)인 면에서 보더라도
역사에 남을 만한 경영 시스템이라고 평가됨.
이익률의 향상

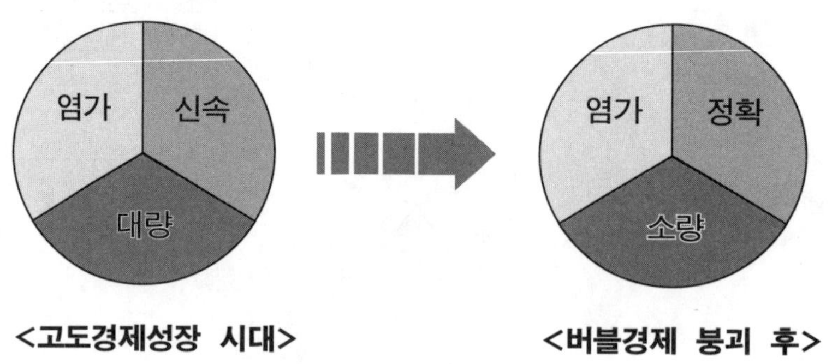

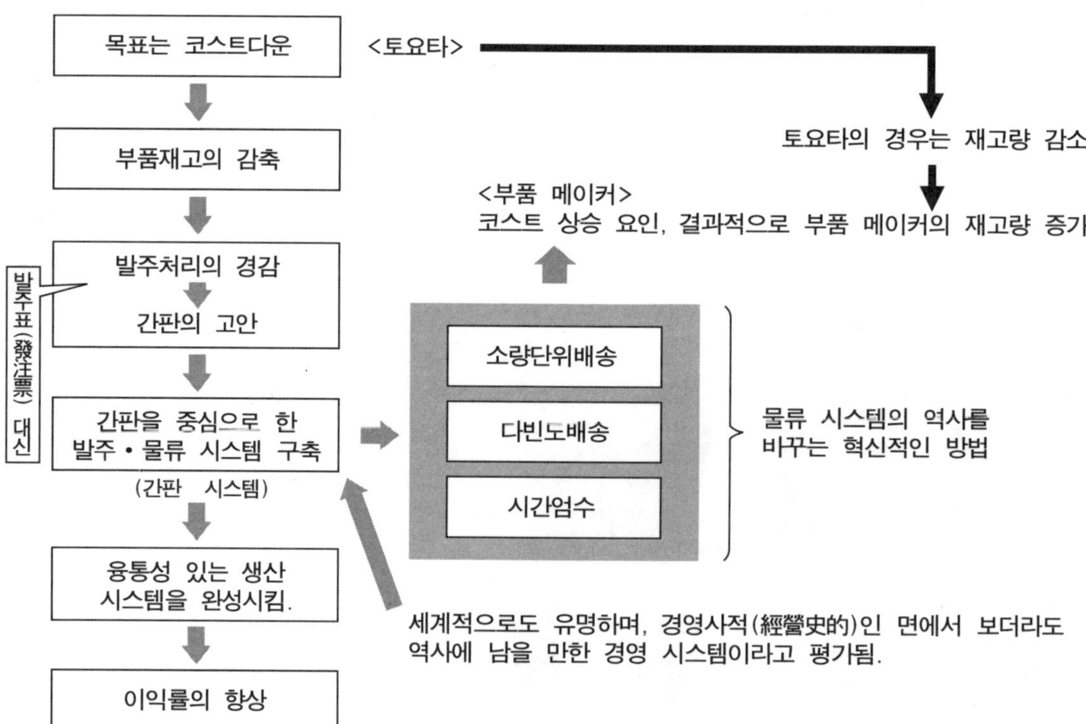

<그림3> 부품 메이커의 납품전략 현상

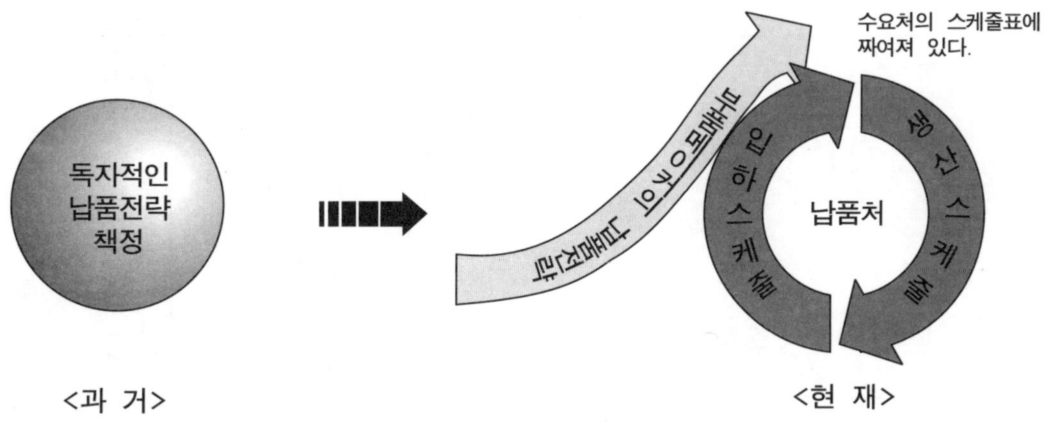

독자적인
납품전략
책정
부품메이커의
입하스케줄
생산 스케줄
납품처
수요처의 스케줄표에
짜여져 있다.
<과 거>
<현 재>

<그림4> 저스트 인 타임(Just In Time)

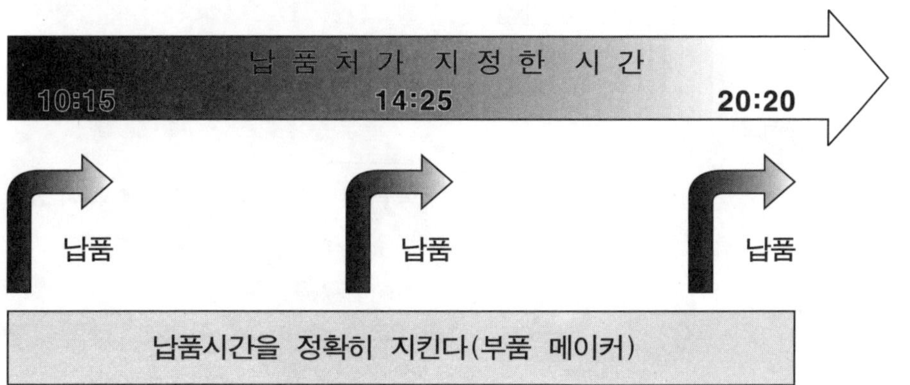

납 품 처 가 지 정 한 시 간
10:15
14:25
20:20
납품
납품
납품
납품시간을 정확히 지킨다(부품 메이커)

<그림5> 수송 수단의 변천

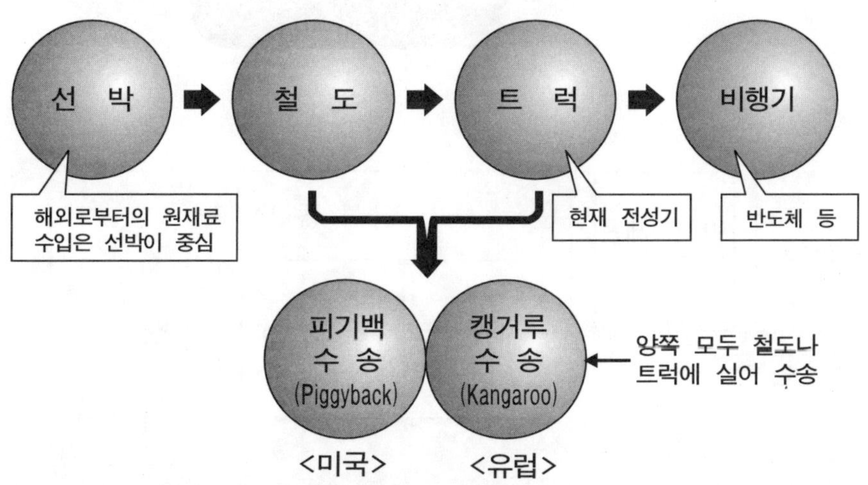

선 박
철 도
트 럭
비행기
해외로부터의 원재료
수입은 선박이 중심
현재 전성기
반도체 등
피기백
수 송
(Piggyback)
캥거루
수 송
(Kangaroo)
양쪽 모두 철도나
트럭에 실어 수송
<미국>
<유럽>

2-19 재고전략

<그림1> 재고

수 주
생 산
납 품
납 품 처
재 고 (Stock)
반 품
: 물건의 흐름
: 주문의 흐름
멈추게 하는 작용

<그림2> 재고의 이모저모

품절의 방지
이를 위해서
재 고
죽음의 재고
과잉재고
최대재고
평균재고
안전재고
재고부족
전혀 움직이지 않는 재고
최저한 필요
기회를 놓쳐 팔지 못함.
(기회손실)
<최대의 목적>

<그림3> 부품 메이커의 재고

원재료재고
부품재고
반(半)제품 재고
완 성 품 재 고
공장재고
창고재고
수송재고
부품의 부품
수송중의 재고

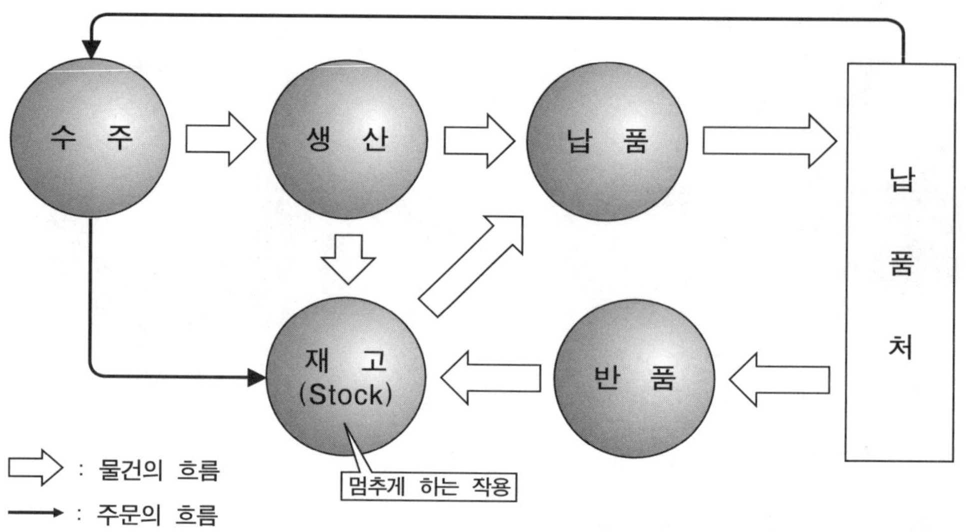

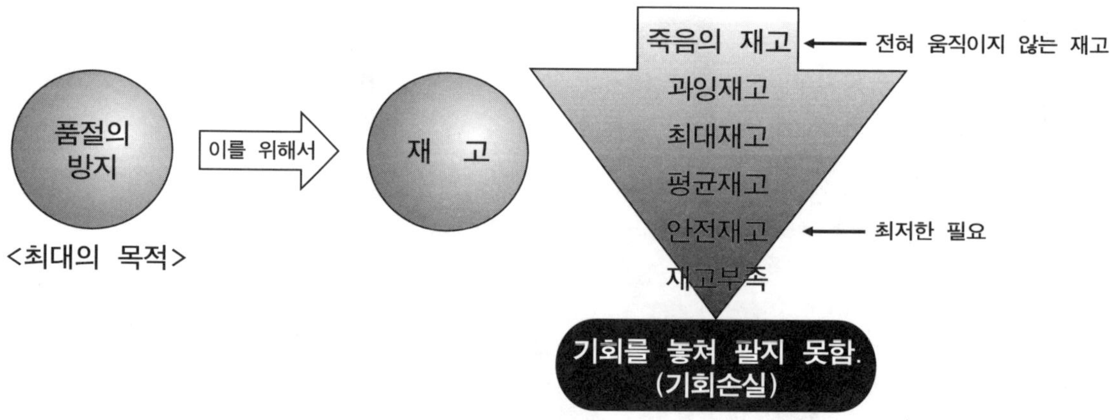

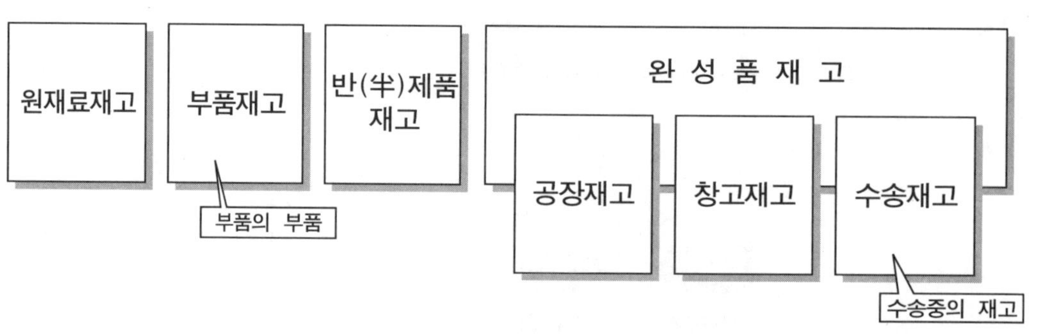

인더스트리얼 마케팅에서는 거래액수가 큰 편이어서
마케팅 이상으로 품절은 결정적인 패배 요인이 된다.

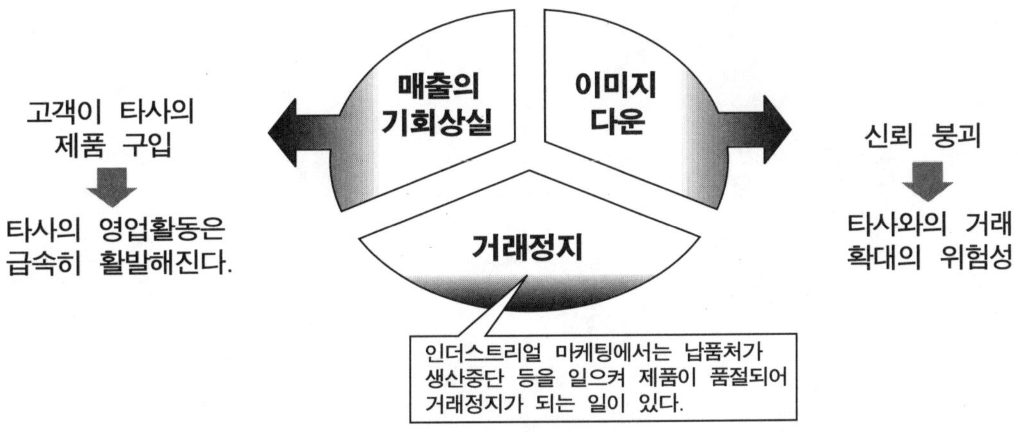

<그림5> 자동차 보수부품 재고전략

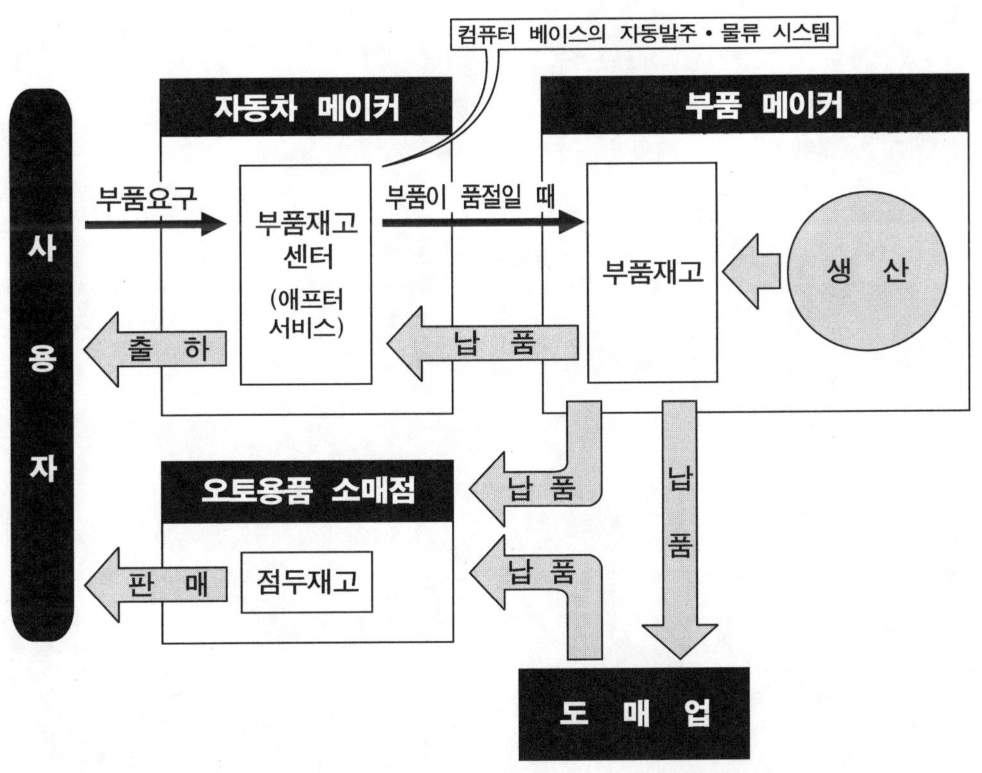

제3장
인더스트리얼 마케팅 믹스Ⅱ(영업전략)

3-1 가격전략

<그림1> 마케팅과 인더스트리얼 마케팅의 가격차

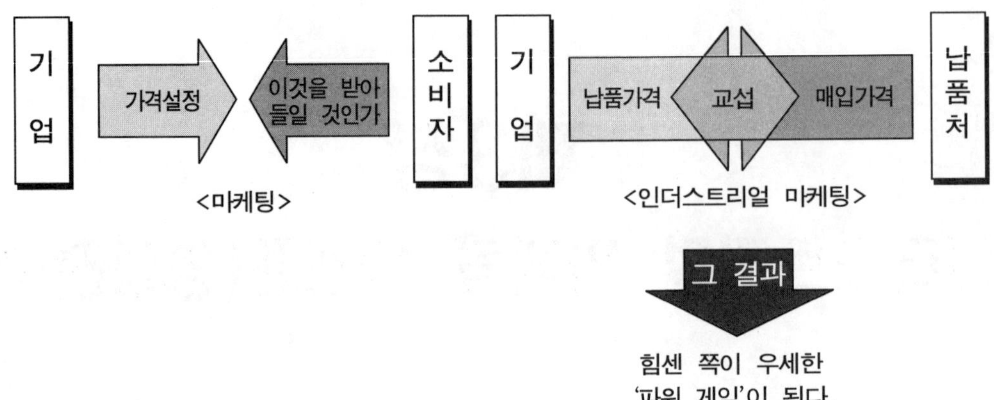

<그림2> 납품가격의 결정요소

<그림3> 납품가격의 결정방법

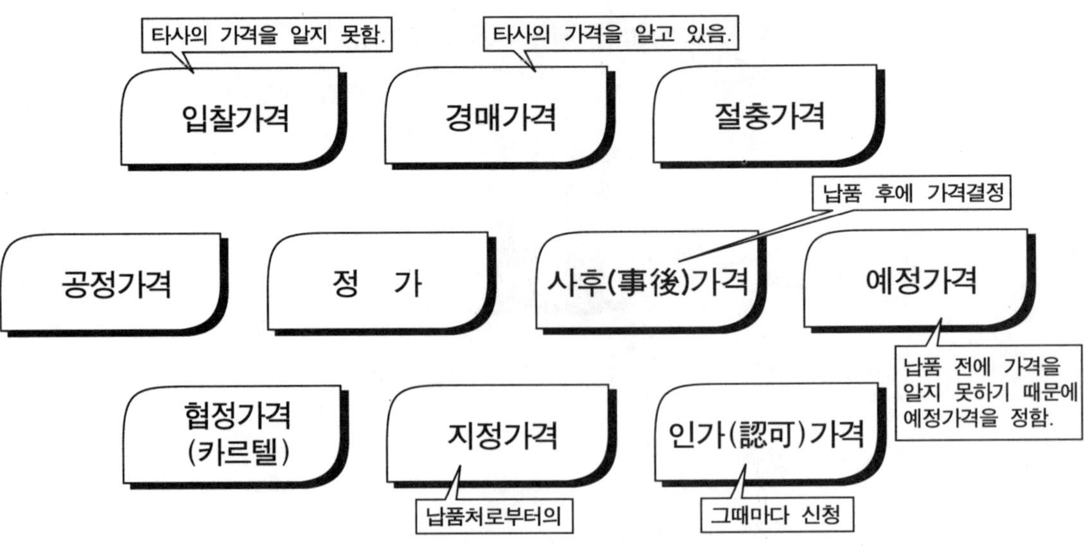

<그림4> IM에서 대표적인 가격전략의 예

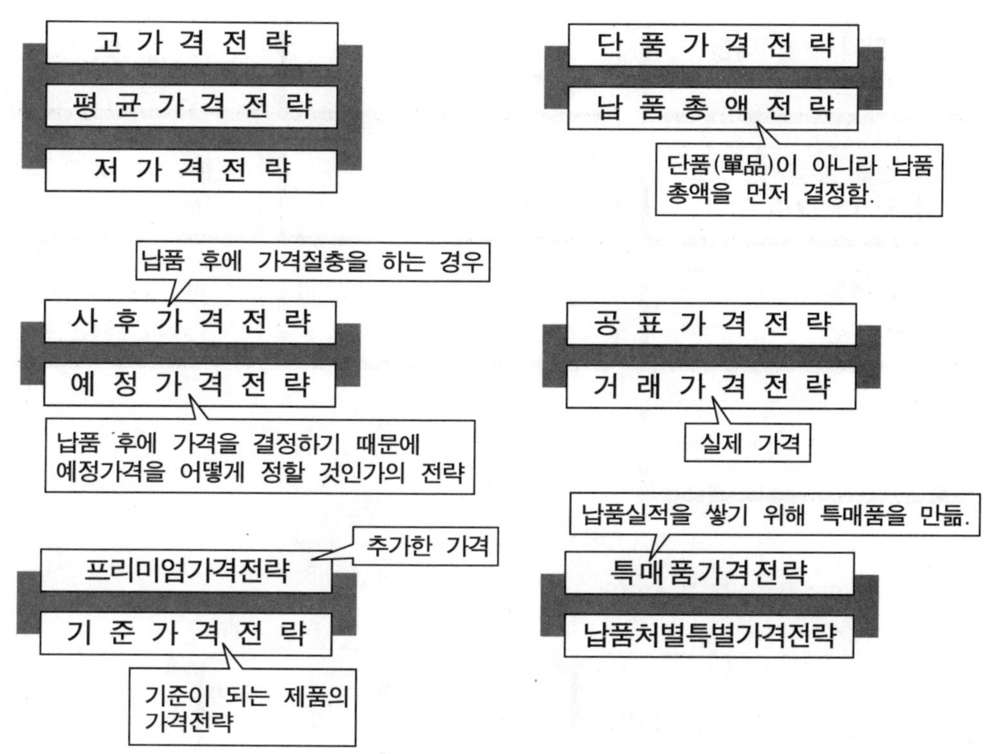

고 가 격 전 략
평 균 가 격 전 략
저 가 격 전 략

단 품 가 격 전 략
납 품 총 액 전 략
단품(單品)이 아니라 납품 총액을 먼저 결정함.

납품 후에 가격절충을 하는 경우
사 후 가 격 전 략
예 정 가 격 전 략
납품 후에 가격을 결정하기 때문에 예정가격을 어떻게 정할 것인가의 전략

공 표 가 격 전 략
거 래 가 격 전 략
실제 가격

추가한 가격
프리미엄가격전략
기 준 가 격 전 략
기준이 되는 제품의 가격전략

납품실적을 쌓기 위해 특매품을 만듦.
특 매 품 가격전략
납품처별특별가격전략

<그림5> 담합가격

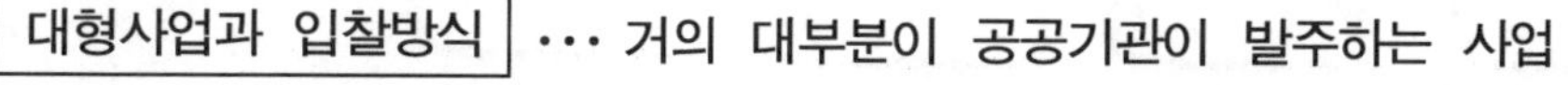

대형사업과 입찰방식 ··· 거의 대부분이 공공기관이 발주하는 사업

입찰참여

입찰참여 기업체가 모여 수주기업 및 입찰수주가격을 정함.

일반적으로는 이익의 폭이 크도록 가격을 설정한다.

Ⓐ Ⓑ Ⓒ
Ⓓ Ⓔ
<입찰참여 기업>

이번에는 B사가 15억 엔으로 입찰하고, 타사는 그 이상의 입찰가격을 써낸다.

다음번의 입찰에서는 E사가 입찰한다고 합의한다.

이런 식으로 입찰하여 모든 기업이 공평하게 사업을 따낸다.

3-2 디스카운트 전략

<그림1> 인더스트리얼 마케팅에 있어서 여러 형태의 디스카운트

부품(원재료)에 대한 디스카운트	리베이트를 감안한 디스카운트	납품처별 디스카운트
서비스를 포함시킨 실질적 디스카운트	서비스를 생략한 디스카운트	지불방법에 의한 디스카운트 (현금, 지불기일 등)
납품총액에 의한 디스카운트	공공기관으로부터 요청된 디스카운트	값싼 재료나 에너지로 의한 디스카운트
수량에 의한 디스카운트		

<그림2> 디스카운트를 하는 이유

매출증대	대량납품	값싼 재료	코스트다운의 결과	공공기관의 지시
경쟁상	자금조달의 방편	구형 제품	노서비스	

<그림3> 가격파괴의 시대

(납품처의 생각)

Mass(대량)로 승부하는 제품(부품, 원재료)은		
	이윤의 축소는 당연 →	가
	코스트다운 노력은 당연 →	격
	값이 싸면 수입을 해서라도 →	파
	서비스는 미흡해도 좋다 →	괴

<그림4> 보다 값싸게 팔기 위한 방안

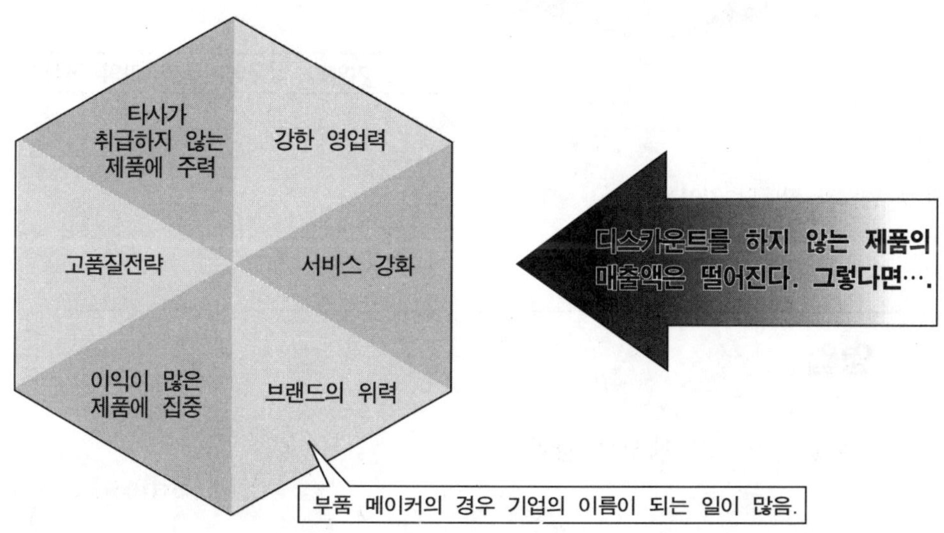

<그림5> 디스카운트 전쟁을 피하기 위한 방안(디스카운트를 하지 않는 경우)

3-3 영업전략

영업이란, 이익을 얻을 목적으로 활동하는 행위를 말한다. 따라서 이익이 생기지 않는 영업은 영업이 아니다.

<그림1> 영업의 기능

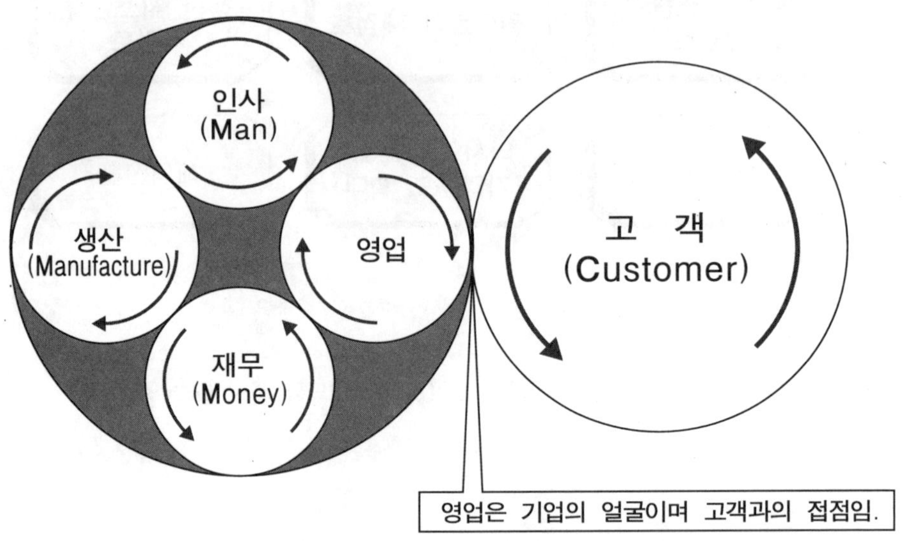

<그림2> 영업과 판매의 차이점

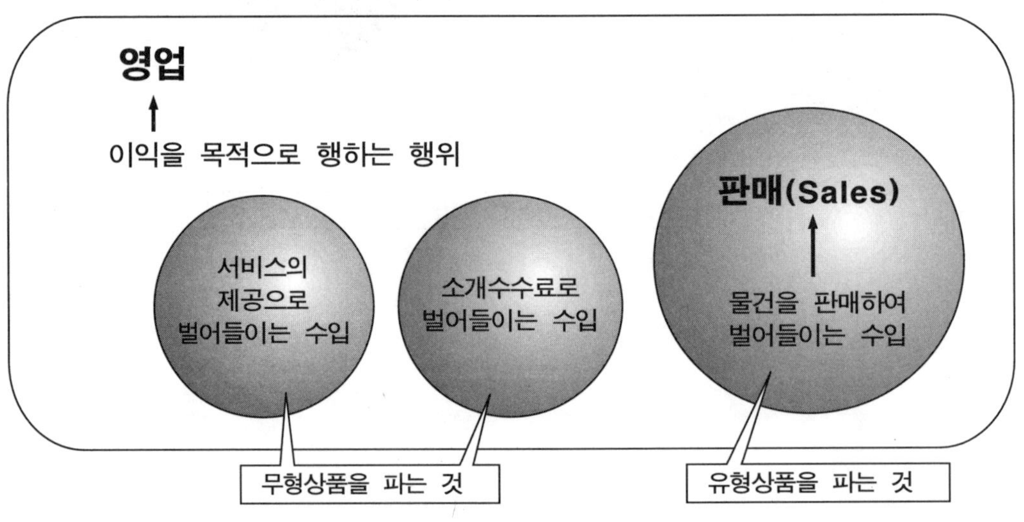

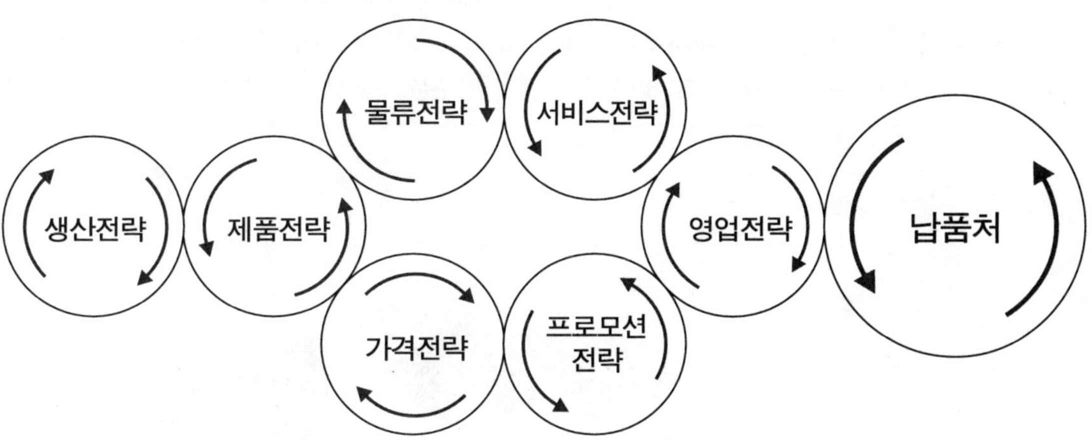

<그림3> 인더스트리얼 마케팅 전략

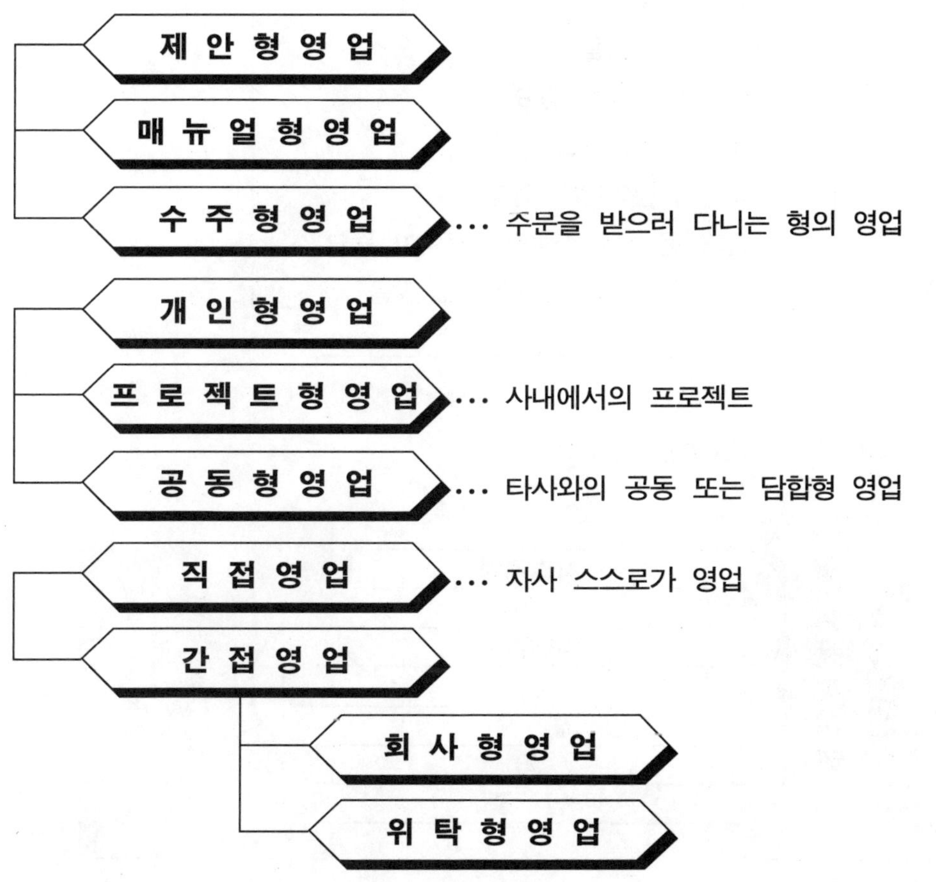

<그림4> 영업활동의 유형

3-4 시스템 영업

시스템 영업이란, 대규모의 수주를 받았을 경우 개개인의 영업사원이 대응할 수 없기 때문에 팀이 직접 대응하여 전사적(全社的), 그리고 기동적으로 처리하는 영업을 말한다. 일반적으로 애프터서비스도 많아 시스템 영업부분으로 조직화된다.

<그림1> 시스템 영업

<그림2> 시스템 영업과 납품처로부터의 사업 제기

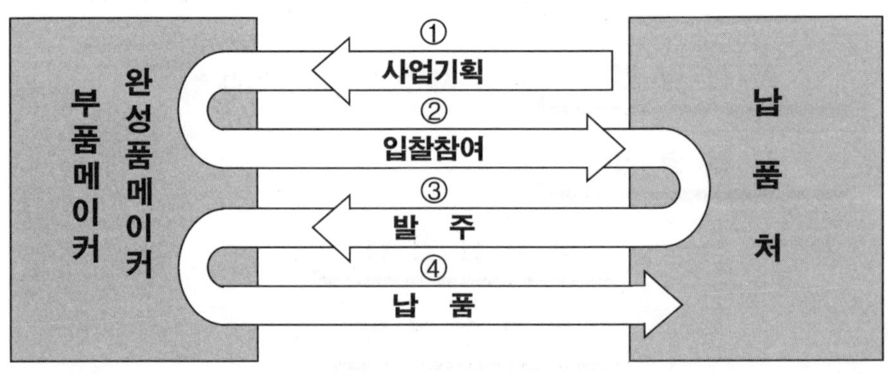

<그림3> 시스템 영업의 작업 흐름(가스工事의 예)

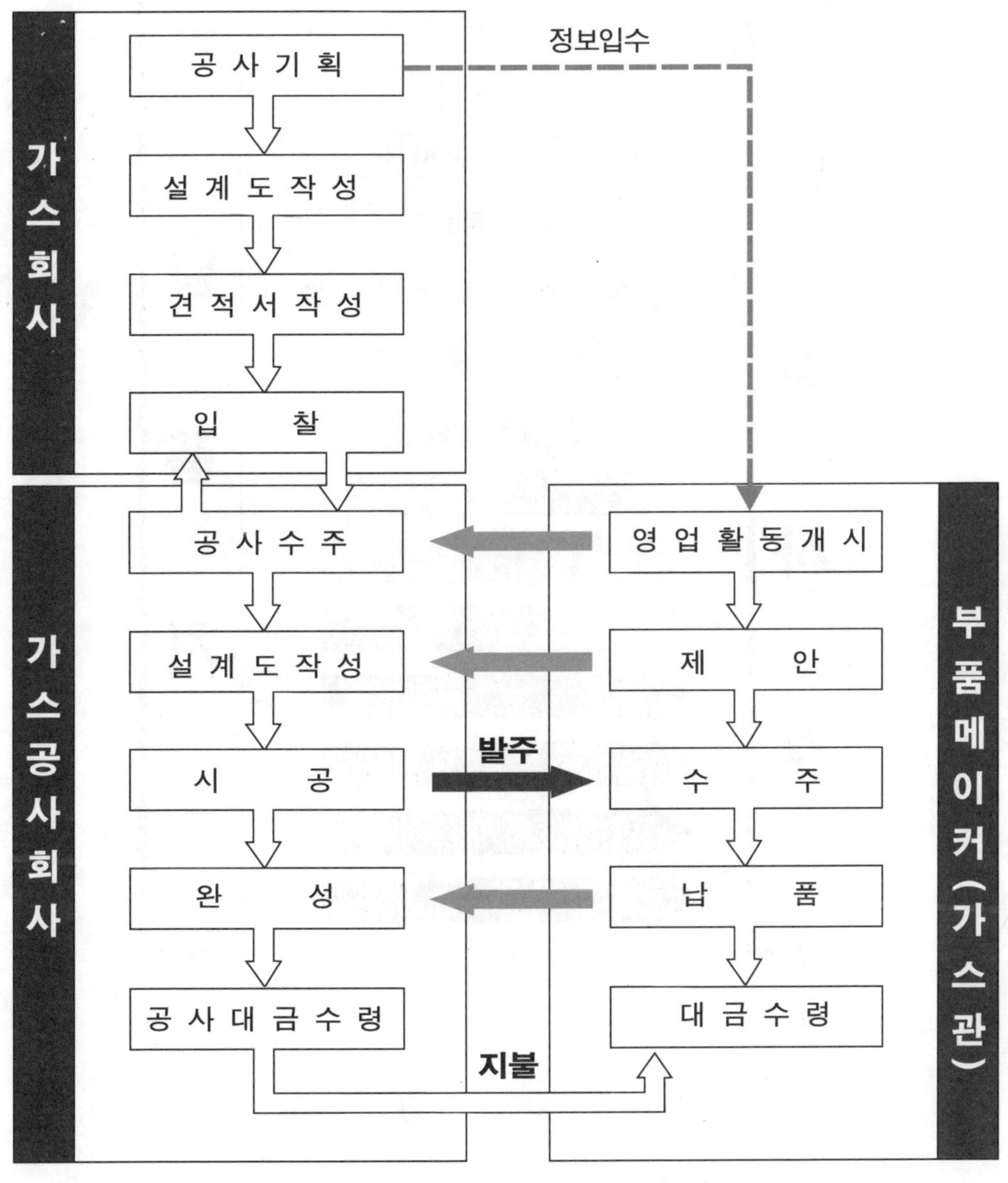
가스회사
가스공사회사
부품메이커(가스관)
공 사 기 획
설 계 도 작 성
견 적 서 작 성
입   찰
공 사 수 주
설 계 도 작 성
시   공
완   성
공 사 대 금 수 령
정보입수
영 업 활 동 개 시
제   안
수   주
납   품
대 금 수 령
발주
지불

3-5 영업사원 관리

<그림1> 영업활동

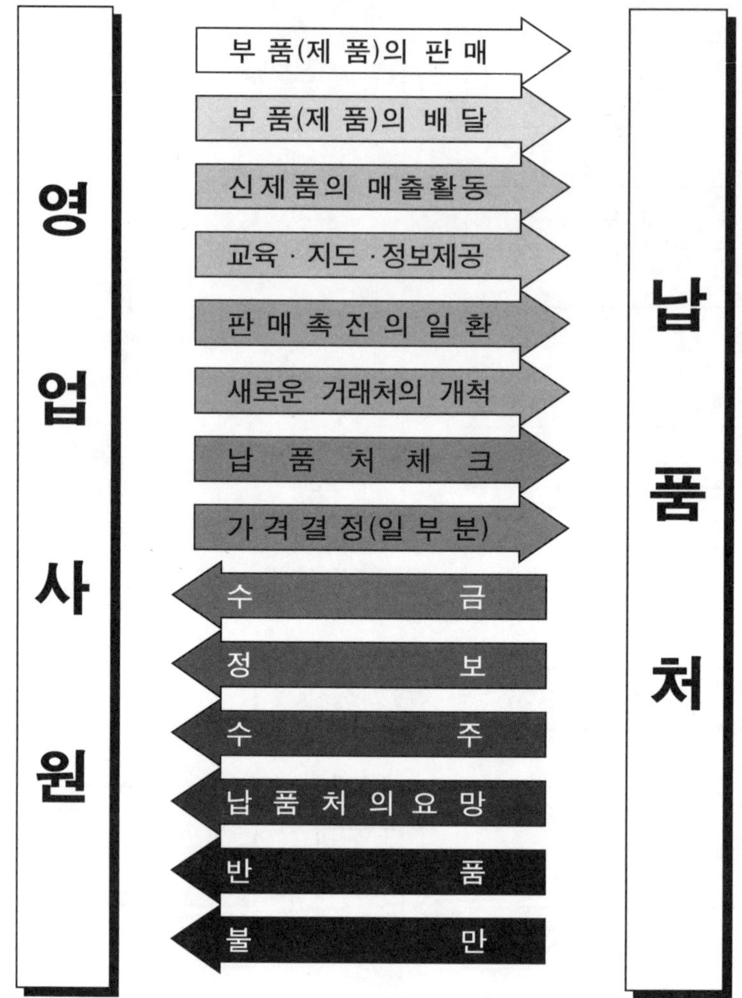

<그림2> 영업사원

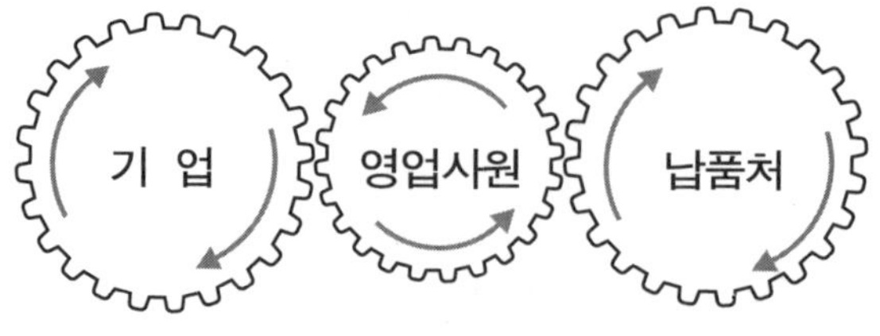

싫든 좋든 계속 톱니바퀴를
돌려야 하며, 움직임이 나쁘면
다른 톱니바퀴와 교체된다.

<그림3> 영업사원의 분류

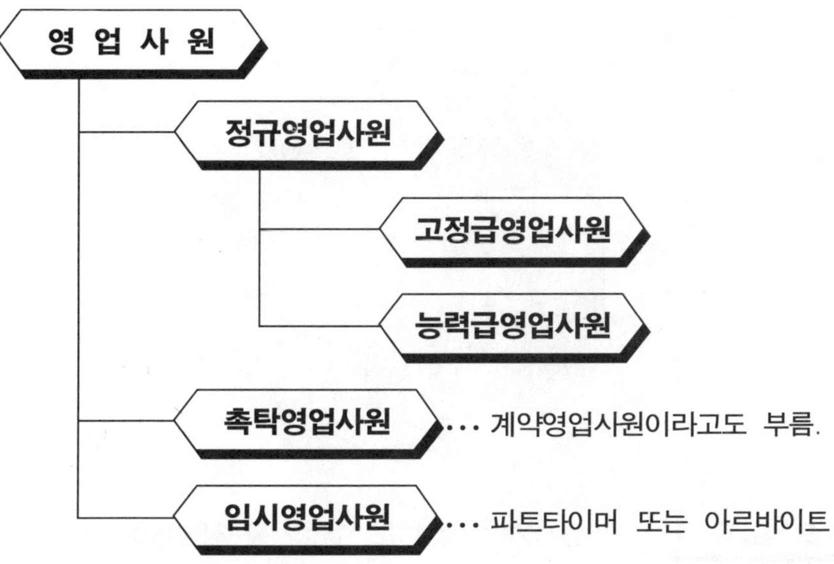

영 업 사 원
정규영업사원
고정급영업사원
능력급영업사원
촉탁영업사원 … 계약영업사원이라고도 부름.
임시영업사원 … 파트타이머 또는 아르바이트

<그림4> 영업사원의 동기부여(Motivation)

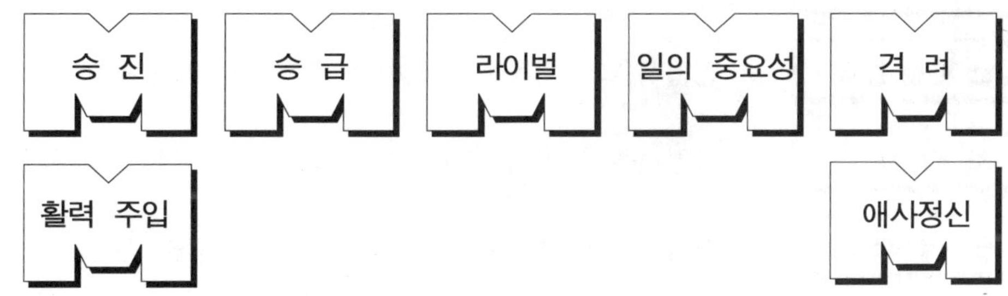

승 진
승 급
라이벌
일의 중요성
격 려
활력 주입
애사정신

<그림5> 영업의 목표와 책임액

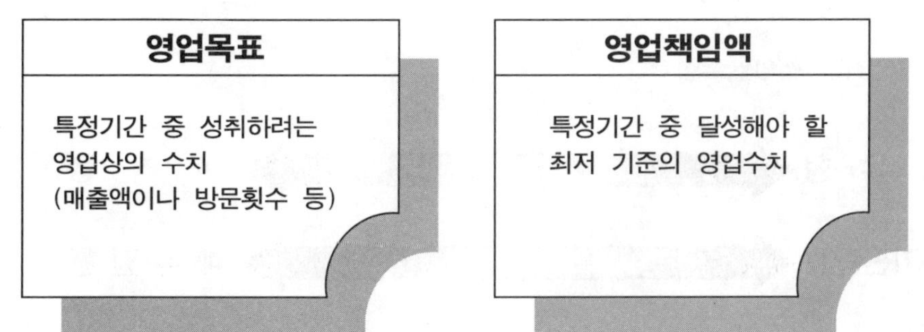

영업목표
특정기간 중 성취하려는
영업상의 수치
(매출액이나 방문횟수 등)
영업책임액
특정기간 중 달성해야 할
최저 기준의 영업수치

3-6 영업사원 관리믹스

<그림1> 영업사원 관리믹스

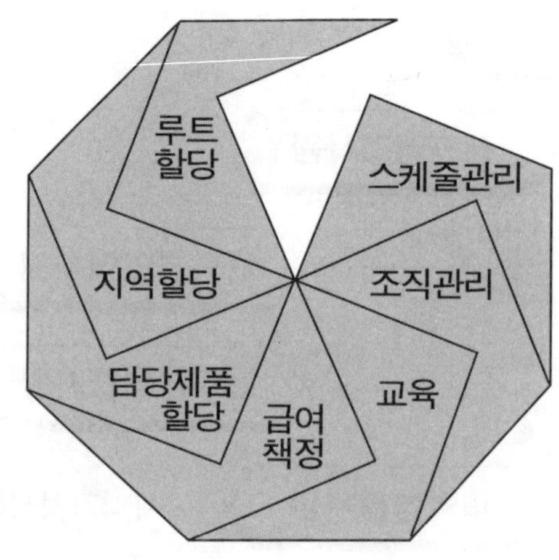

루 트 할 당	… 영업사원이 담당하는 납품처를 할당해줄 것
지 역 할 당	… 영업사원이 담당하는 지역(Territory)을 할당해줄 것
담당제품할당	… 영업사원이 담당하는 제품(부품, 원재료)을 할당해줄 것
스 케 줄 관 리	… 영업사원의 활동을 관리하며 스케줄을 정해줄 것
조 직 관 리	… 영업사원의 인사관리나 인사평가, 동기부여 등을 행할 것
급 여 책 정	… 영업사원의 보수를 사정(査定)하여 책정할 것
교　　육	… 영업사원의 교육이나 신제품의 정보 제공 및 프로모션의 지도 등을 행할 것

<그림2> 영업사원 관리의 유형

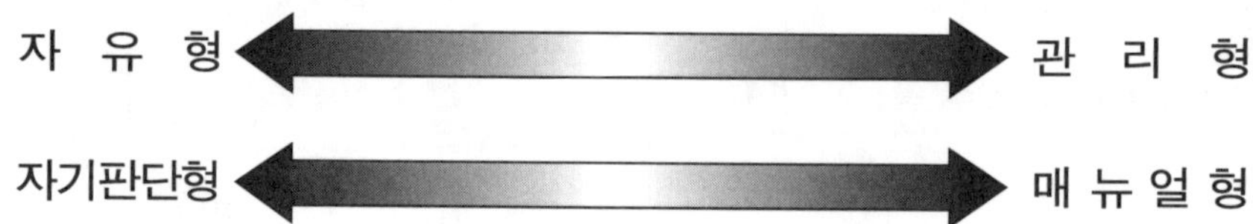

<그림3> 영업사원의 조직화

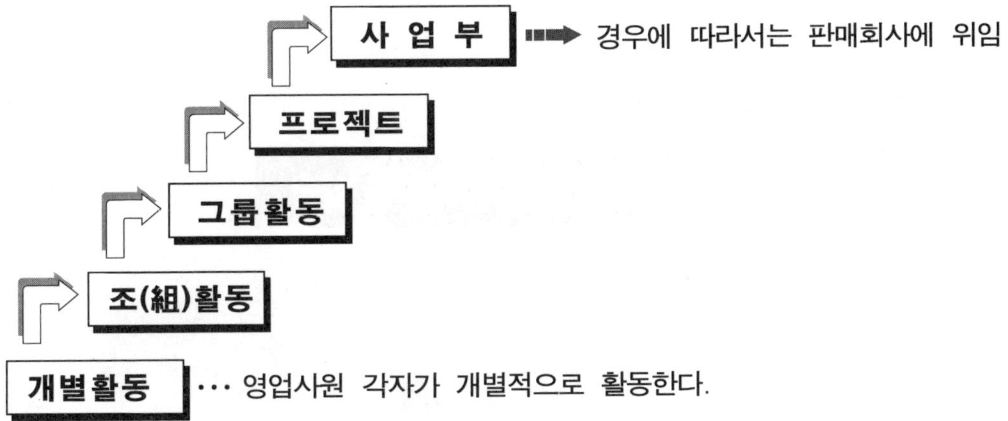
사 업 부
경우에 따라서는 판매회사에 위임
프로젝트
그룹활동
조(組)활동
개별활동 … 영업사원 각자가 개별적으로 활동한다.

<그림4> 영업사업부의 분류

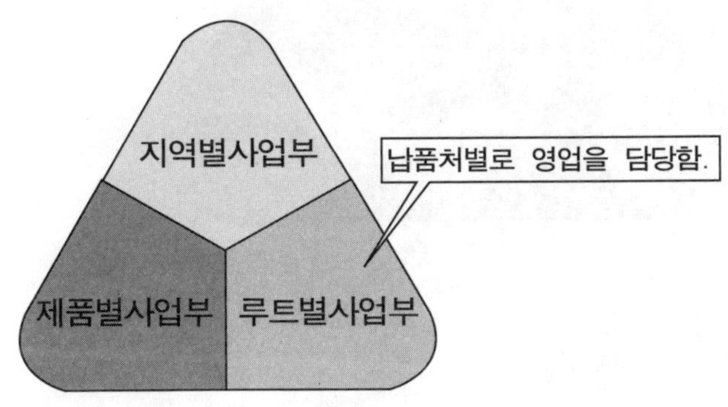
지역별사업부
납품처별로 영업을 담당함.
제품별사업부
루트별사업부

<그림5> 영업사원의 트레이닝

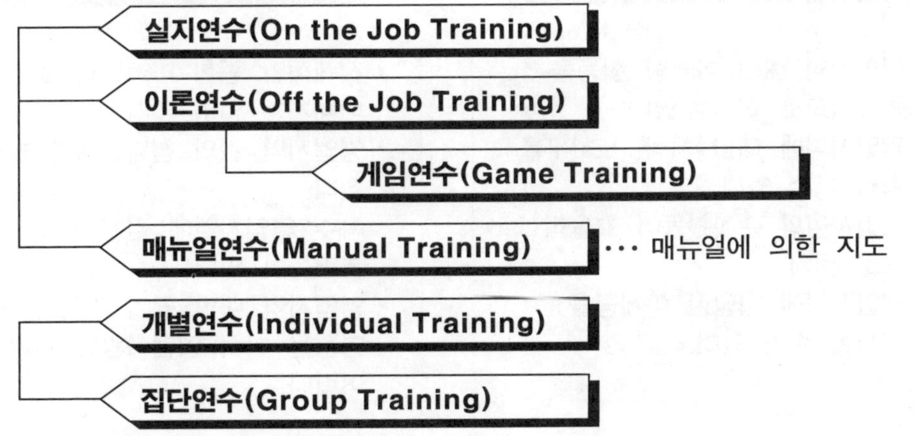
실지연수(On the Job Training)
이론연수(Off the Job Training)
게임연수(Game Training)
매뉴얼연수(Manual Training) … 매뉴얼에 의한 지도
개별연수(Individual Training)
집단연수(Group Training)

3-7 영업지역전략

영업지역(Territory)이란, 개인 또는 조직에 할당된 영업의 지역을 말한다.

<그림1> 영업지역전략(Territory Strategy)

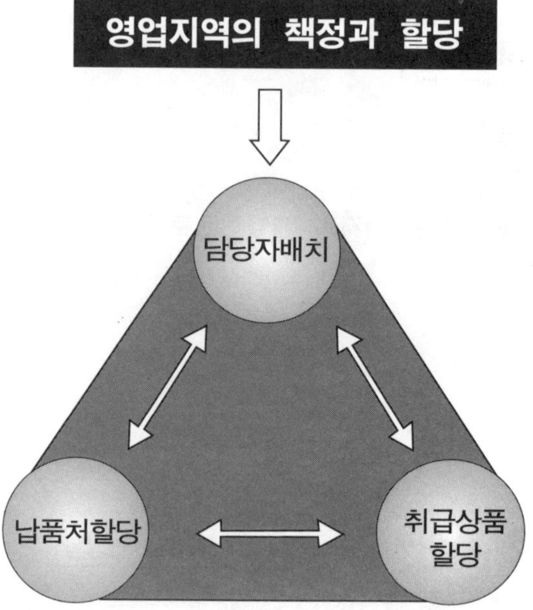

<그림2> 영업지역전략의 메리트와 디메리트

메 리 트	디 메 리 트
• 영업지역 내의 마케팅 활동을 종합적으로 할 수 있다. • 영업지역에 대한 지식, 노하우를 축적할 수 있다. • 영업사원의 순회활동이 효율적으로 된다. • 영업지역에 합당한 마케팅을 실시할 수가 있다.	• 전체적인 종합 마케팅의 효율이 나빠지는 일이 많다. • 영업지역 간의 침범문제가 발생한다. • 복수 영업지역에 걸친 영업 트러블이 많다. • 영업지역 내의 경기 기복이 크게 영향을 미쳐 영업사원의 평가가 어렵다.

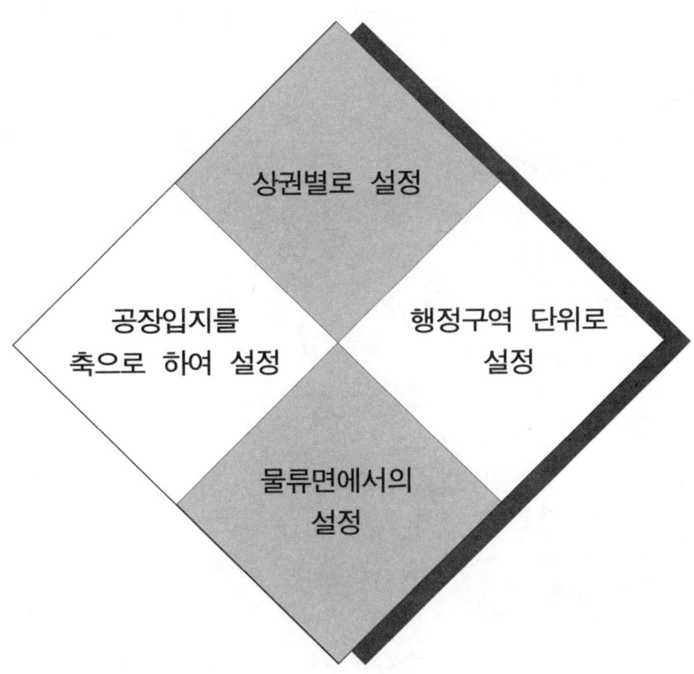

<그림4> 영업지역전략의 레벨

3-8 대(對) 바이어전략

바이어(Buyer)란, 매입담당자를 말하는데 매입조직의 의사결정자를 뜻한다. 경우에 따라서는 자재조달부서, 구매부서, 서무부서 등도 이에 해당한다.

<그림1> 영업사원과 바이어

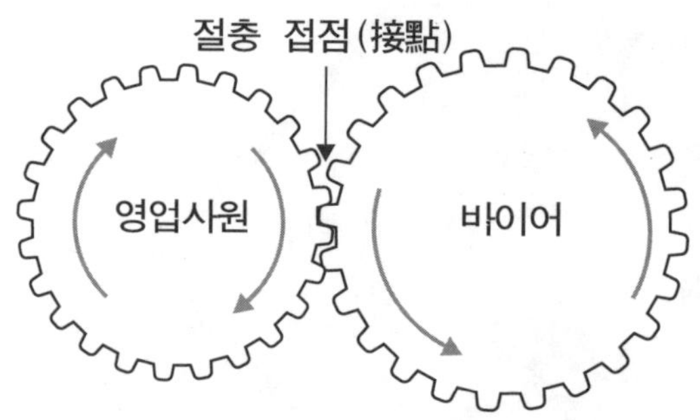

양자 모두가 기업의 대표자 격이며,
매매의 모든 책임을 지고 있음.

<그림2> 영업사원과 바이어의 활동

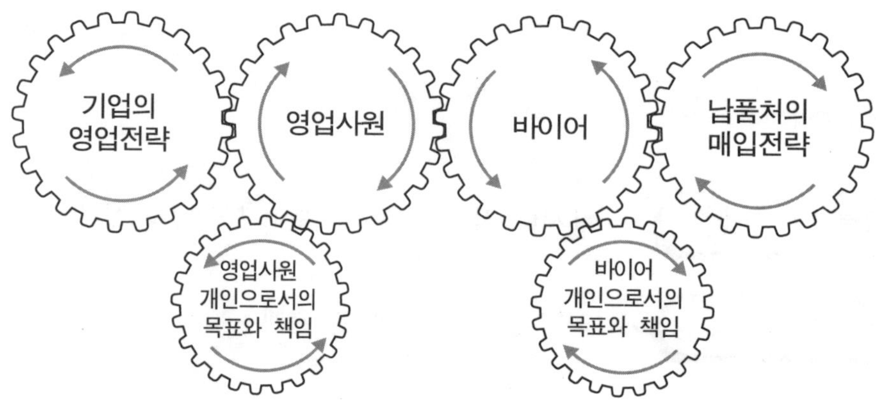

<그림3> 프레셔(Pressure : 조직 내의 압력요소)

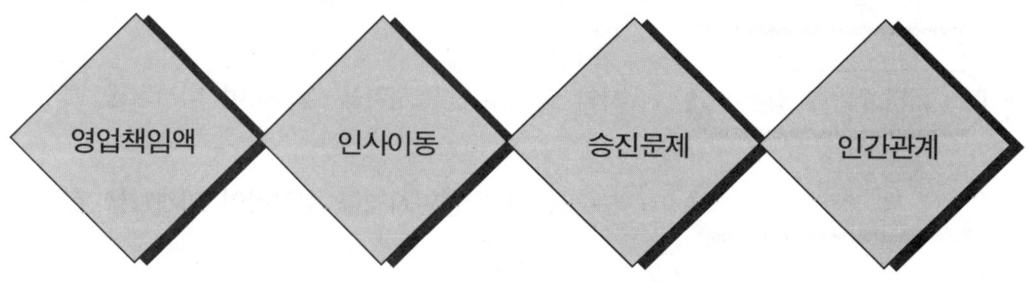

<그림4> 대 바이어전략

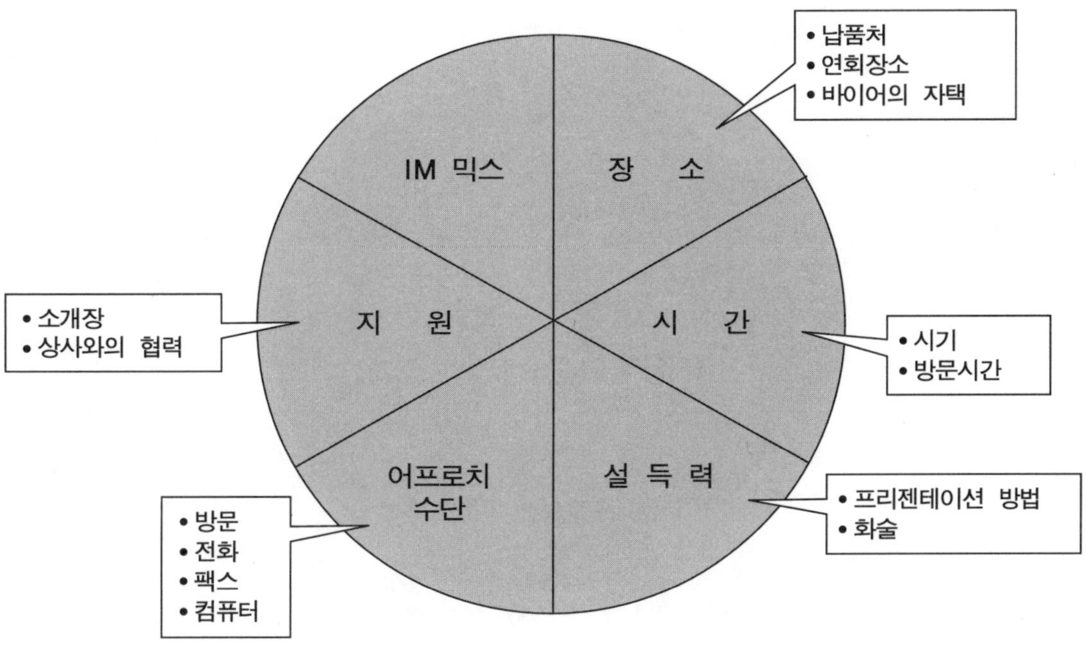

IM 믹스
장　소
지　원
시　간
어프로치
수단
설 득 력
• 납품처
• 연회장소
• 바이어의 자택
• 소개장
• 상사와의 협력
• 시기
• 방문시간
• 방문
• 전화
• 팩스
• 컴퓨터
• 프리젠테이션 방법
• 화술

<그림5> 거래의 계속성

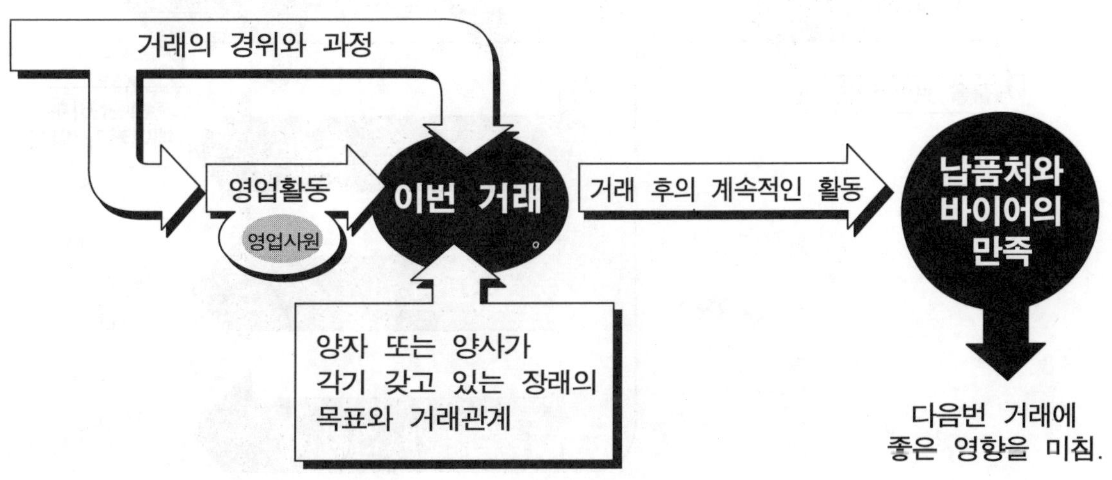

거래의 경위와 과정
영업활동
영업사원
이번 거래
거래 후의 계속적인 활동
납품처와
바이어의
만족
양자 또는 양사가
각기 갖고 있는 장래의
목표와 거래관계
다음번 거래에
좋은 영향을 미침.

3-9 쇼룸 전략

<그림1> 쇼룸(Show Room)의 기본 기능

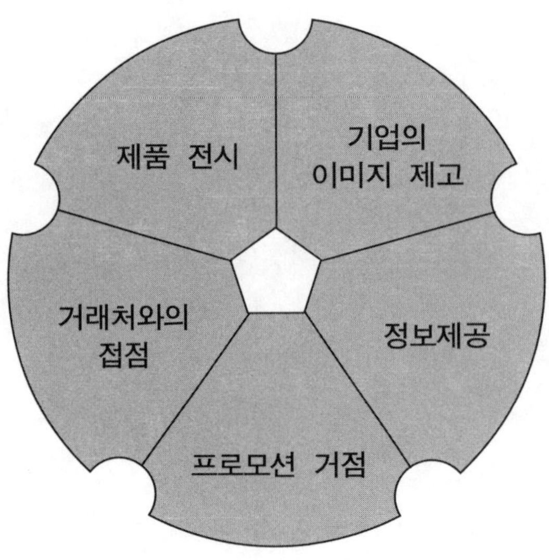

<그림2> 쇼룸의 변천

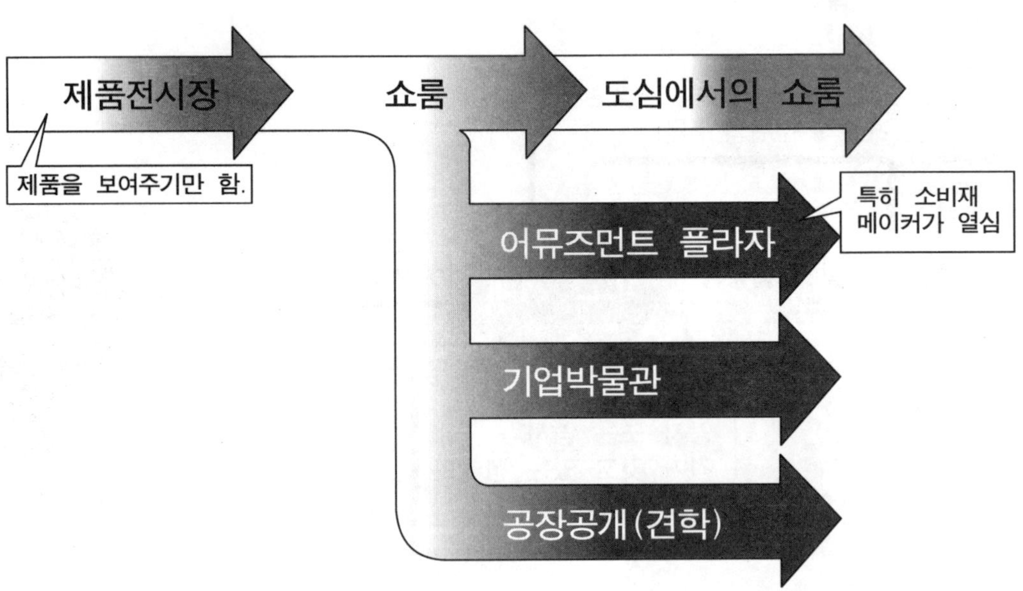

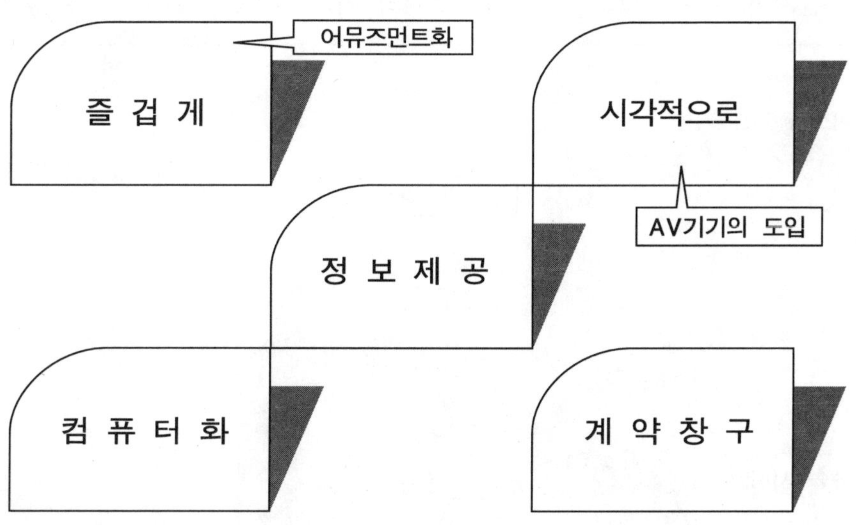

쇼룸의 경비를

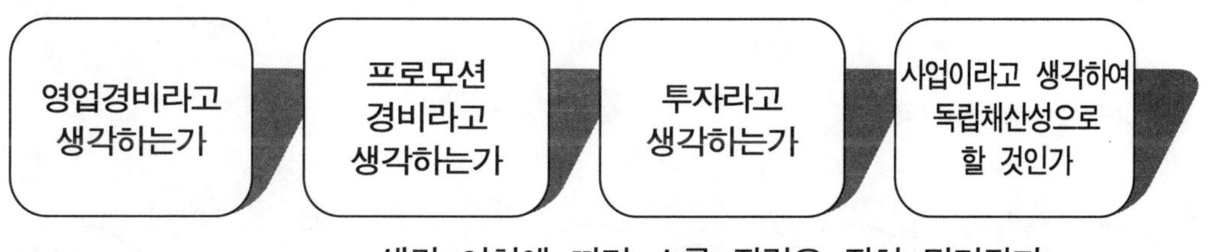

생각 여하에 따라 쇼룸 전략은 전혀 달라진다.

기업박물관이라면

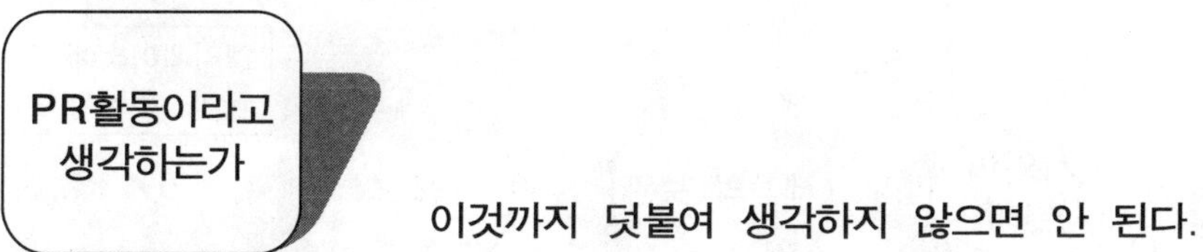

이것까지 덧붙여 생각하지 않으면 안 된다.

3-10 서비스 전략

서비스(Service)란, 납품처의 만족을 얻기 위해 제품(부품, 원재료)에 부수된 여러 활동을 뜻한다. 서비스에는 무형의 서비스와 유형의 서비스(선물, 샘플 등)가 있다.

<그림1> 서비스의 기본 기능

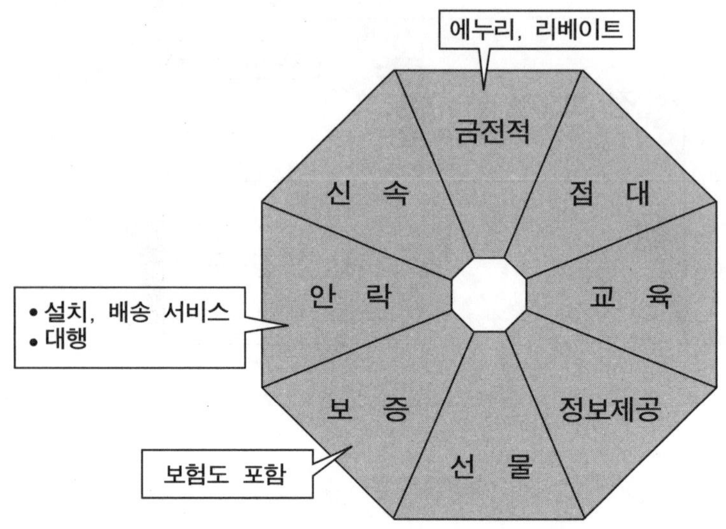

<그림2> 서비스의 목적

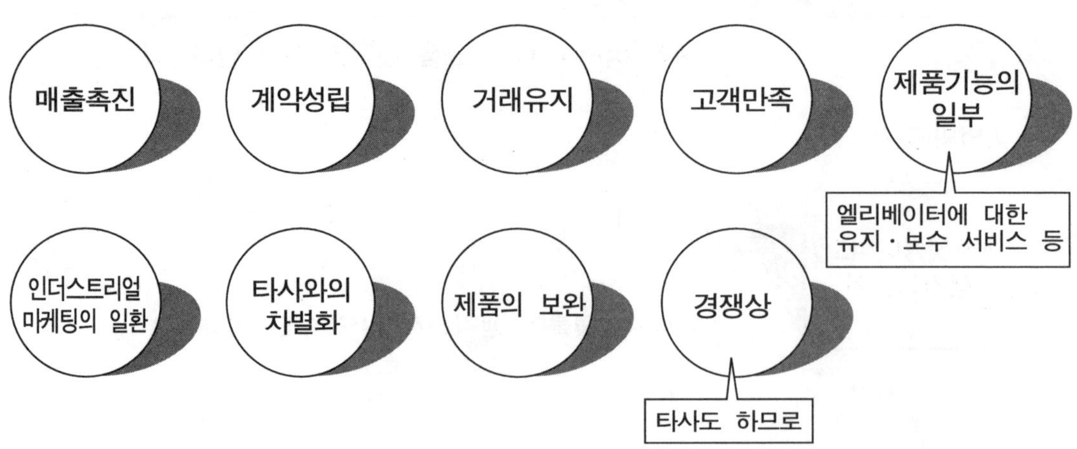

<그림3> 서비스의 여러 가지

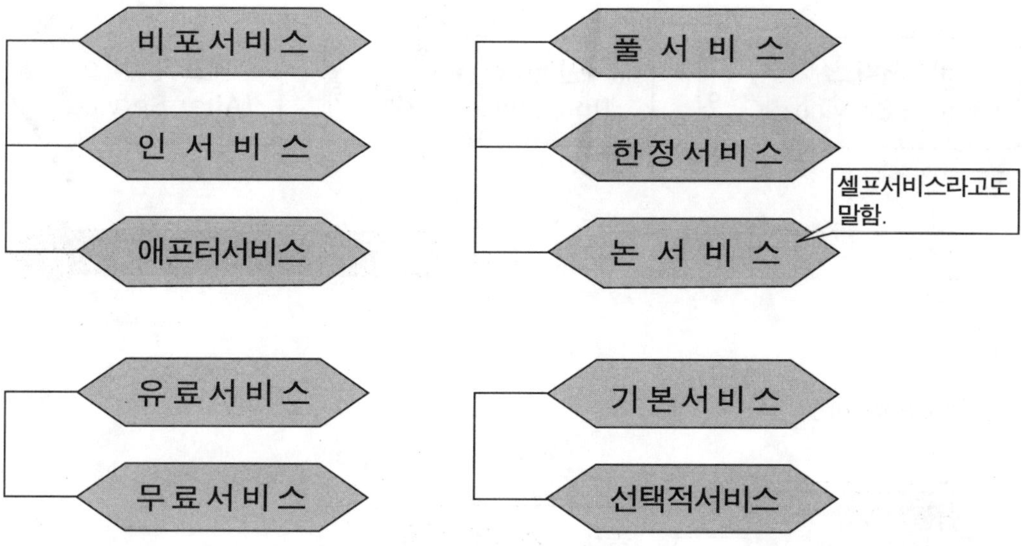
비포서비스
인 서 비 스
애프터서비스
풀 서 비 스
한정서비스
논 서 비 스
셀프서비스라고도
말함.
유료서비스
무료서비스
기본서비스
선택적서비스

<그림4> 서비스 기능의 변화

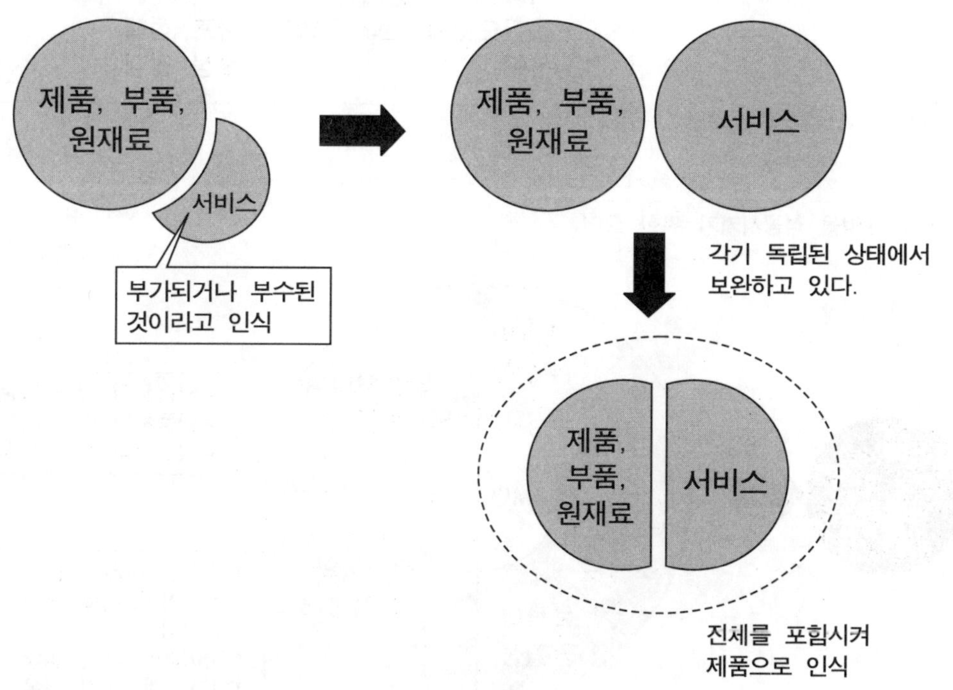
제품, 부품,
원재료
서비스
부가되거나 부수된
것이라고 인식
제품, 부품,
원재료
서비스
각기 독립된 상태에서
보완하고 있다.
제품,
부품,
원재료
서비스
진세를 포힘시켜
제품으로 인식

3-11 비포서비스 전략

<그림1> 비포서비스, 인서비스, 애프터서비스

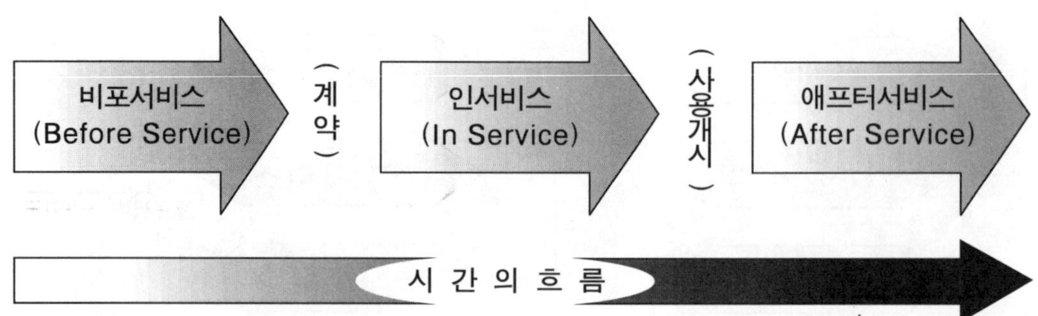

<그림2> 비포서비스

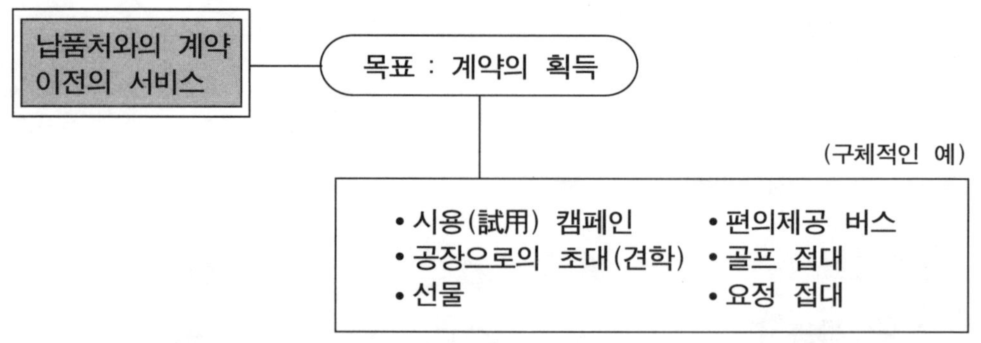

<그림3> 계약을 성공시키기 위한 요인

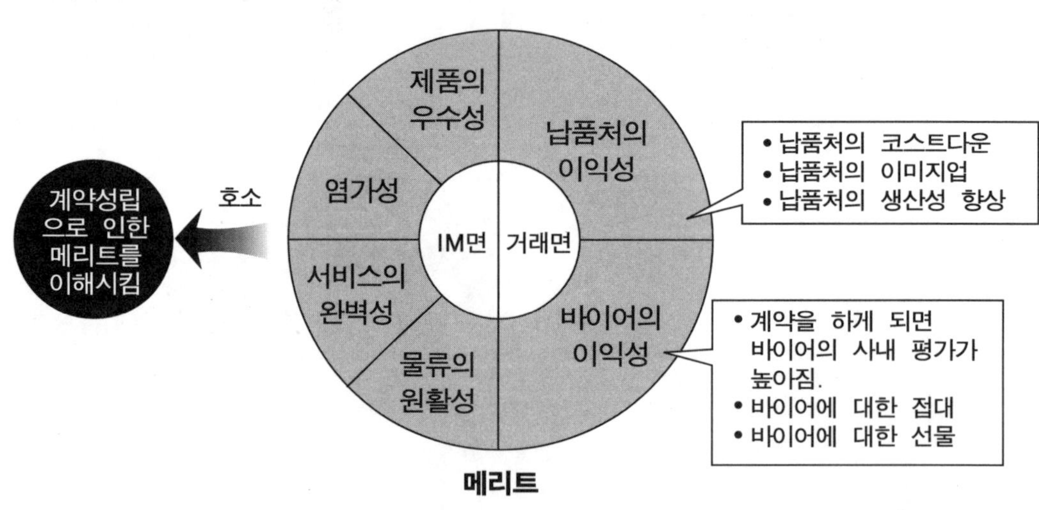

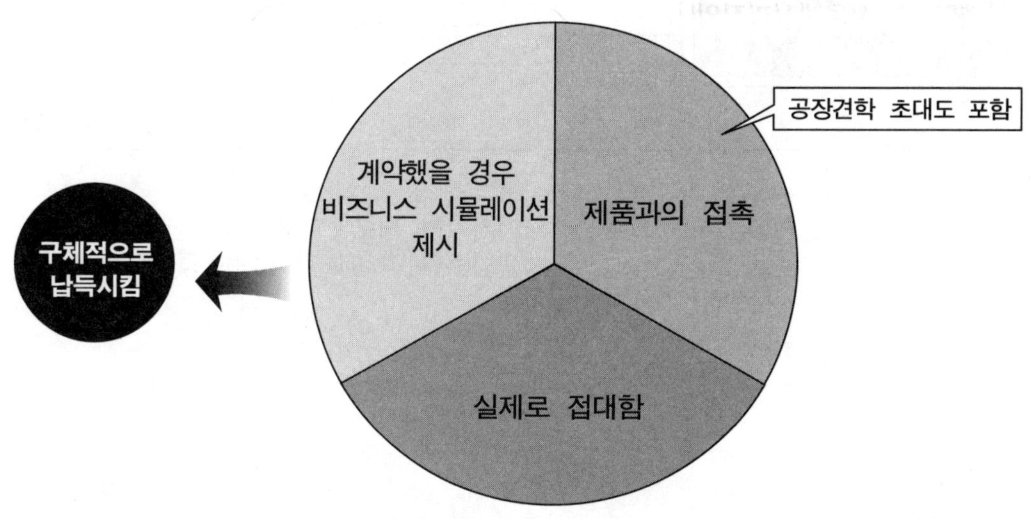

<그림4> 계약을 성공시키기 위한 요인

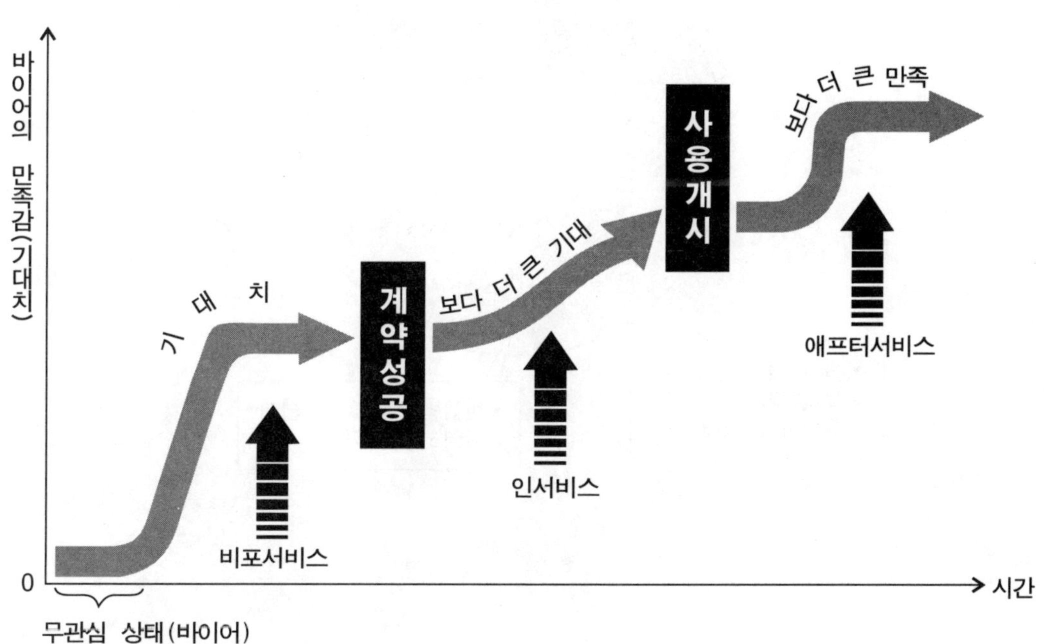

<그림5> 3가지 서비스의 목표

3-12 인서비스 전략

<그림1> 인서비스

계약 후 사용개시까지의 서비스
목표 : 원활성
(구체적인 예)
• 배달
• 포장
• 설치
• 시운전
• 검품(檢品)
• 사용방법 및 설치 설명
• 오퍼레이션 지도, 교육
• 지불방법(계약 때 결정하는 경우도 있음)

<그림2> 인서비스의 기본 기능

신속하게
정확하게
원활하게
친절하게
다루기 쉽게
안전하게
알기 쉽게
• 짐이 커지지 않게
• 설치하기 쉽게
• 운송하기 쉽게
• 취급방법을 알기 쉽게
• 설명하기 쉽게

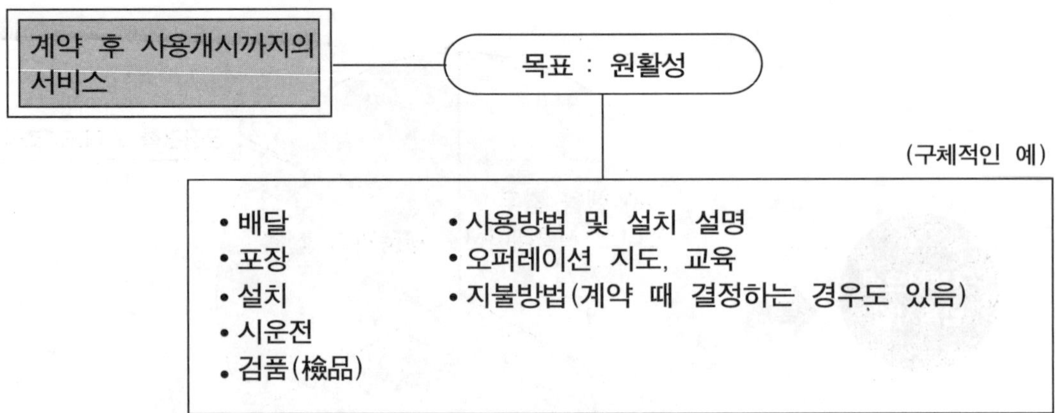

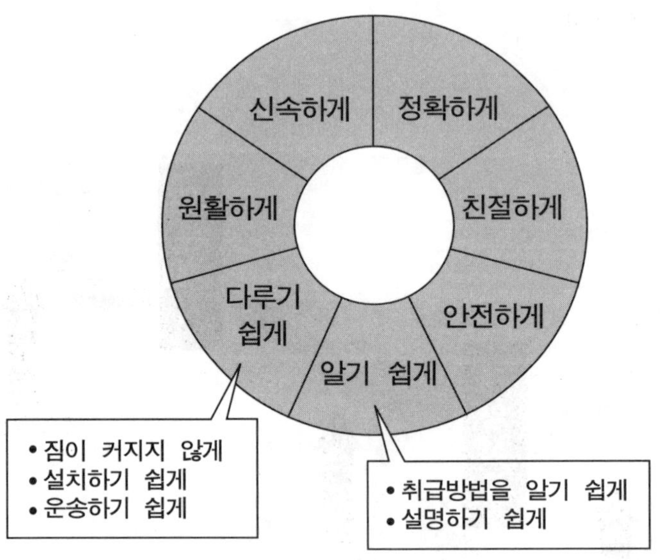

<그림3> 서비스 담당자

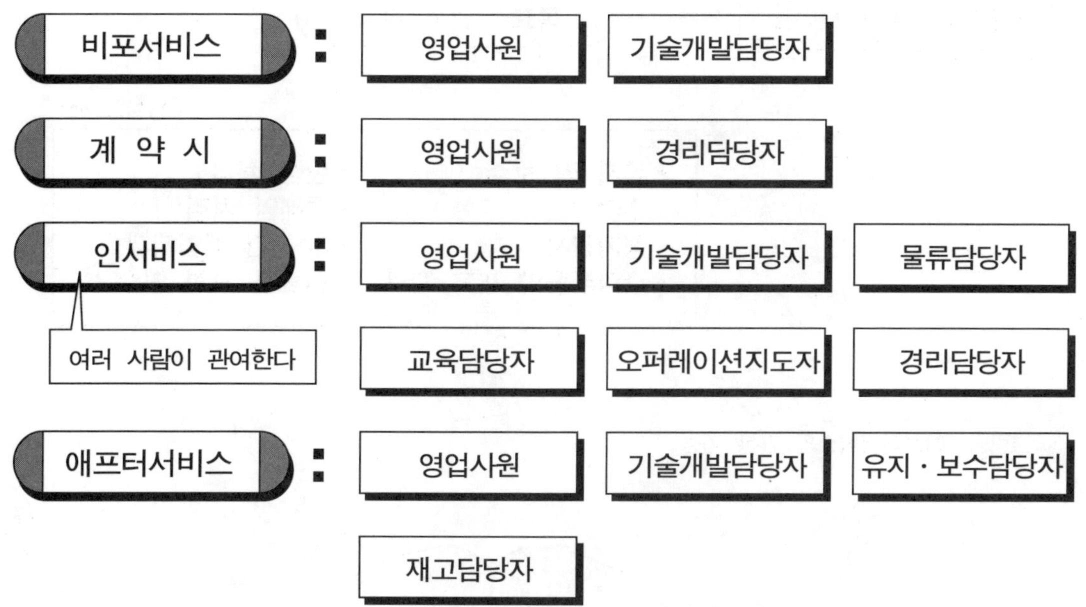

<그림4> 인서비스의 특징

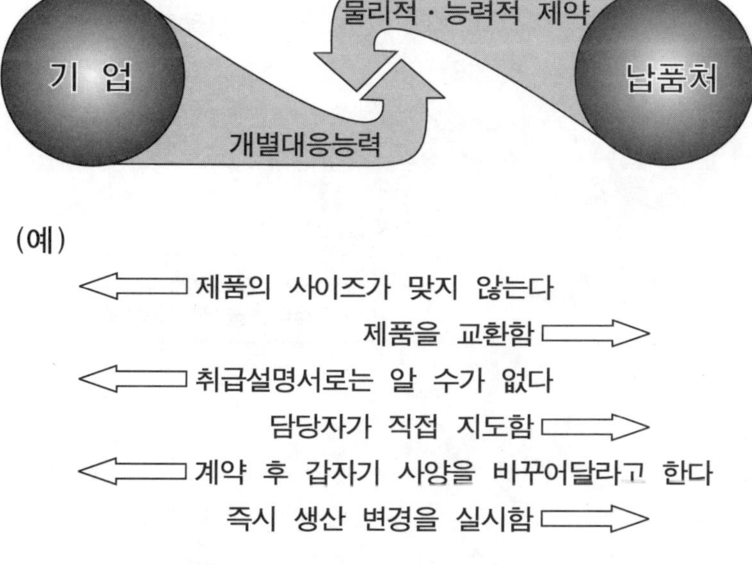

3-13 애프터서비스 전략

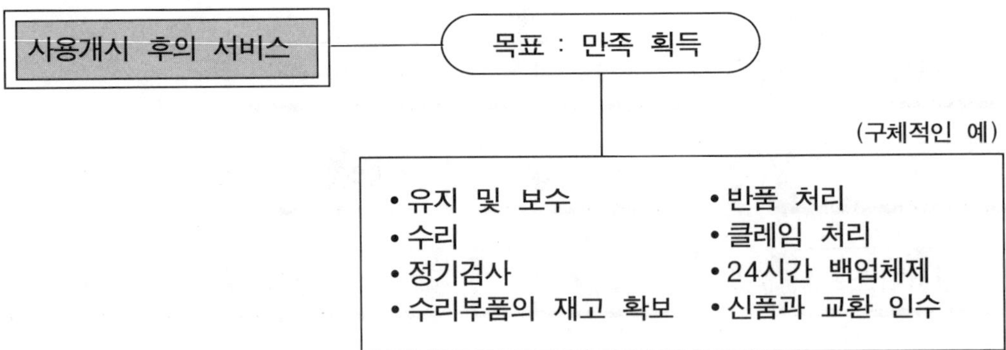

<그림1> 애프터서비스

<그림2> 애프터서비스의 기본 기능

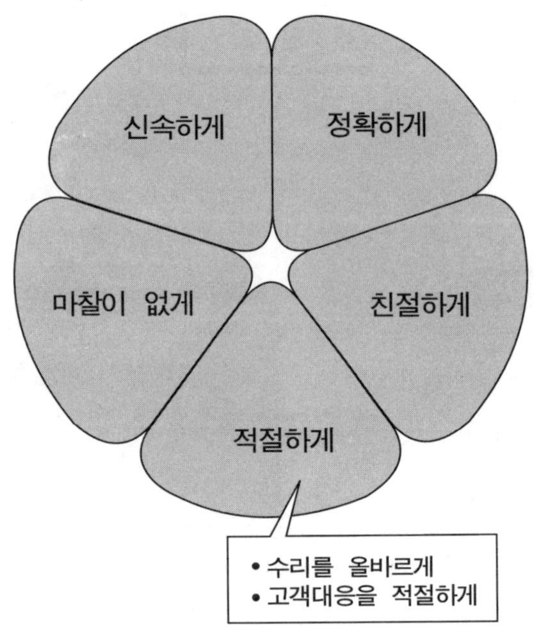

<그림3> 애프터서비스의 특징(다른 서비스와 비교)

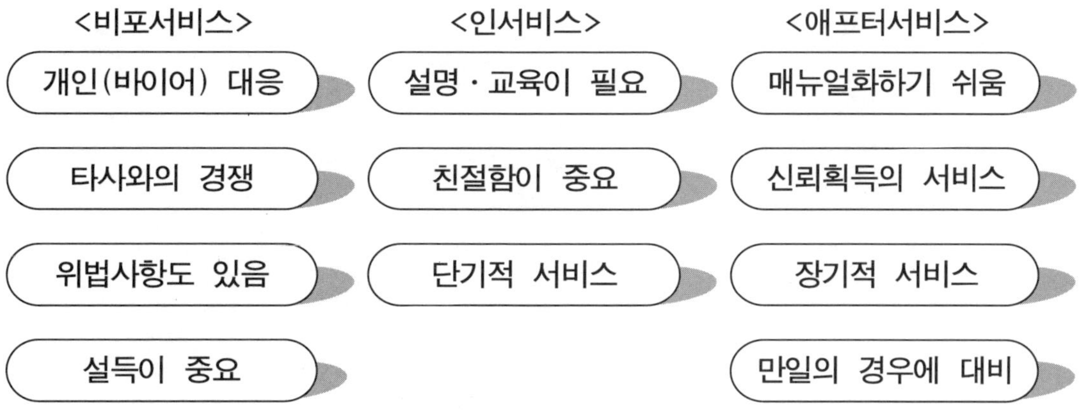

<비포서비스>
개인(바이어) 대응
타사와의 경쟁
위법사항도 있음
설득이 중요
<인서비스>
설명·교육이 필요
친절함이 중요
단기적 서비스
<애프터서비스>
매뉴얼화하기 쉬움
신뢰획득의 서비스
장기적 서비스
만일의 경우에 대비

<그림4> 클레임 처리는 비즈니스 찬스

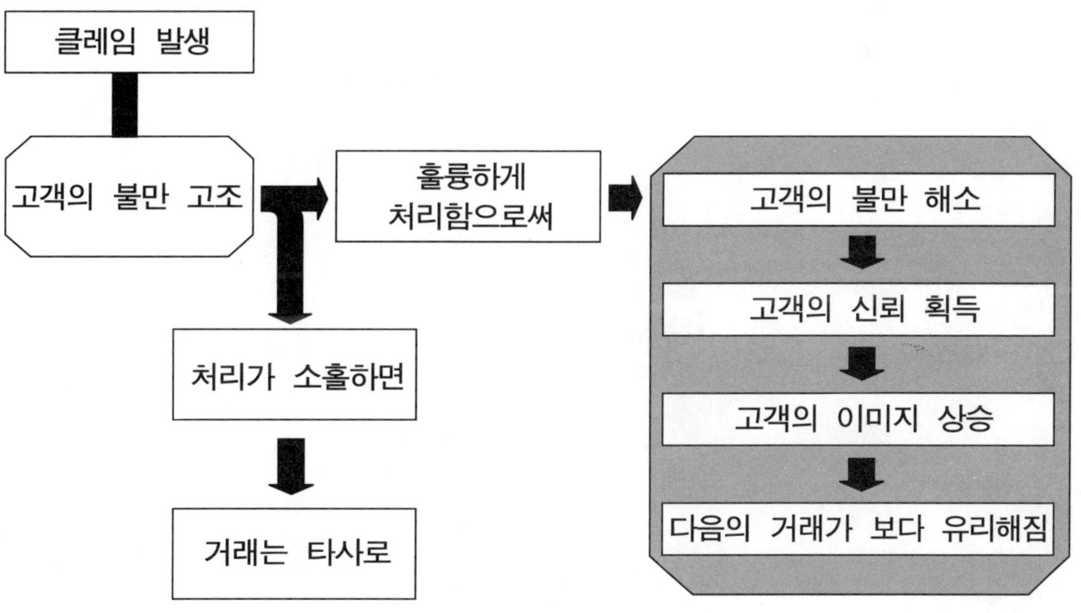

클레임 발생
고객의 불만 고조
훌륭하게 처리함으로써
처리가 소홀하면
거래는 타사로
고객의 불만 해소
고객의 신뢰 획득
고객의 이미지 상승
다음의 거래가 보다 유리해짐

제4장
인더스트리얼 마케팅 믹스 Ⅲ (판촉전략)

4-1 프로모션 전략

프로모션(Promotion)이란, 영업활동을 원활히 하여 매출액을 증대시키기 위해 실시하는 광고, 홍보, 판매촉진 및 인적(人的) 판매 활동을 말한다.

<그림1> 프로모션

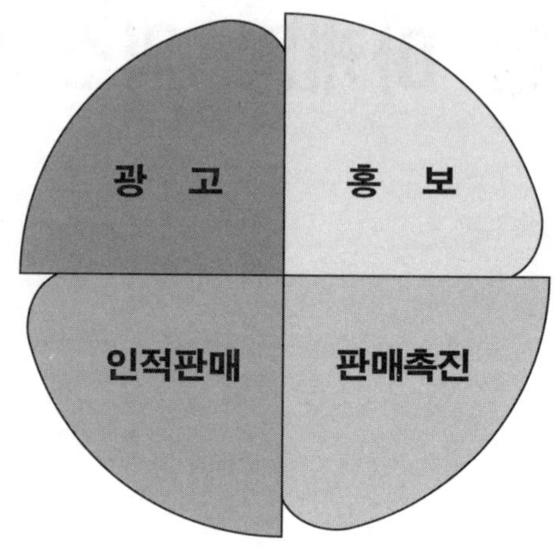

<그림2> 광고, 홍보, 판매촉진, 인적판매의 차이점

광고 (Advertising)	홍보 (Publicity)	판매촉진 (Sales Promotion)	인적판매 (Personal Sales)
유료	무료	유료	유료
광고(광고물) 이용	매스컴의 기사, 뉴스	다종다양	프로정신
지명도 상승	인지도 상승	구매자 상승	산업의 발달에 따라 매우 중요
오랫동안 기억	지식인은 오랫동안 기억	곧 잊어버림	산업교육과 자기개발
광고대리점 이용		판촉회사나 광고대리점 이용	
표현하고 싶은 말을 할 수 있음	컨트롤 불가능	하고 싶은 일을 할 수 있음	컨트롤 가능
교육효과가 있음	교육효과가 대단히 큼	교육효과가 없음	교육효과가 있음
어린이에게 인기	어린이에게는 인기가 없음	어린이에게 인기	어린이에게는 인기가 없음
광고를 불신하는 사람이 많음	신뢰도가 높음	신뢰보다도 좋아함	신뢰도가 중요

<그림3> 인더스트리얼 마케팅과 마케팅의 프로모션의 차이점

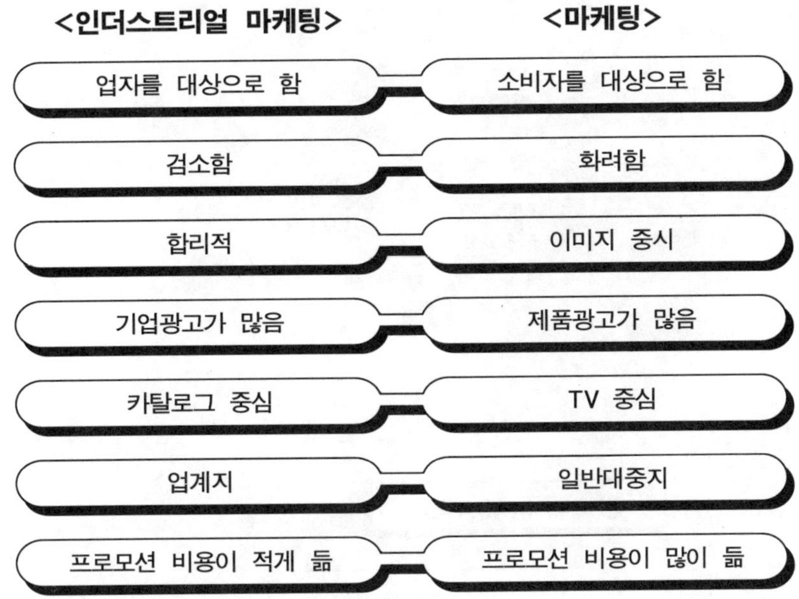

<인더스트리얼 마케팅>
<마케팅>
업자를 대상으로 함
소비자를 대상으로 함
검소함
화려함
합리적
이미지 중시
기업광고가 많음
제품광고가 많음
카탈로그 중심
TV 중심
업계지
일반대중지
프로모션 비용이 적게 듦
프로모션 비용이 많이 듦

<그림4> 프로모션과 관련 활동의 위치

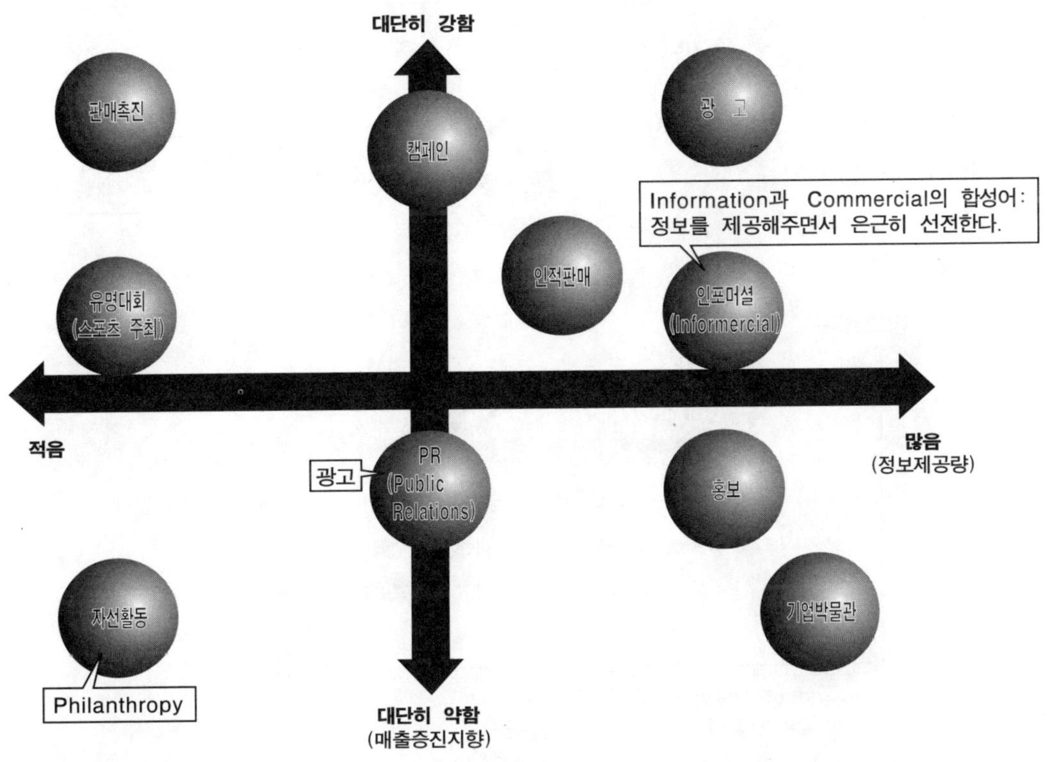

대단히 강함
판매촉진
캠페인
광 고
Information과 Commercial의 합성어:
정보를 제공해주면서 은근히 선전한다.
인적판매
유명대회
(스포츠 주최)
인포머셜
(Informercial)
적음
많음
(정보제공량)
광고
PR
(Public
Relations)
홍보
자선활동
기업박물관
Philanthropy
대단히 약함
(매출증진지향)

4-2 광고전략

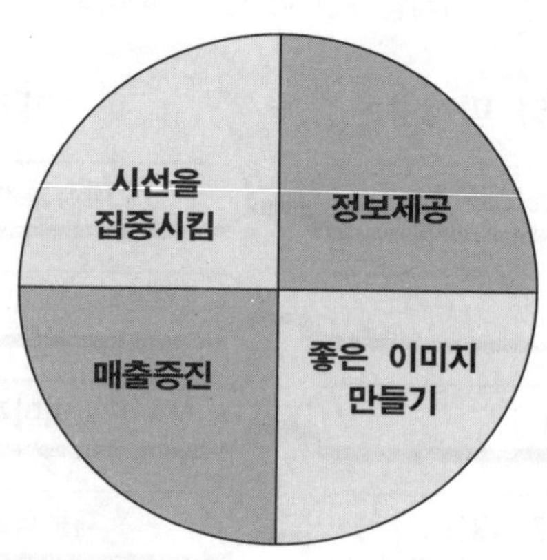

<그림2> 광고수단

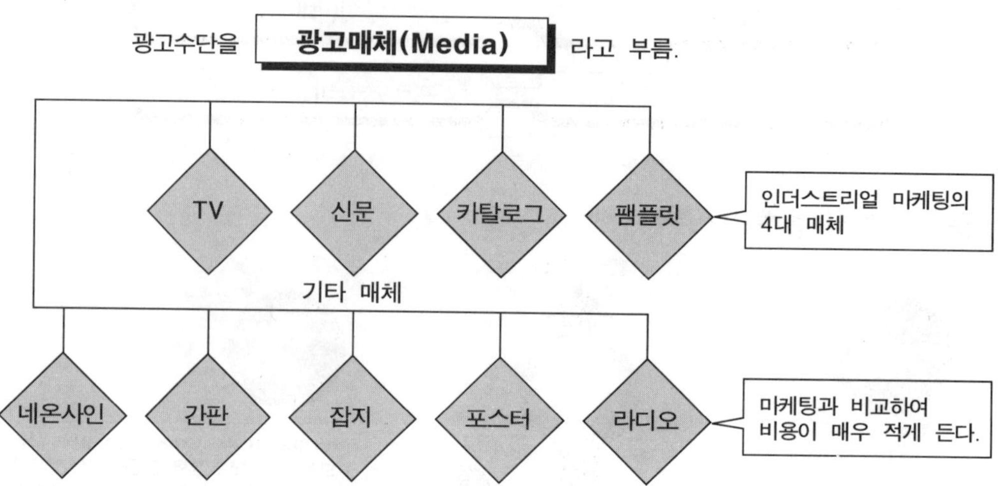

<그림3> 광고효과

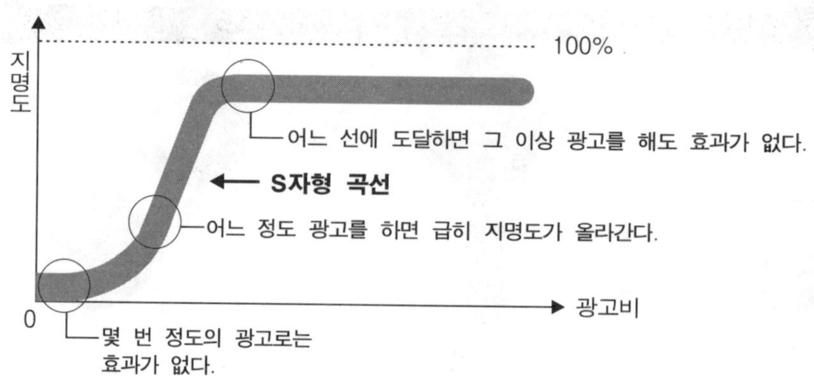

<그림4> 광고의 의사결정 믹스

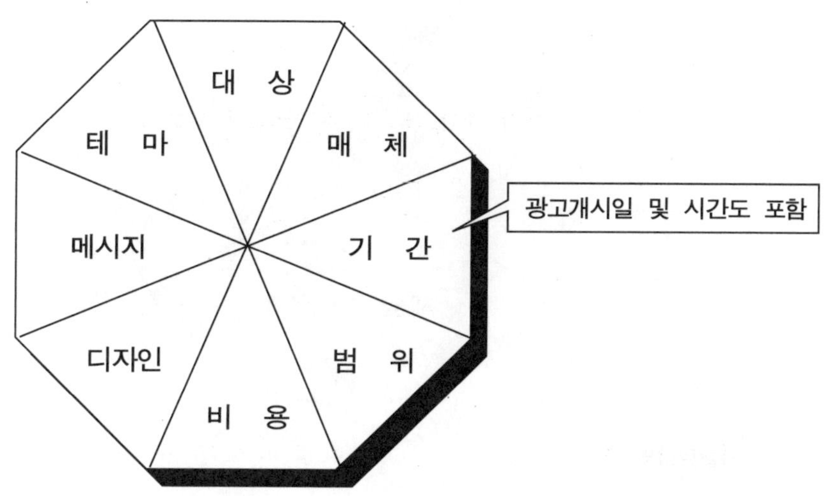

<그림5> 광고의 종류

4-3 카탈로그 전략

<그림1> 카탈로그의 분류

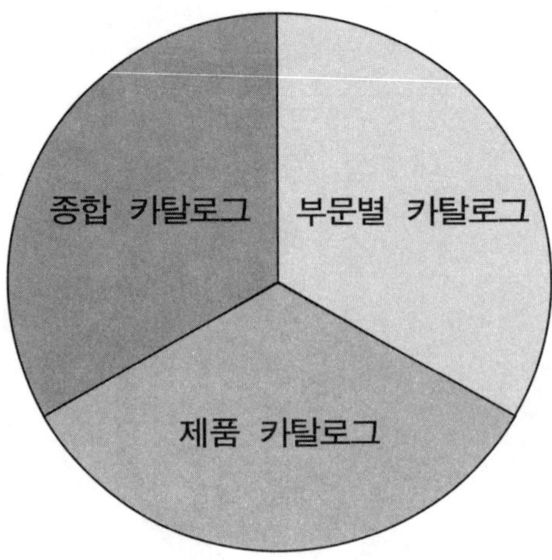

<그림2> 카탈로그의 목적

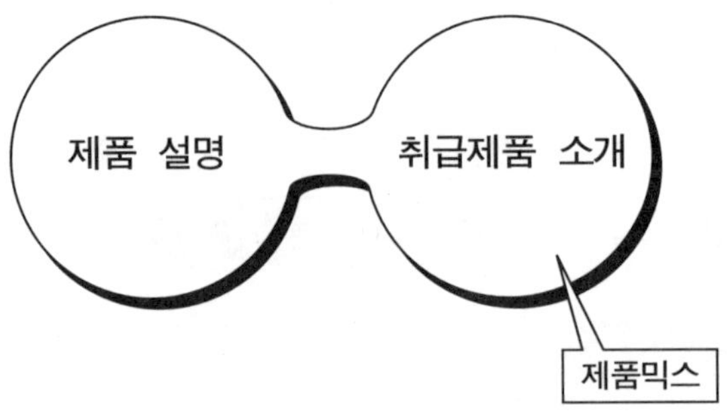

<그림3> 카탈로그의 사용목적

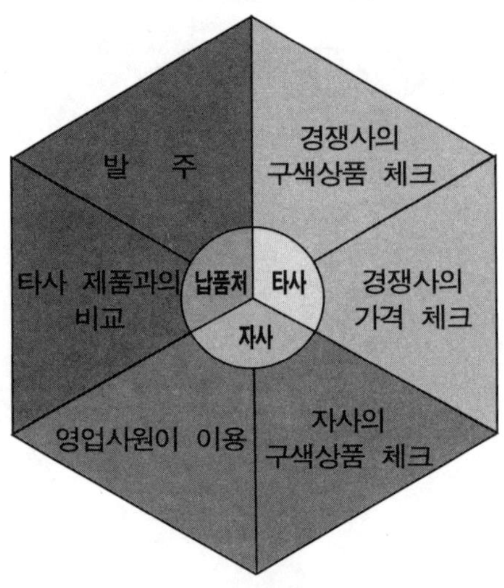

<그림4> 카탈로그의 특성

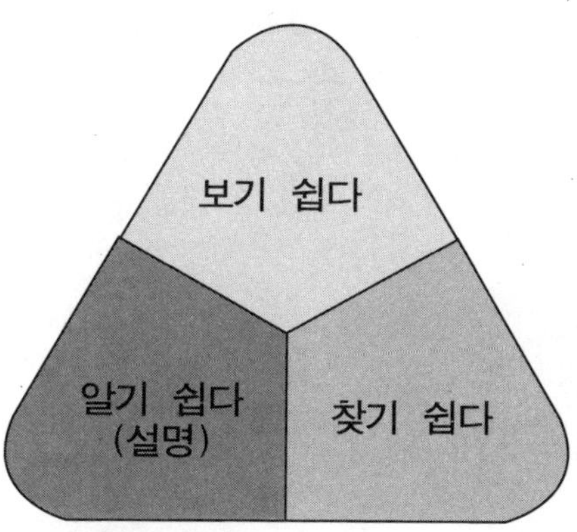

보기 쉽다
알기 쉽다
(설명)
찾기 쉽다

<그림5> 카탈로그는 무언(無言)의 세일즈맨

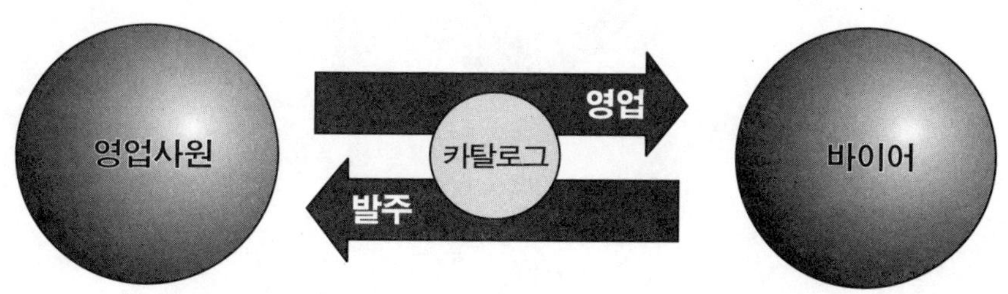

영업사원
카탈로그
영업
발주
바이어

<그림6> 앞으로의 카탈로그

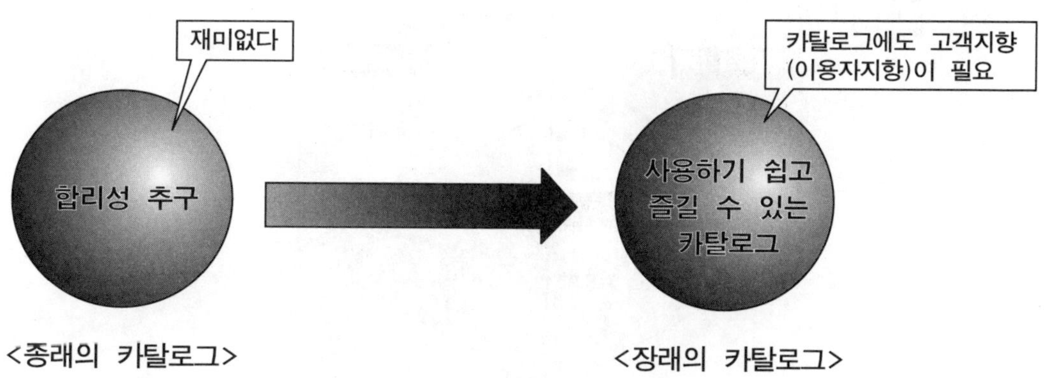

재미없다
합리성 추구
카탈로그에도 고객지향
(이용자지향)이 필요
사용하기 쉽고
즐길 수 있는
카탈로그
<종래의 카탈로그>
<장래의 카탈로그>

4-4 판매촉진전략

판매촉진(Sales Promotion : SP라고 줄여서 사용하는 경우가 많음)이란, 매출액을 증대시키기 위해 행하는 방법이나 활동을 말한다. 일반적으로 광고활동은 제외시킨다.

<그림1> 판매촉진의 기본 기능

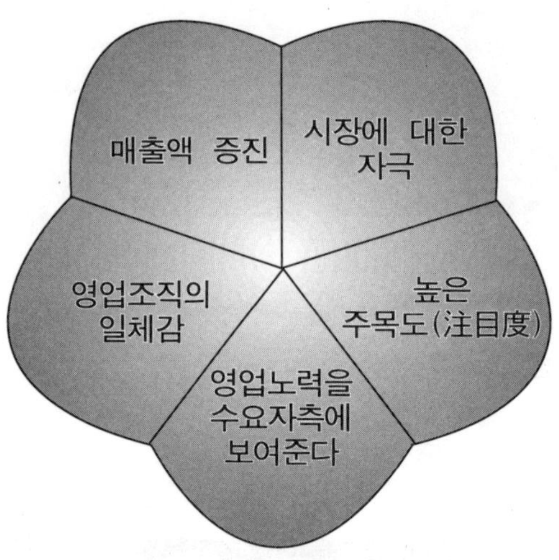

<그림2> 판매촉진의 방법

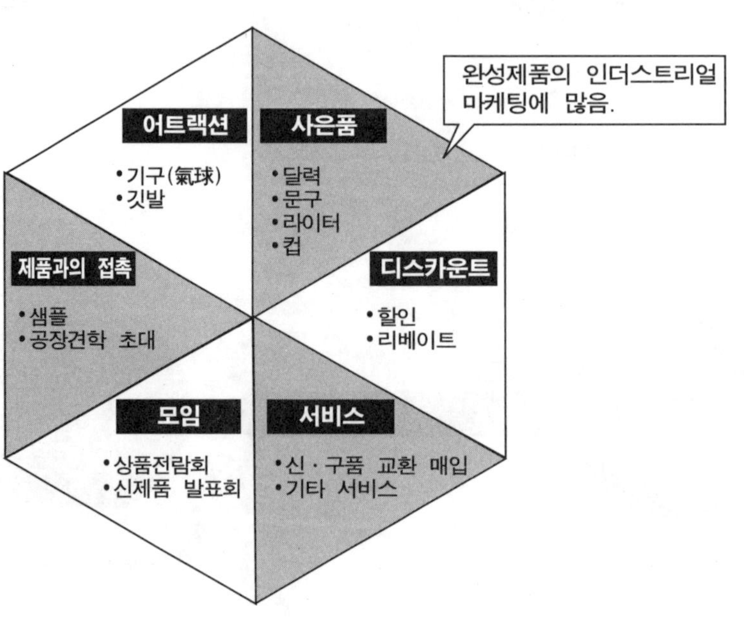

<그림3> 캠페인

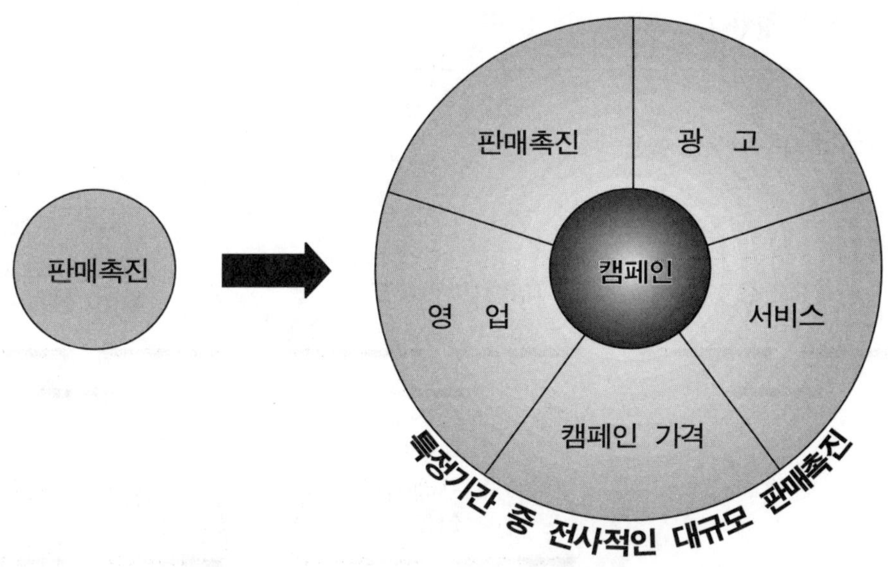
판매촉진
판매촉진
광 고
영 업
캠페인
서비스
캠페인 가격
특정기간 중 전사적인 대규모 판매촉진

<그림4> 캠페인을 전개하는 계기

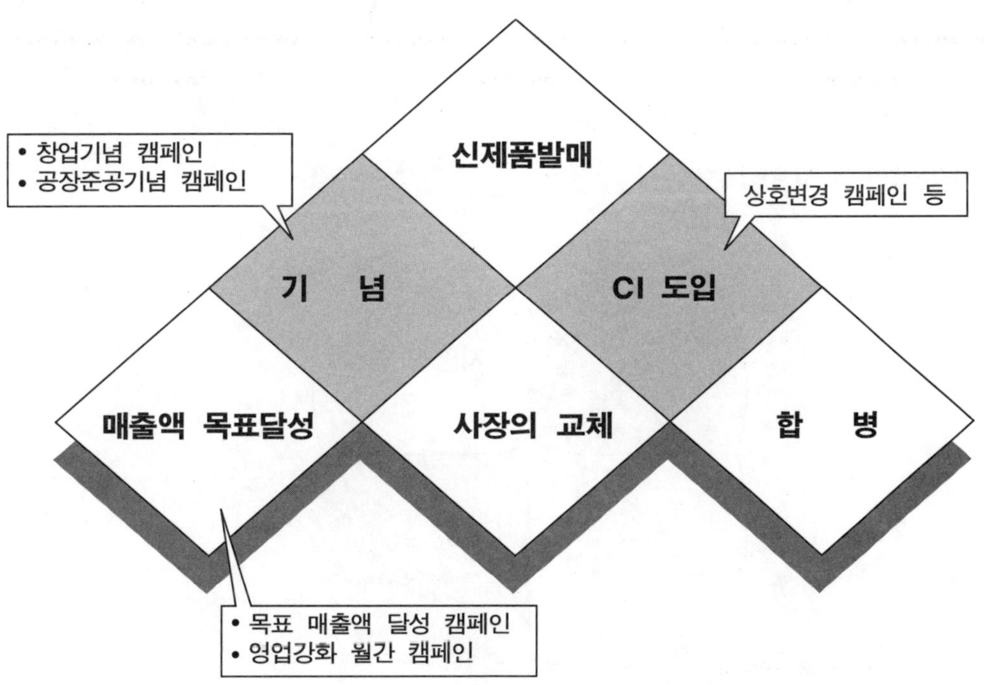
• 창업기념 캠페인
• 공장준공기념 캠페인
신제품발매
상호변경 캠페인 등
기 념
CI 도입
매출액 목표달성
사장의 교체
합 병
• 목표 매출액 달성 캠페인
• 영업강화 월간 캠페인

4-5 CI 전략

CI(Corporate Identity System)란, 기업의 이미지를 원하는 곳에 정착시키려고 하는 행동을 말한다.

<그림1> CI의 구체적인 활동

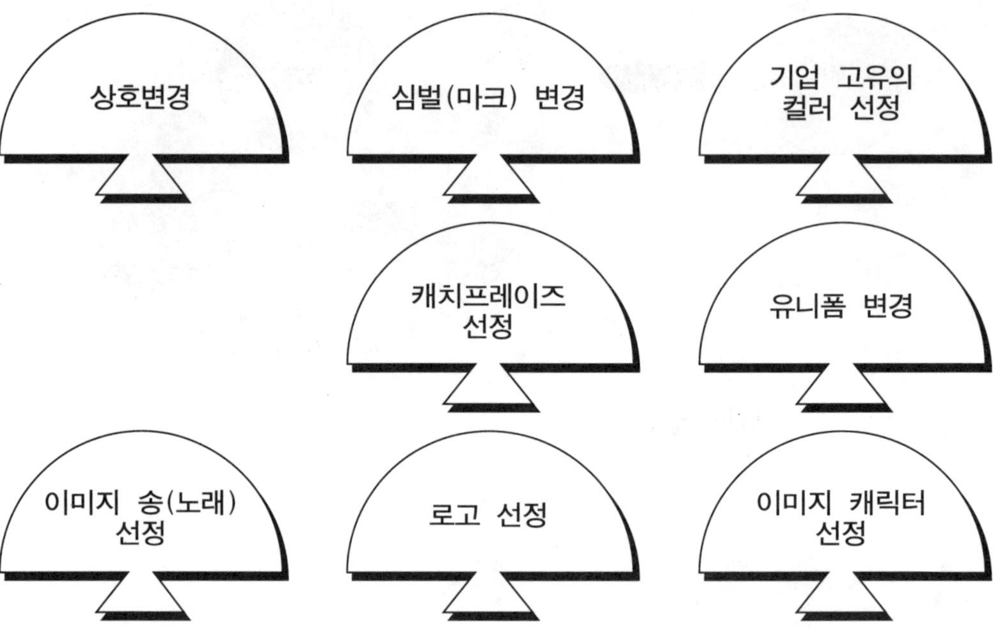

<그림2> CI의 의의(意義)

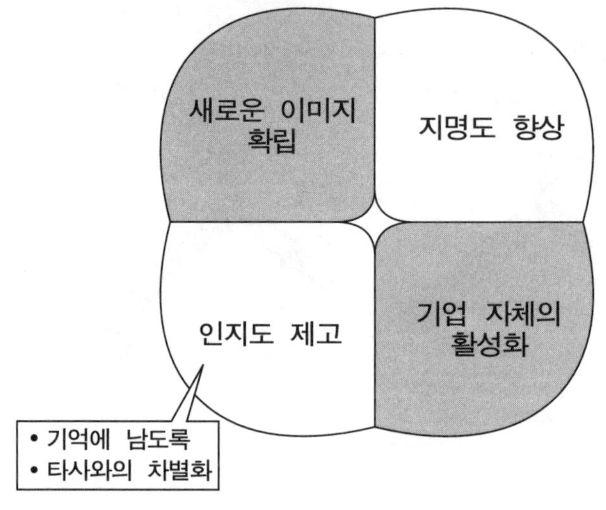

<그림3> CI를 성공시키기 위한 방안

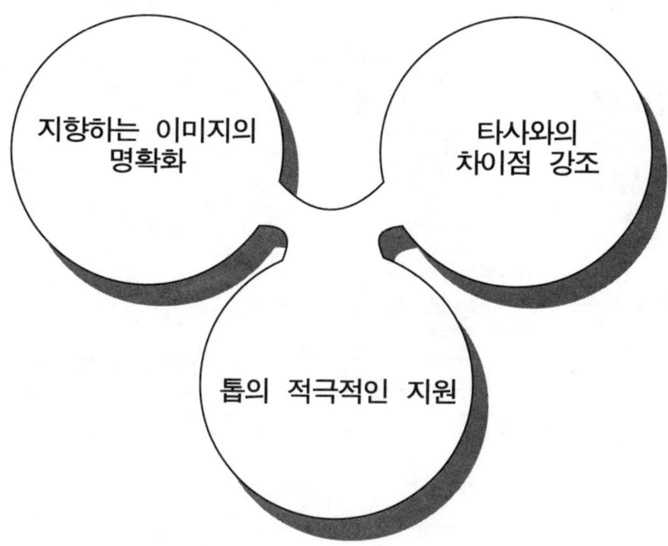

<그림4> CI의 문제점

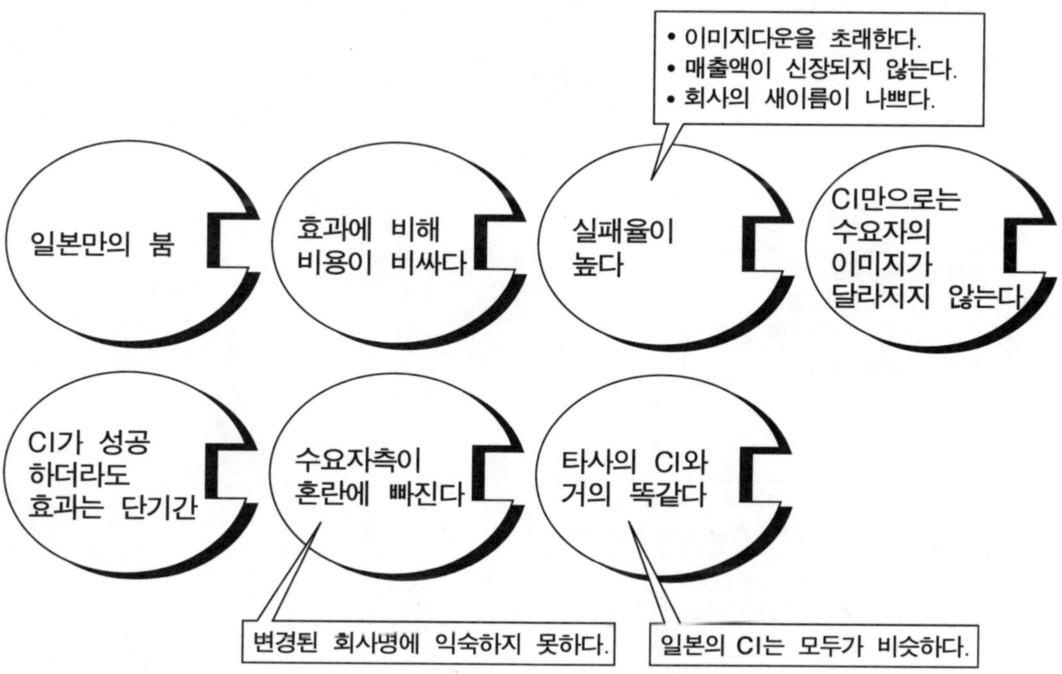

4-6 홍보전략

홍보(Publicity)란, 기업이 사회적 신뢰도를 높이며 사회적 연계를 강화하기 위해 기업의 참모습을 널리 알리려고 하는 기업노력을 말한다. 일반적으로 홍보활동이라고 부른다.

<그림1> 홍보의 분류

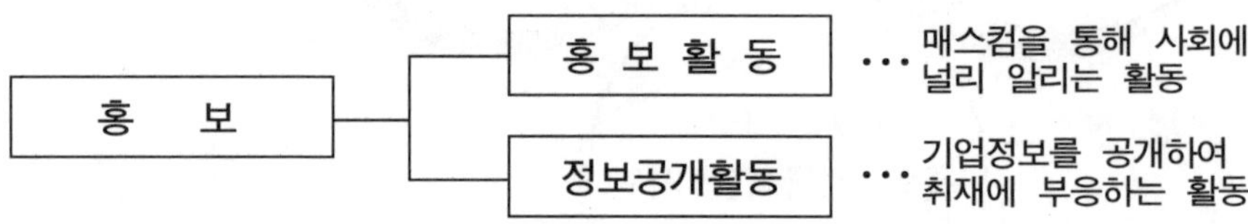

<그림2> 홍보의 기본 기능

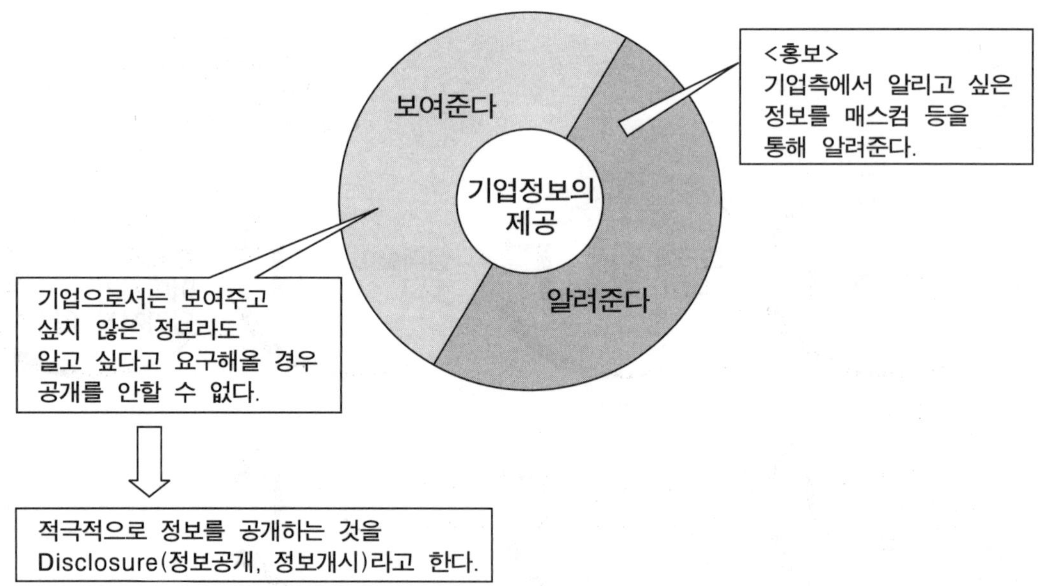

<그림3> 홍보의 여러 가지

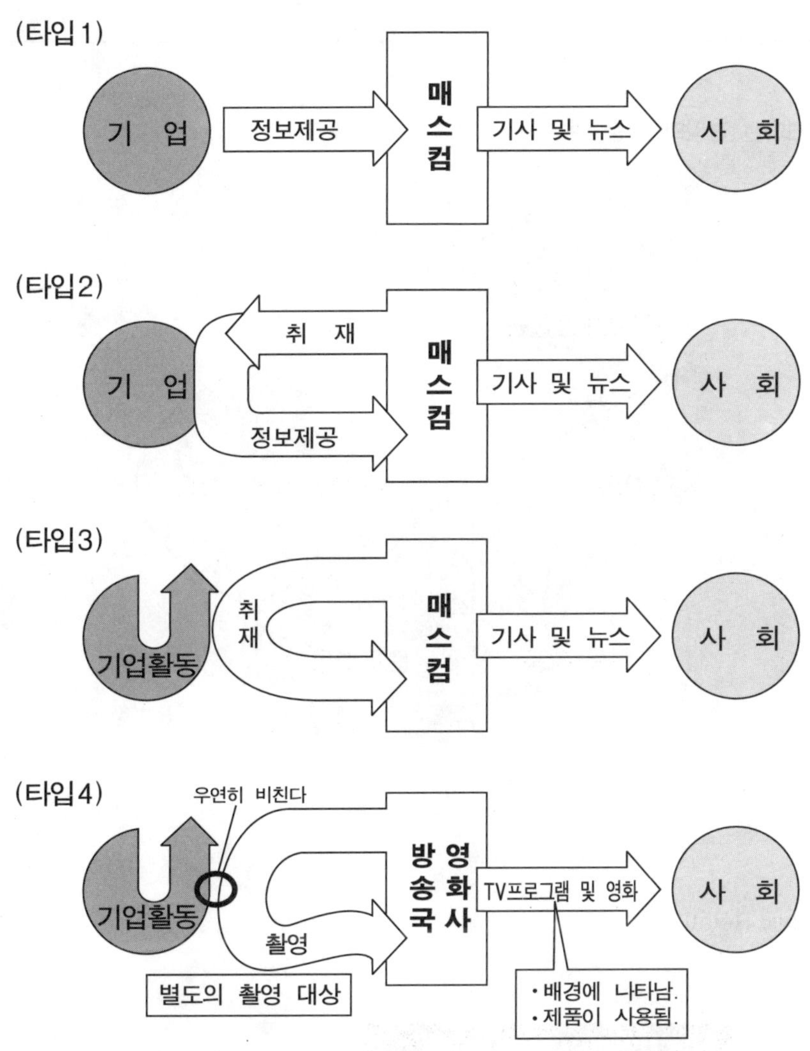
(타입1)
기 업
정보제공
매스컴
기사 및 뉴스
사 회
(타입2)
기 업
취 재
정보제공
매스컴
기사 및 뉴스
사 회
(타입3)
기업활동
취재
매스컴
기사 및 뉴스
사 회
(타입4)
우연히 비친다
기업활동
촬영
별도의 촬영 대상
방송국 영화사
TV프로그램 및 영화
사 회
·배경에 나타남.
·제품이 사용됨.

<그림4> 홍보가 무료인 이유

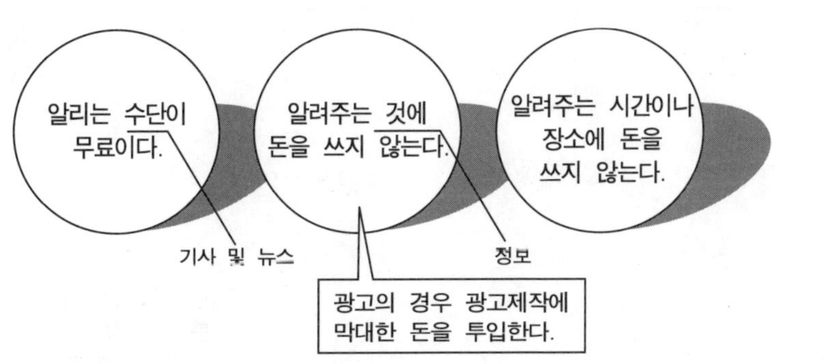
알리는 수단이 무료이다.
알려주는 것에 돈을 쓰지 않는다.
알려주는 시간이나 장소에 돈을 쓰지 않는다.
기사 및 뉴스
정보
광고의 경우 광고제작에 막대한 돈을 투입한다.

4-7 커뮤니케이션 전략

커뮤니케이션 전략이란, 기업이 사회와의 관계를 좋게 하기 위해 사용하는 기업전략을 말한다.

<그림1> 커뮤니케이션 전략의 활동 내용

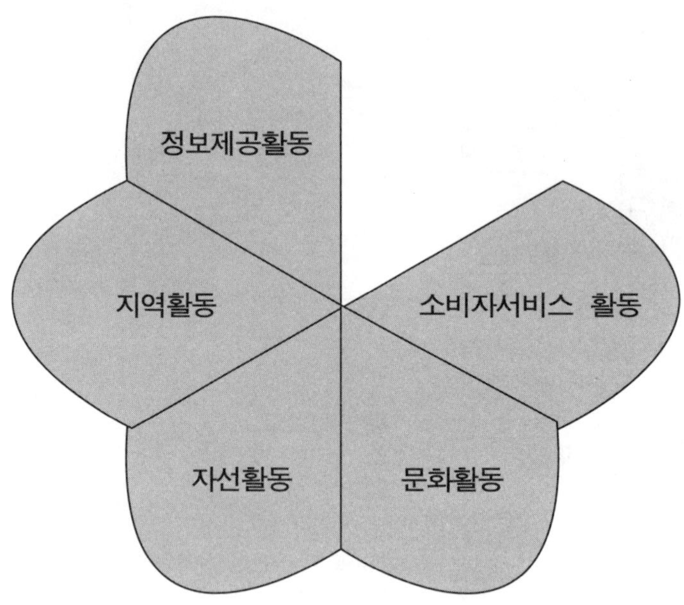

<그림2> PR(Public Relations)

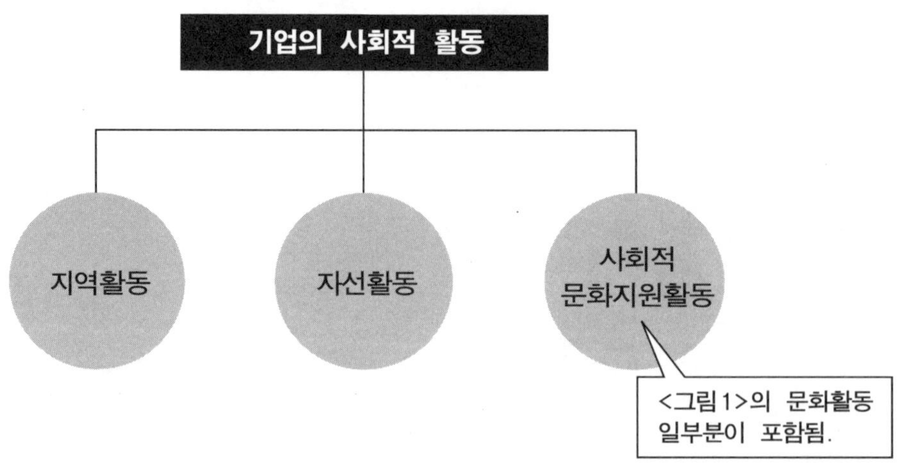

<그림3> 커뮤니케이션 노력과 잡음(雜音)

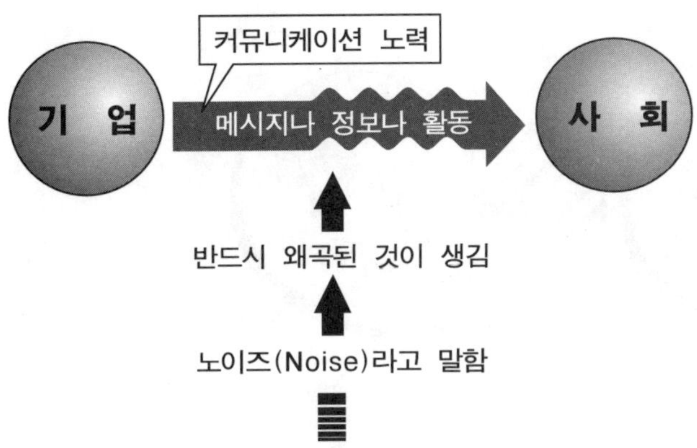
커뮤니케이션 노력
기 업
메시지나 정보나 활동
사 회
반드시 왜곡된 것이 생김
노이즈(Noise)라고 말함
기업이 자선활동을 진실되게 한다 해도
자칫 매명행위(賣名行爲)로 비쳐지는 일이 있다

<그림4> 커뮤니케이션 활동도 마케팅 활동의 하나

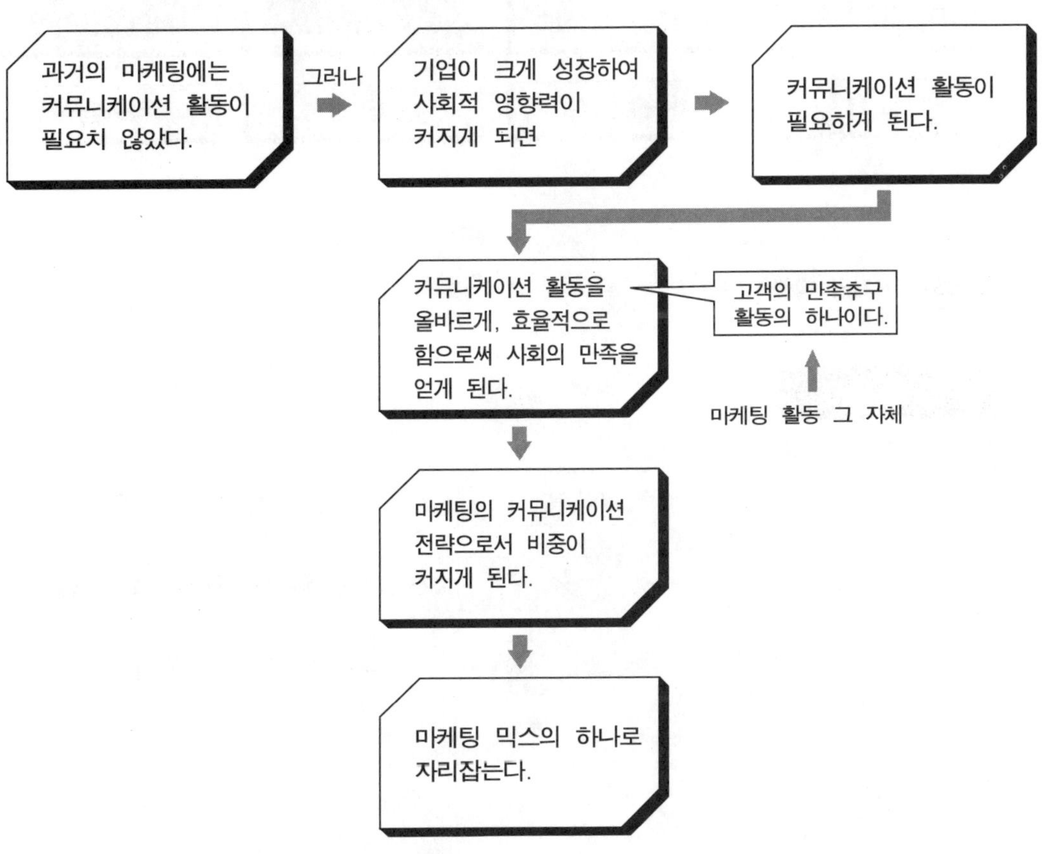
과거의 마케팅에는
커뮤니케이션 활동이
필요치 않았다.

그러나

기업이 크게 성장하여
사회적 영향력이
커지게 되면

커뮤니케이션 활동이
필요하게 된다.

커뮤니케이션 활동을
올바르게, 효율적으로
함으로써 사회의 만족을
얻게 된다.

고객의 만족추구
활동의 하나이다.

마케팅 활동 그 자체

마케팅의 커뮤니케이션
전략으로서 비중이
커지게 된다.

마케팅 믹스의 하나로
자리잡는다.

4-8 정보제공활동

<그림1> 정보제공활동

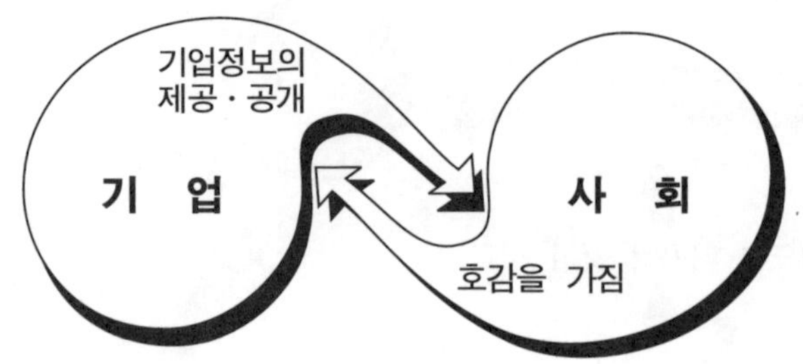

<그림2> 정보의 유형

<그림3> PR지의 발행

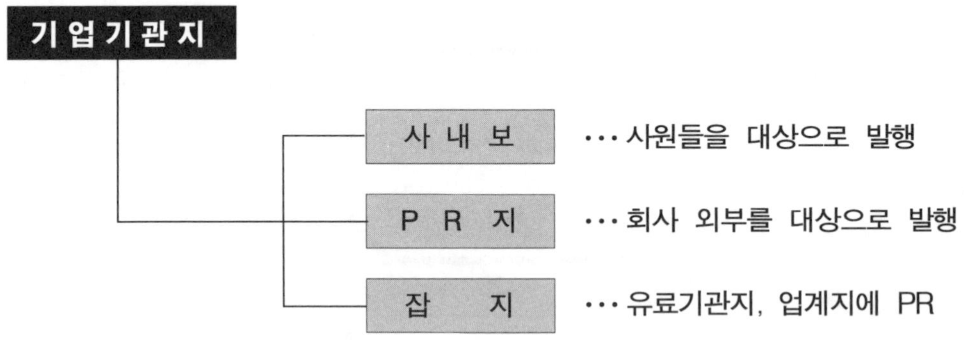

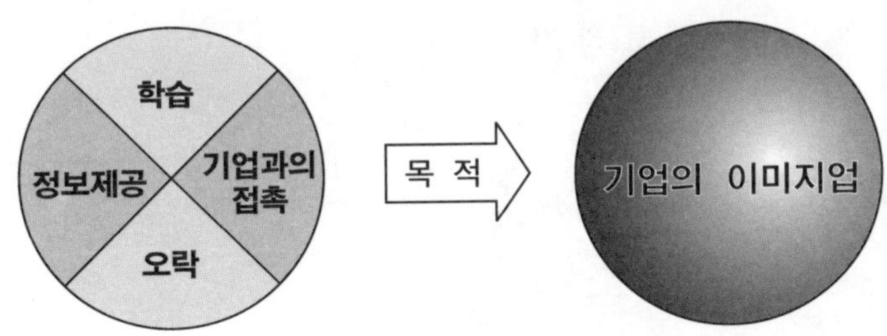

이 2가지 모두가 현재 붐을 일으키고 있으며, 초등학생들의
소풍이나 대학생들의 산업시찰로 활용되고 있다.

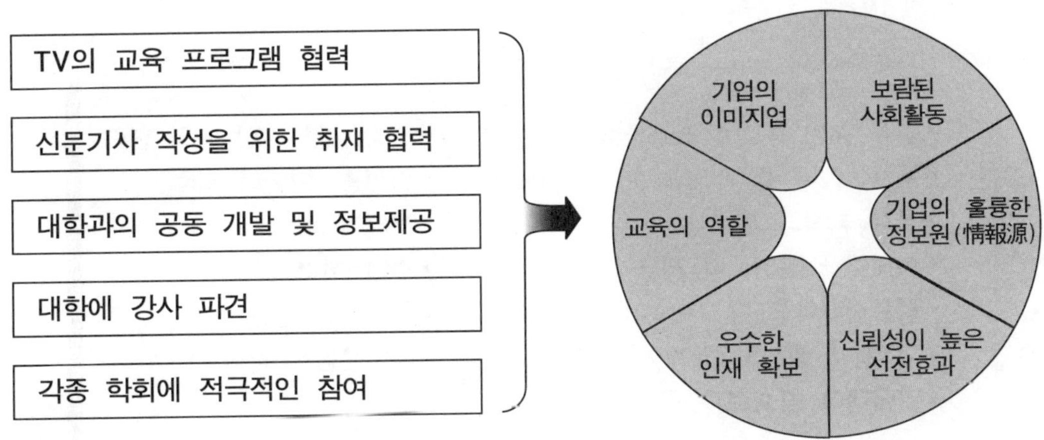

4-9 지역활동

<그림1> 커뮤니케이션과 커뮤니티(地域)

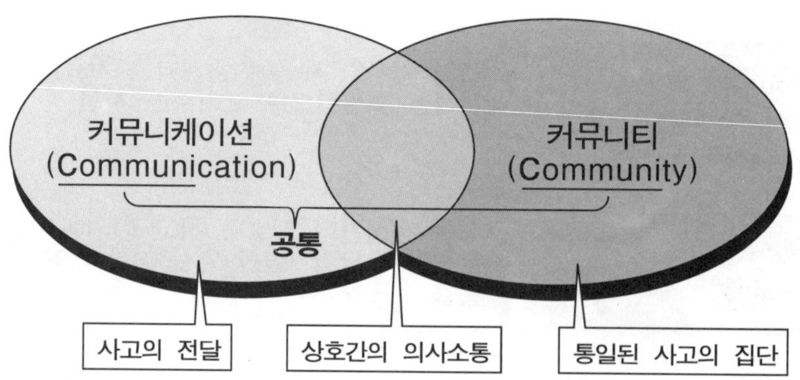

<그림2> 기업과 지역사회

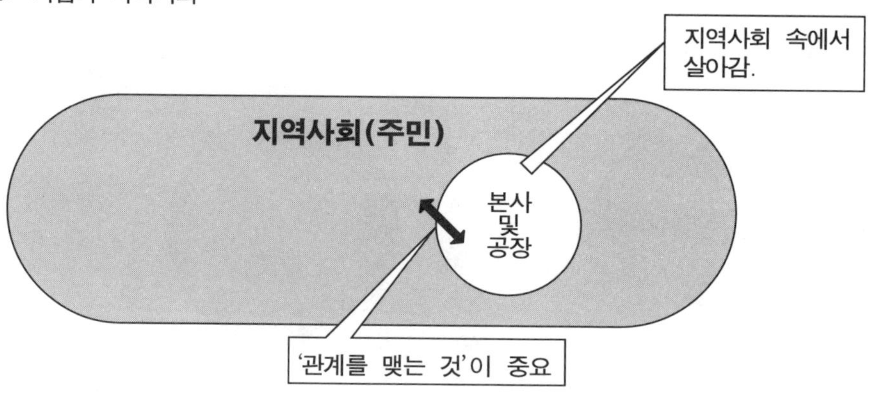

<그림3> 지역활동의 구체적인 예

- 공장 주변 주민과의 오락의 장 마련
- 체육관이나 홀 개방
- 공장 녹지의 제공
- 퍼블릭 스페이스의 제공
- 의료시설의 개방
- 그 지역 행사의 참여
- 긴급대피 장소로 제공
- 소방(消防) 활동에의 협력
- 빈깡통, 빈병의 회수
- 쓰레기 회수
- 주변 지역 청소
- 나무심기 운동
- 지역운동회 참여

<그림4> 지역성과 공해문제

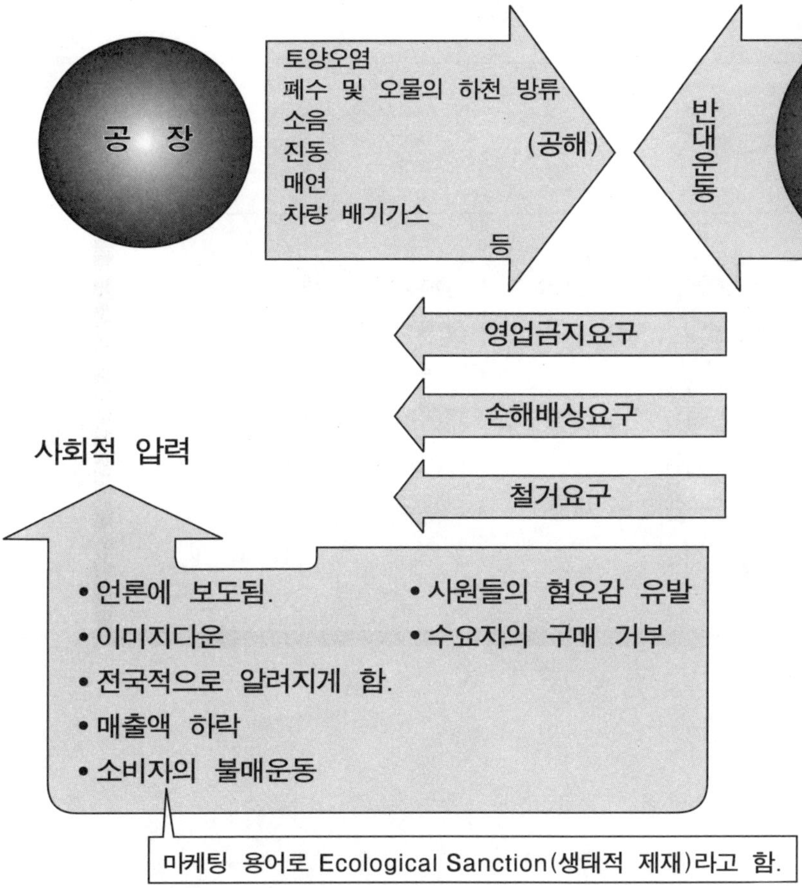

<그림5> 본사의 소재지도 '지역성 중시' 때문에 이전하지 않음(구미사회)

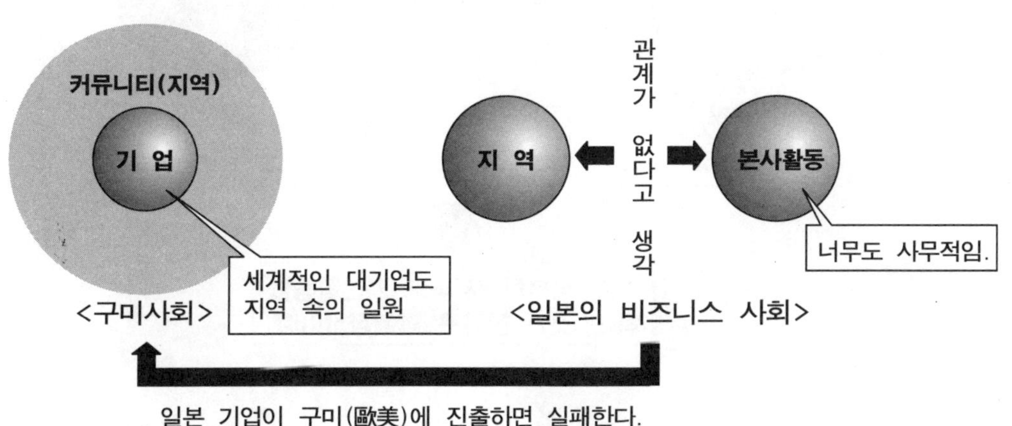

4-10 자선활동

자선(Philanthropy)이란, 박애정신을 가지고 기업이 사회에서 소외된 사람을 도와
주는 활동을 말한다.

<그림1> 자선활동의 구체적인 예

- 고아원에 크리스마스 선물 전달
- 양로원에 선물 전달
- 휠체어 기증
- 이동 욕조차(浴槽車) 기증
- 점자(点字) 블록 기증
- 본사 건물에 대한 슬로프 채용
- 자선단체에 대한 지원
- 신체장애자 채용
- 점자책 출간
- 우물이나 수도 설치(해외)
- 재해시 자원봉사활동 실시
- 재해시 지원물자 제공
- 기부금

<그림2> 기업의 자선활동

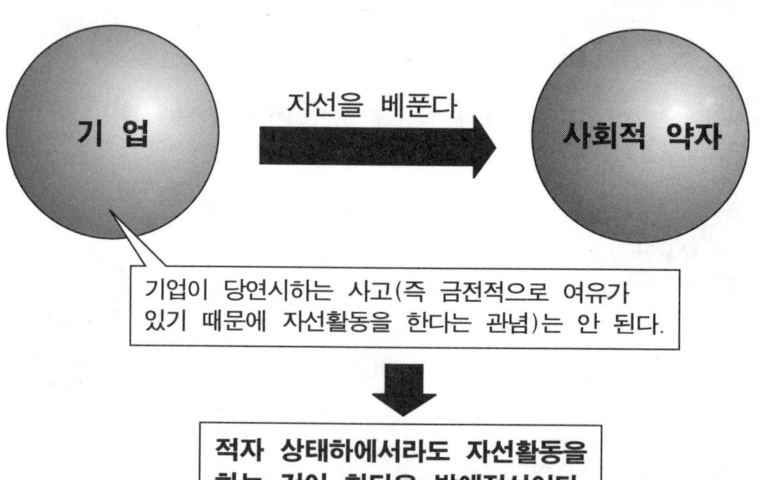

<그림3> 자선과 자비

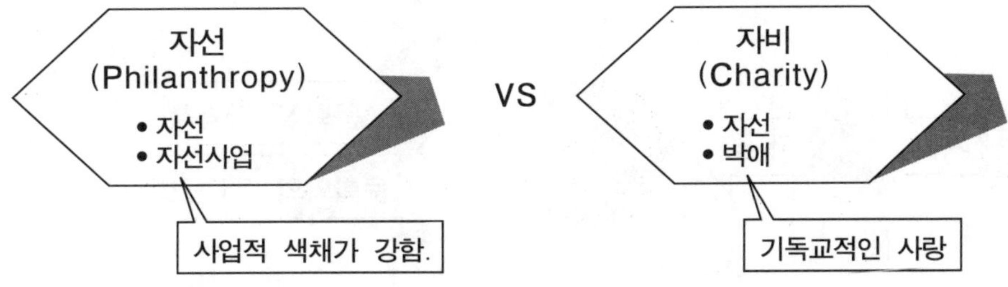
자선
(Philanthropy)
• 자선
• 자선사업
VS
자비
(Charity)
• 자선
• 박애
사업적 색채가 강함.
기독교적인 사랑

<그림4> 볼런티어(Volunteer)의 활동

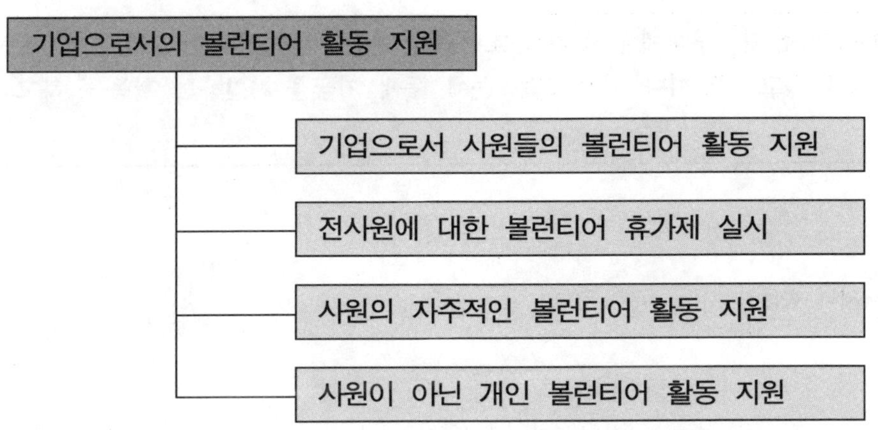
볼런티어 : 무료봉사로 사회적 사업이나 자선활동에 참여하는 사람을 말함.
기업으로서의 볼런티어 활동 지원
기업으로서 사원들의 볼런티어 활동 지원
전사원에 대한 볼런티어 휴가제 실시
사원의 자주적인 볼런티어 활동 지원
사원이 아닌 개인 볼런티어 활동 지원

<그림5> 자선활동에서 제공하는 것

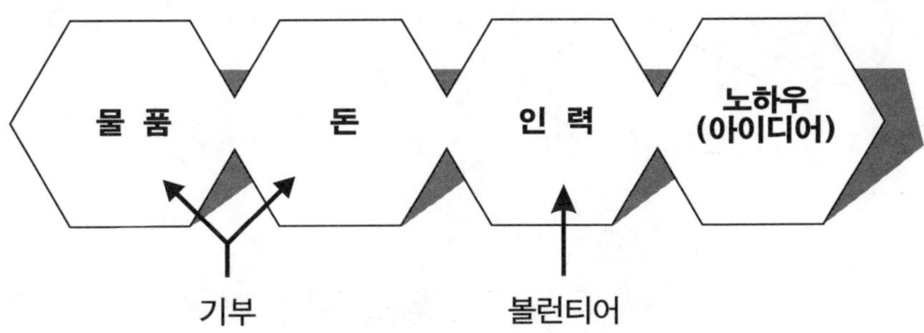
물 품
돈
인 력
노하우
(아이디어)
기부
볼런티어

4-11 문화활동

<그림1> 문화를 통한 커뮤니케이션 전략

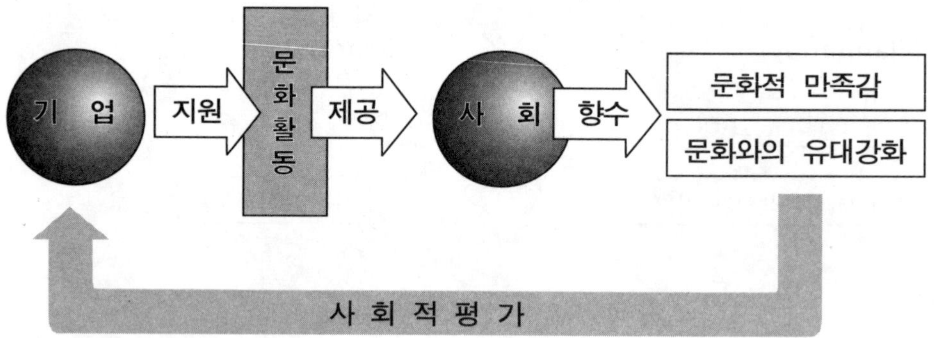

<그림2> 메세나

메세나(Mécénat)란, 문화예술 등의 옹호활동을 말한다. 최근 들어 기업들이 아무런 대가도 바라지 않고 예술이나 과학 또는 문예 등에 자금을 지원하는 활동을 하고 있다.

<그림3> 메세나 활동

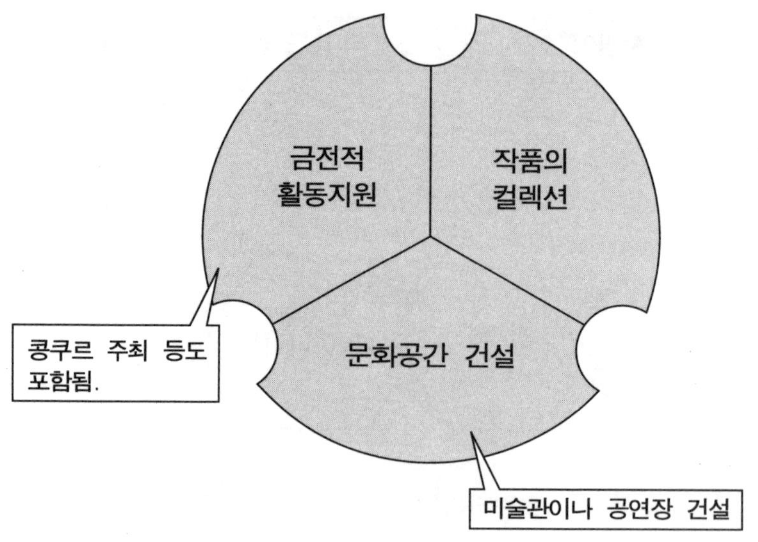

<그림4> 스포츠 지원(유명대회의 주최)

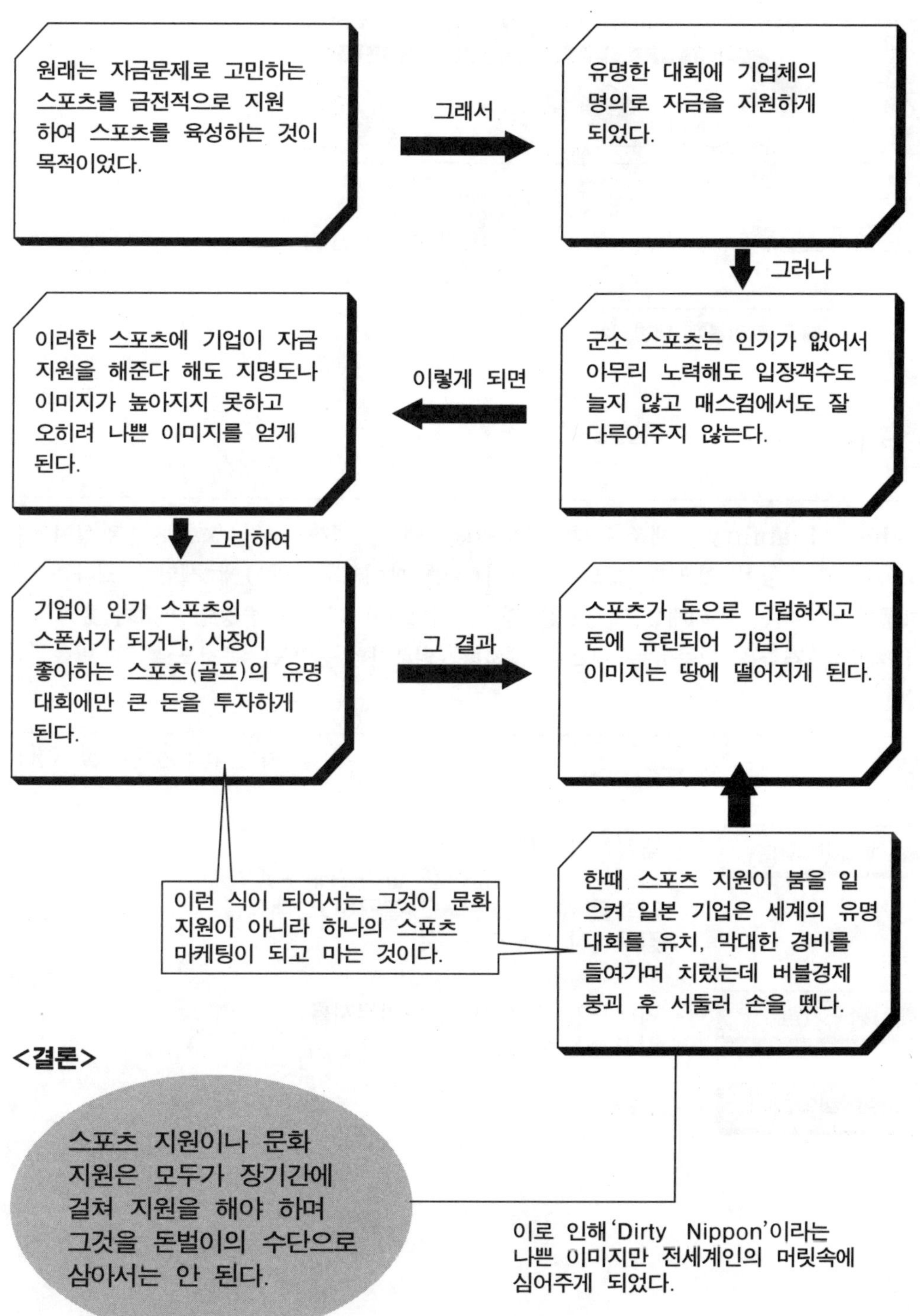

4-12 소비자서비스 활동

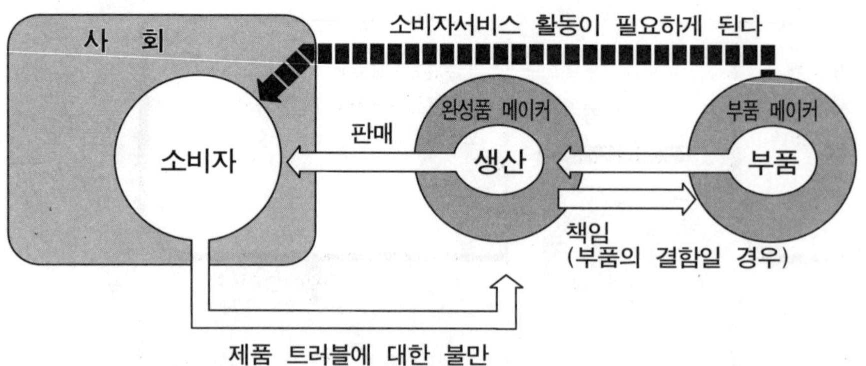

<그림2> PL법

> PL(Product Liability : 제조물 책임)법이란, 메이커에게 고의(故意)나 과실이 없더라도 제품에 결함이 있으면 제조한 메이커(부품 메이커도 포함)에 책임이 있다는 법률. 제품의 이용자는 손해배상을 청구할 경우, 메이커의 과실을 증명할 필요가 없으며 단지 제품의 결함을 입증하는 것으로 족하다. 피해자의 구제를 목적으로 한 법률인 것이다.

(일본의 경우 1995년 7월 시행)

PL법에서의 결함 ··· 품질상의 결함
안전상의 하자(결점을 말하는데, 즉 예측할 수 있었는데도 불구하고 대책을 강구하지 않았다는 것)

배상청구기간 ··· 피해자가 손해 및 손해의무자를 알고 난 후 3년

제조자의 책임기간 ··· 10년

<그림3> PL 문제에서는 표시가 키포인트

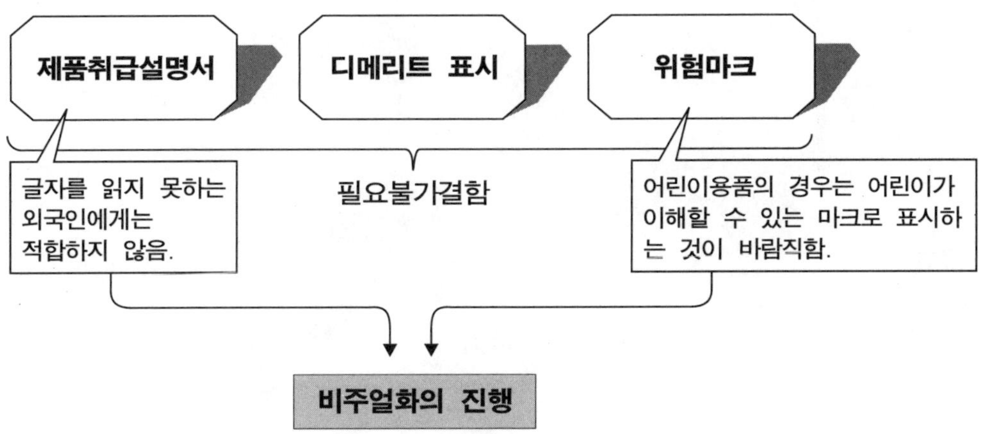

제품취급설명서
디메리트 표시
위험마크
글자를 읽지 못하는 외국인에게는 적합하지 않음.
필요불가결함
어린이용품의 경우는 어린이가 이해할 수 있는 마크로 표시하는 것이 바람직함.
비주얼화의 진행
(색상이나 디자인은 누구라도 재빨리 알 수 있음.)

<그림4> PL 문제의 코스트(피해가 발생했을 경우)

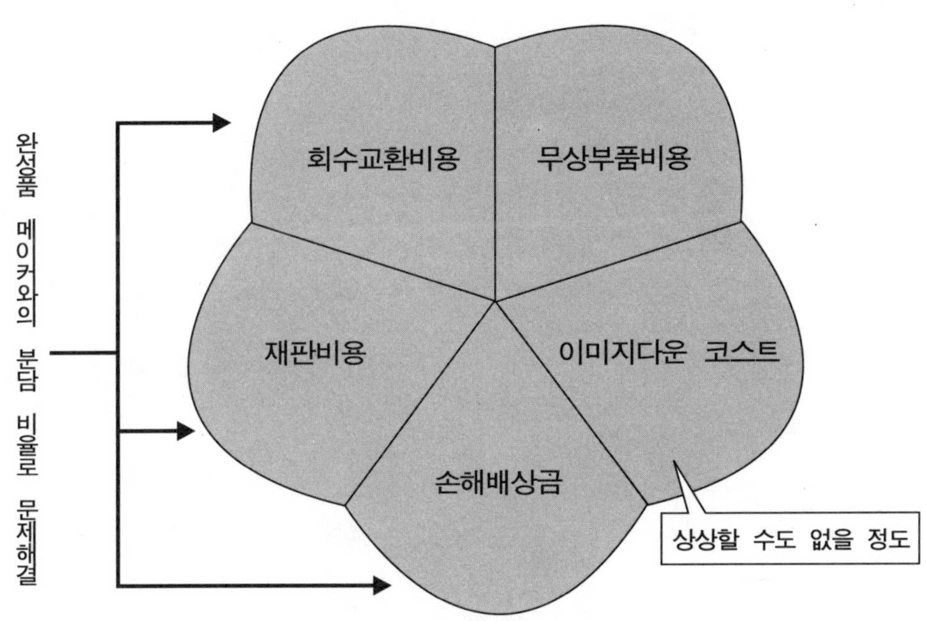

완성품 메이커와의 분담 비율로 문제해결
회수교환비용
무상부품비용
재판비용
이미지다운 코스트
손해배상금
상상할 수도 없을 정도

제5장
인더스트리얼 마케팅의 새로운 전개

5-1 글로벌화

글로벌화(Globalization)란, 기업경영이 국가 대 국가의 발상에서 지구를 하나의 경영 대상 지역으로 하는 발상을 뜻한다. 국제화나 다국적화를 초월한 발상이다.

<그림1>　글로벌화 · 국제화 · 다국적화

발상방법 ＼ 유형	글 로 벌 화 (Globalization)	국 제 화 (Internationalization)	다 국 적 화 (Multinationalization)
세　　　계	하나로 생각	국가와 국가의 제휴	국가와 국가의 제휴
무　　　역	단순한 이동	수출 및 수입	수출 및 수입
본　　　사	어디라도 상관없음	본국주의	여러 나라로 분산
기업자원의 이동	세계 어느 곳에도 이동	본국에서 이동	세계 속에서 이동
세계에 진출하는 이유	합리성의 추구	해외진출	절세(節稅)와 효율 추구
경영자의 국적	어느 나라라도 상관없음	원칙적으로 본국	어느 나라라도 상관없음
인재의 채용	범세계적	본국 중심	범세계적
생　　　산	어디라도 상관없음	우선 본국을 생각하고 다음으로 외국	어디라도 상관없음

<그림2>　글로벌화의 메리트

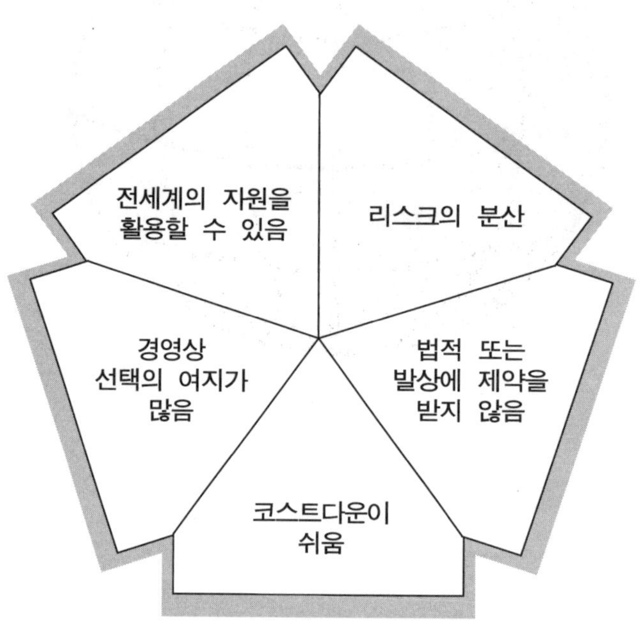

<그림3> 글로벌화의 발상과 원점(메이커의 경우)

원료, 부품, 인건비 등이 값싸고 품질이 좋으면 어느 지역의 것이라도 매입함.

자유로운 발상과 자유로운 행동

자　유

비싸게 팔리는 지역에서 판매

값싸게 만들 수 있는 지역이라면 어디에서든 생산한다.

… 해외이전전략

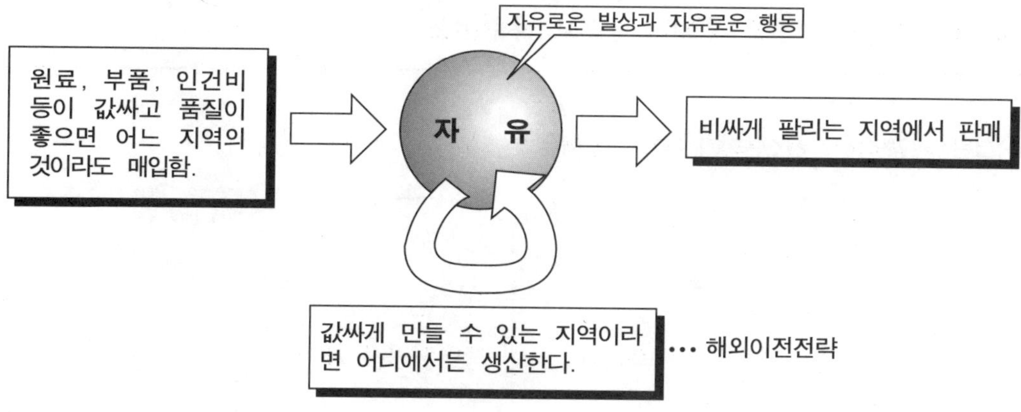

<그림4> 글로벌화의 발전 결과

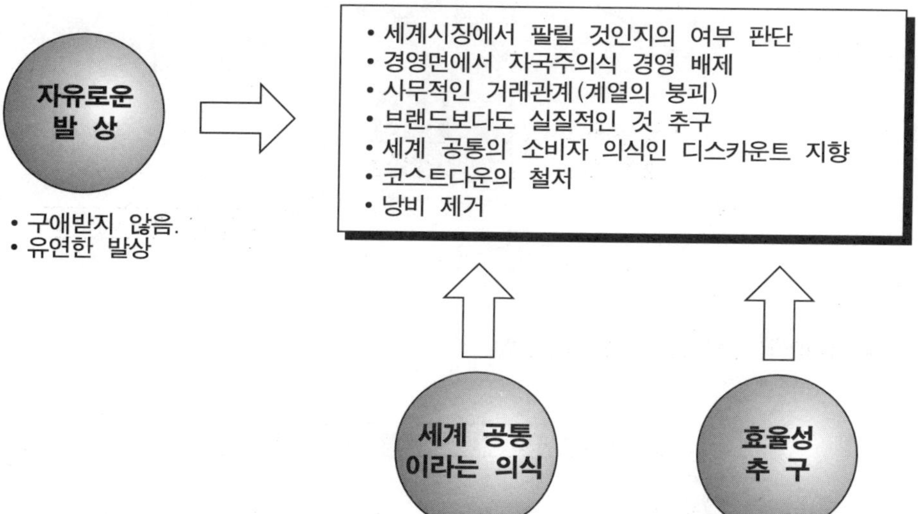

자유로운
발 상

• 구애받지 않음.
• 유연한 발상

• 세계시장에서 팔릴 것인지의 여부 판단
• 경영면에서 자국주의식 경영 배제
• 사무적인 거래관계(계열의 붕괴)
• 브랜드보다도 실질적인 것 추구
• 세계 공통의 소비자 의식인 디스카운트 지향
• 코스트다운의 철저
• 낭비 제거

세계 공통
이라는 의식

효율성
추 구

<그림5> 마케팅의 변천

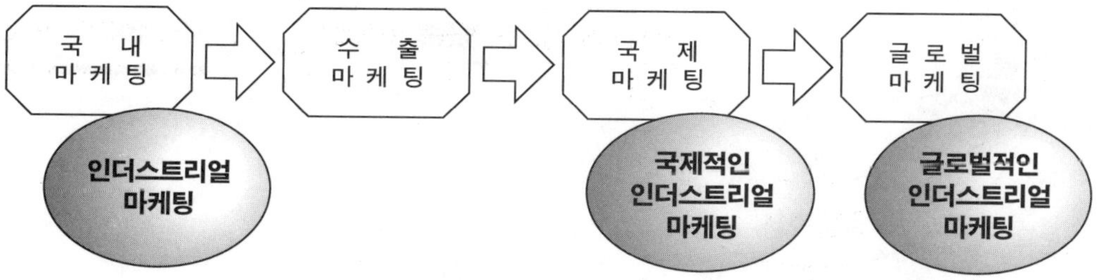

국 내
마 케 팅

수 출
마 케 팅

국 제
마 케 팅

글 로 벌
마 케 팅

인더스트리얼
마케팅

국제적인
인더스트리얼
마케팅

글로벌적인
인더스트리얼
마케팅

5-2 시스템화

시스템이란, 구조를 말하는데, 전체적인 구조(토털 시스템), 정보 흐름의 구조(정보 시스템), 경영구조(경영 시스템) 등으로 사용된다.

<그림1> 경영에서 시스템화가 제기되는 이유

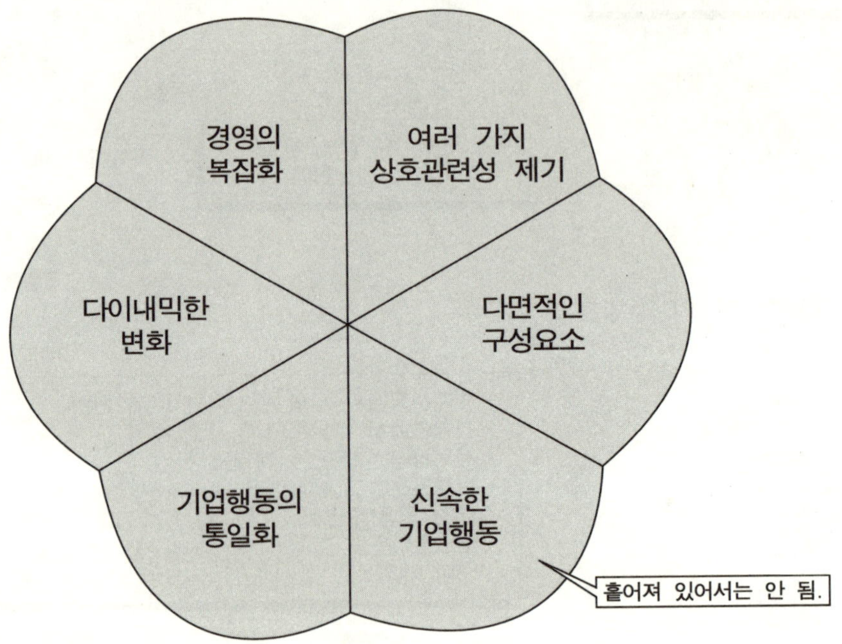

<그림2> 부품 메이커의 경영에 필요한 시스템화

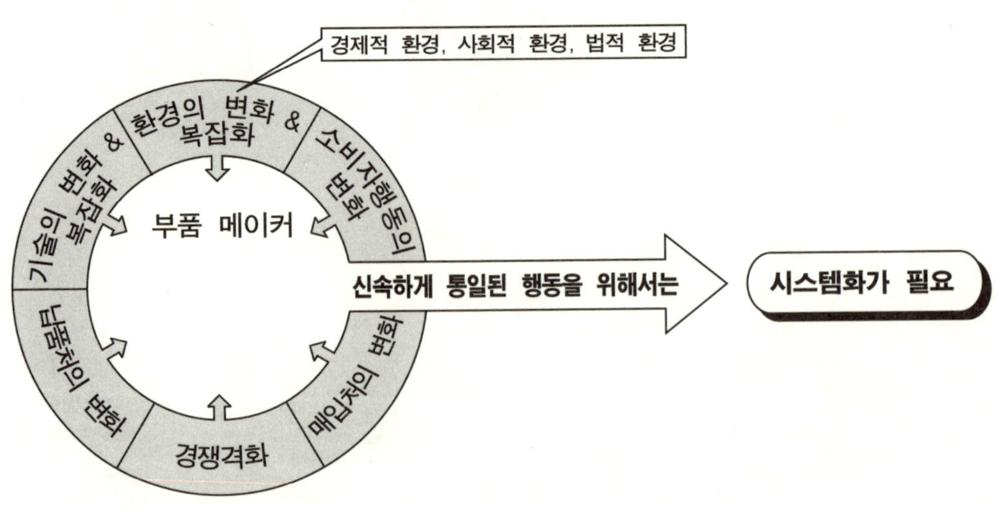

<그림3> 시스템적 발상의 메리트

<그림4> 인더스트리얼 마케팅에서 중시되는 시스템적 발상

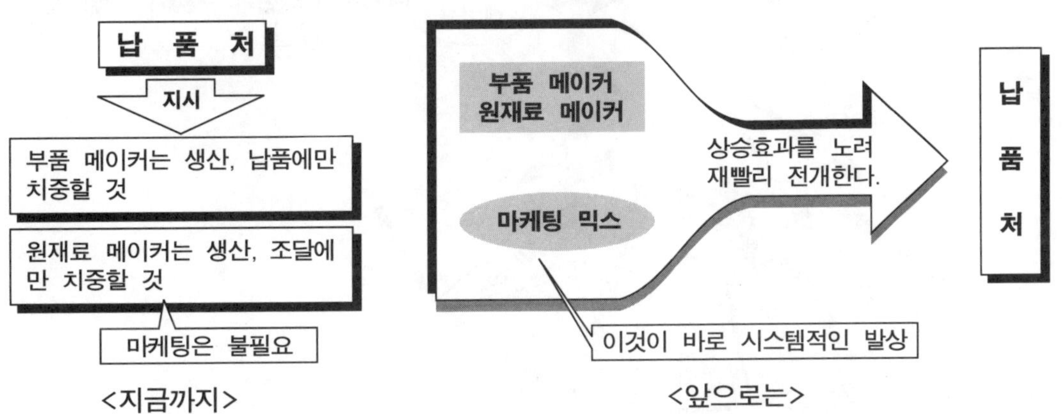

5-3 정보화

정보화란, 인더스트리얼 마케팅에 있어서 정보의 중요성이 인식되어 정보의 수집·분석·전달·활용과 같은 일련(一連)의 시스템이 필요 불가결하게 된 것을 말한다.

<그림1> 부품 메이커의 정보 시스템

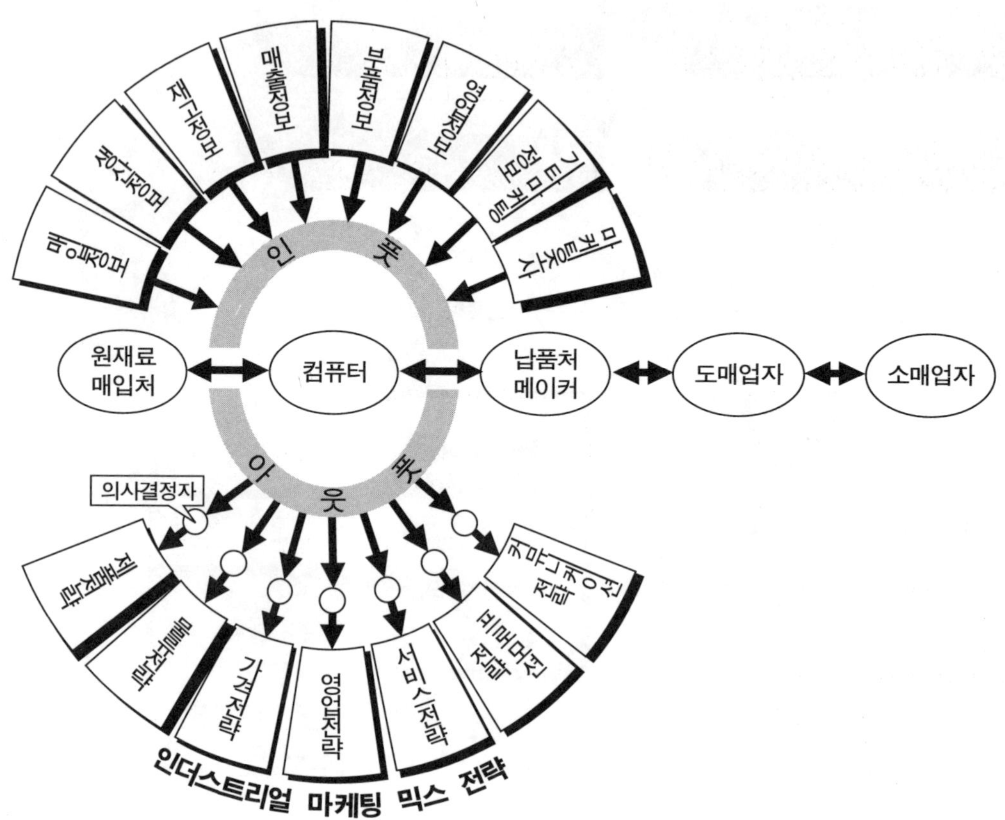

<그림2> 그림1 중의 컴퓨터 핵심

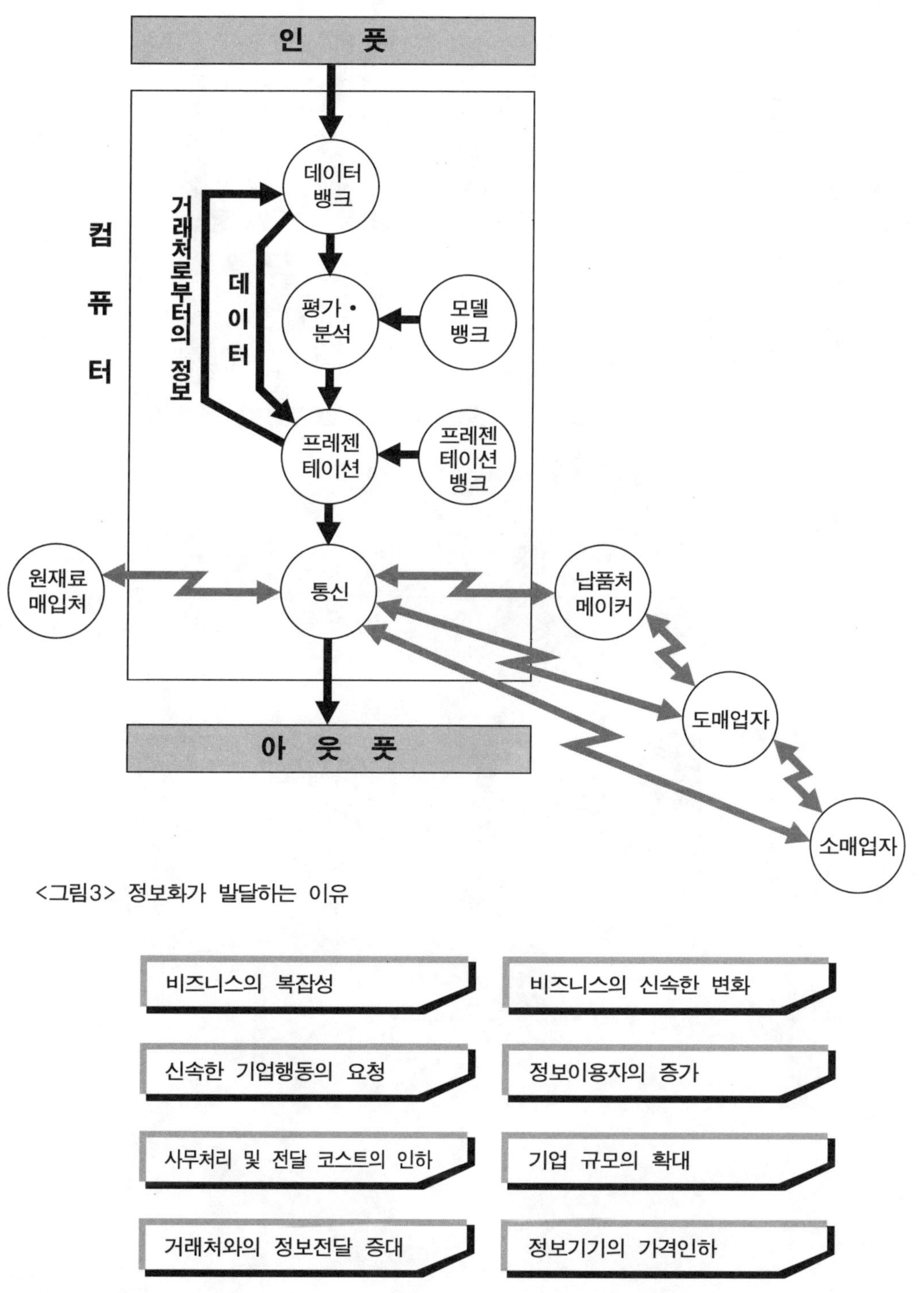

<그림3> 정보화가 발달하는 이유

5-4 저가격화

<그림1> 저가격화의 물결

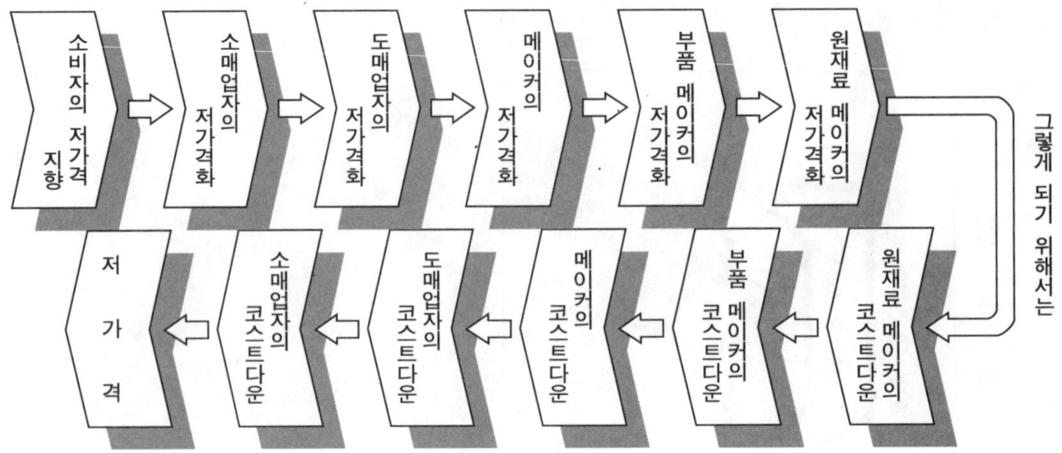

<그림2> 코스트다운의 방안

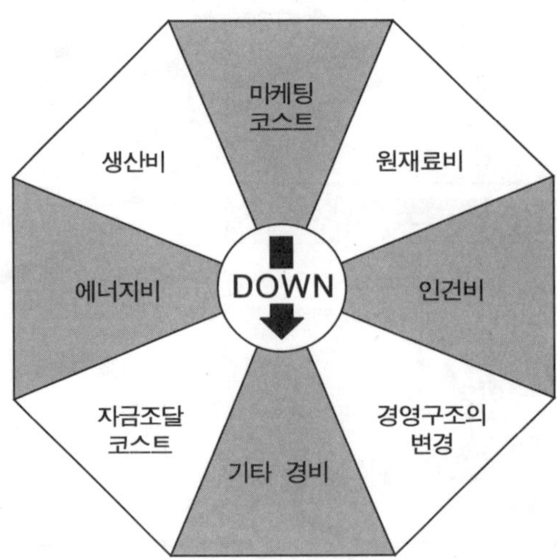

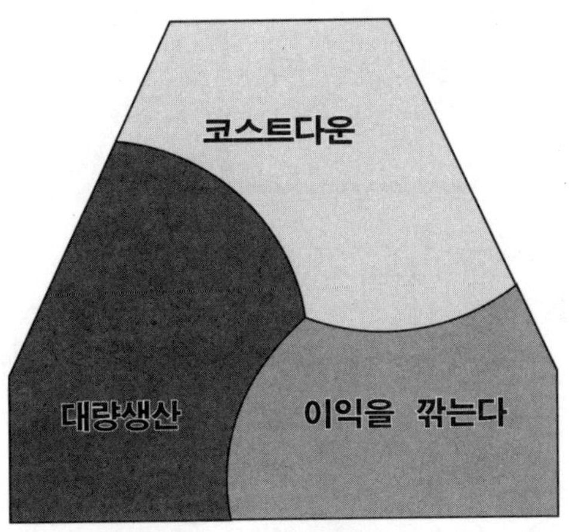

<그림3> 저가격을 실현하기 위한 방안(소극적인 사고)

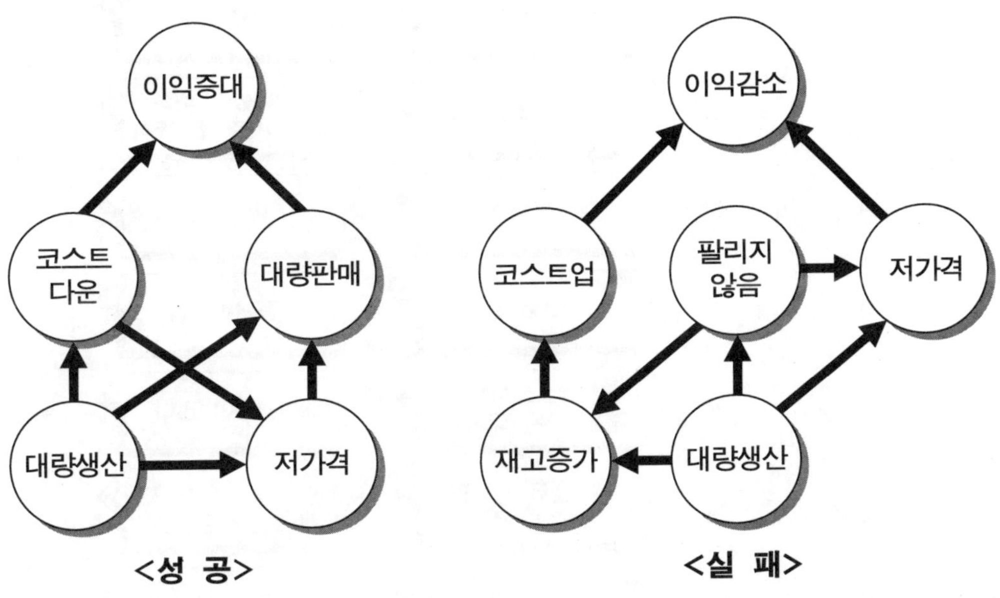

<그림4> 저가격화의 성공과 실패(적극적인 사고)

5-5 리스와 렌털

<그림1> 리스, 렌털화(Lease, Rental化)

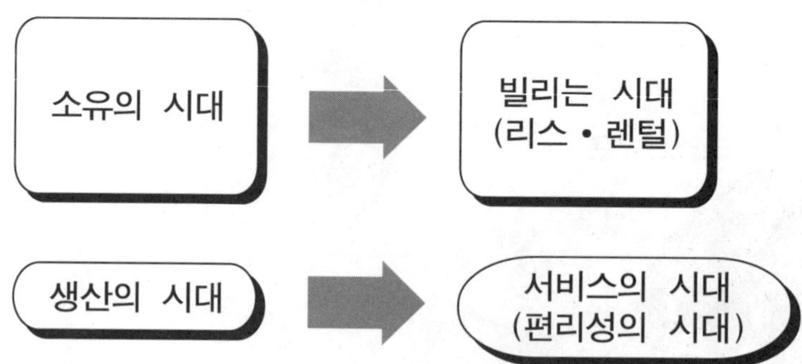

<그림2> 리스와 렌털의 차이

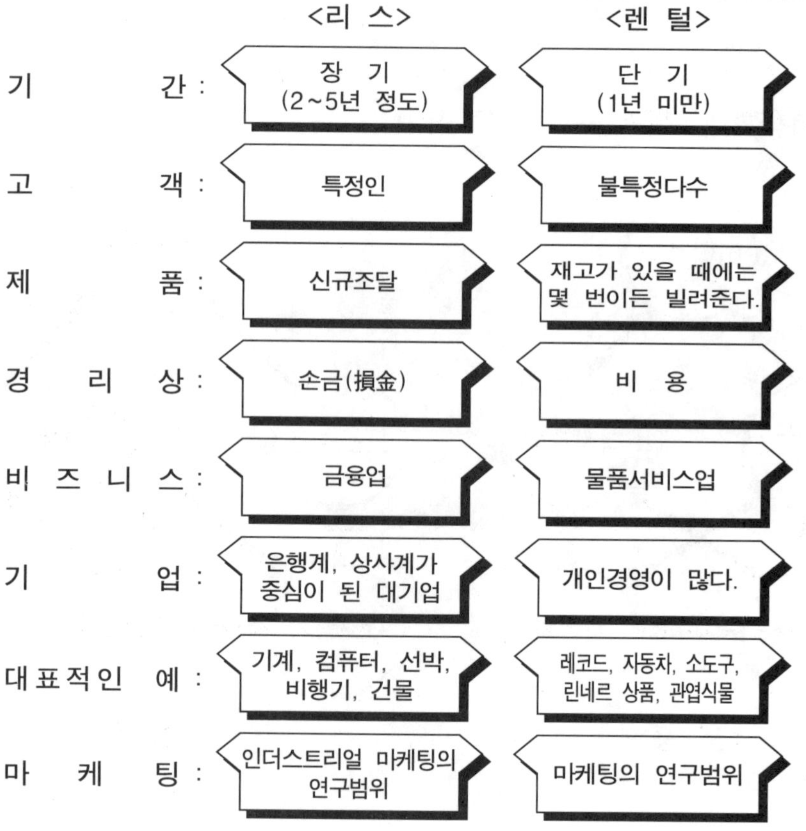

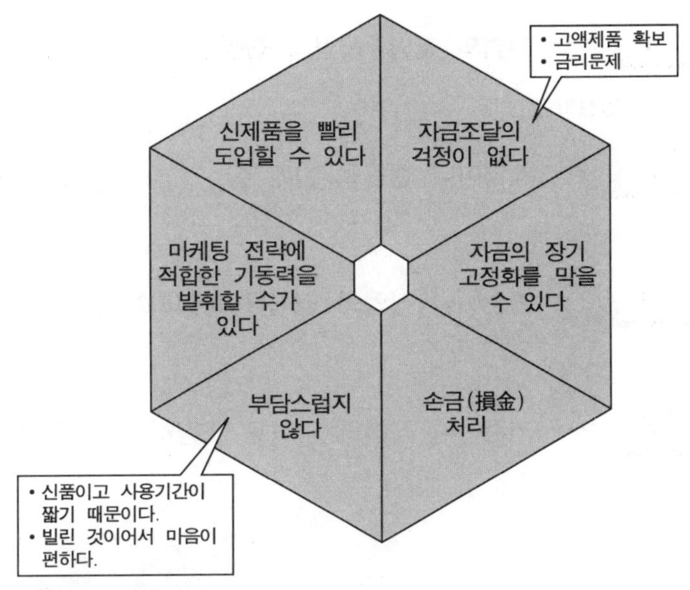

<그림3> 리스가 성행하는 이유

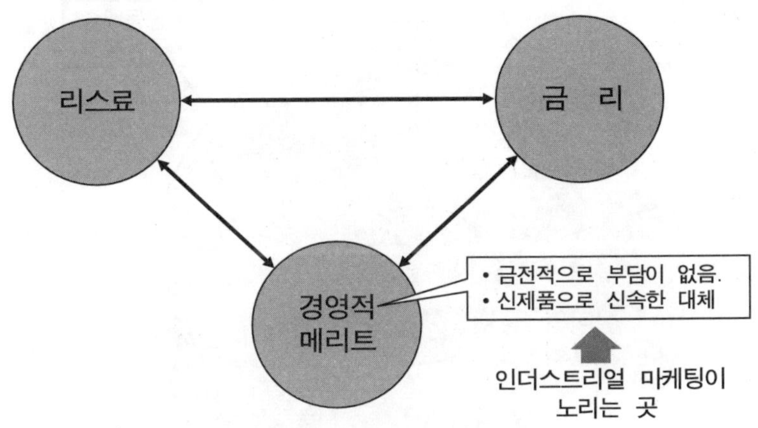

<그림4> 리스를 생각할 경우의 의사결정 요인

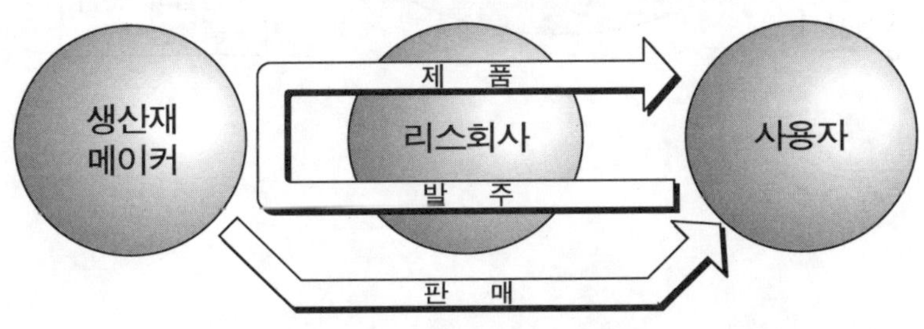

<그림5> 생산재 메이커와 리스 판매의 구조

5-6 공동화

<그림1> 공동화(共同化)의 레벨

합 동 화
기업의 합병, 사업의 합병
더욱 발전하면
공 동 화
작업이나 행동을 함께 함.
통 일 화
기준이나 작업의 양식을 동일하게 함.
공 통 화
기준이나 작업의 양식을 조정하여 공통점을 만들어냄.

<그림2> 공동화를 추진하는 이유

• 공동매입
• 공동 프로모션
• 공동배송
• 공동창고
스케일
메리트의 추구
물류비 감축
코스트다운
추구
설비의
효율화
인건비 감축
사무경비 감축
공동생산
• 영업의 분담
• 공동연구

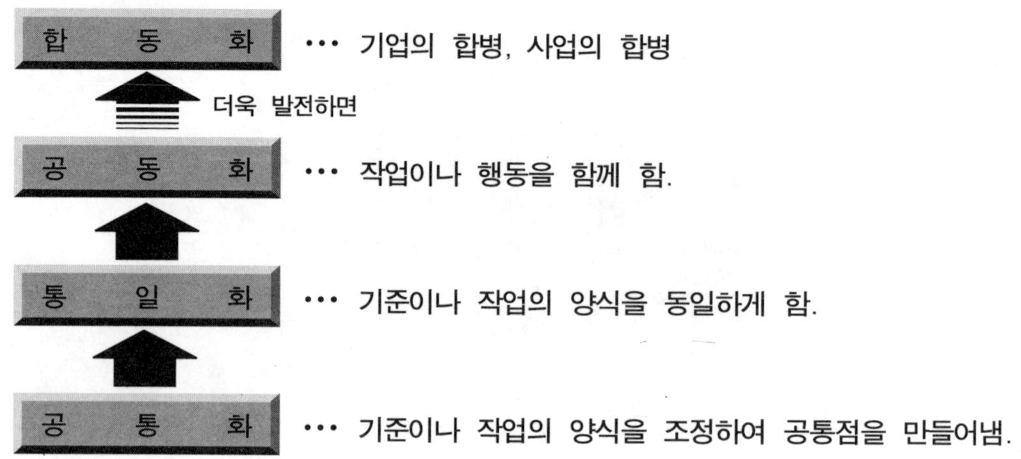

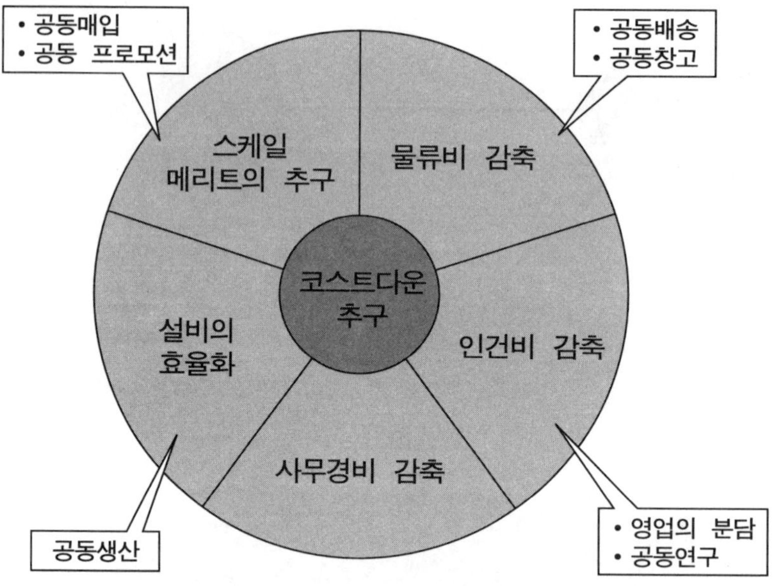

<그림3> 인더스트리얼 마케팅에 의해 흔히 공동화가 시도되는 이유

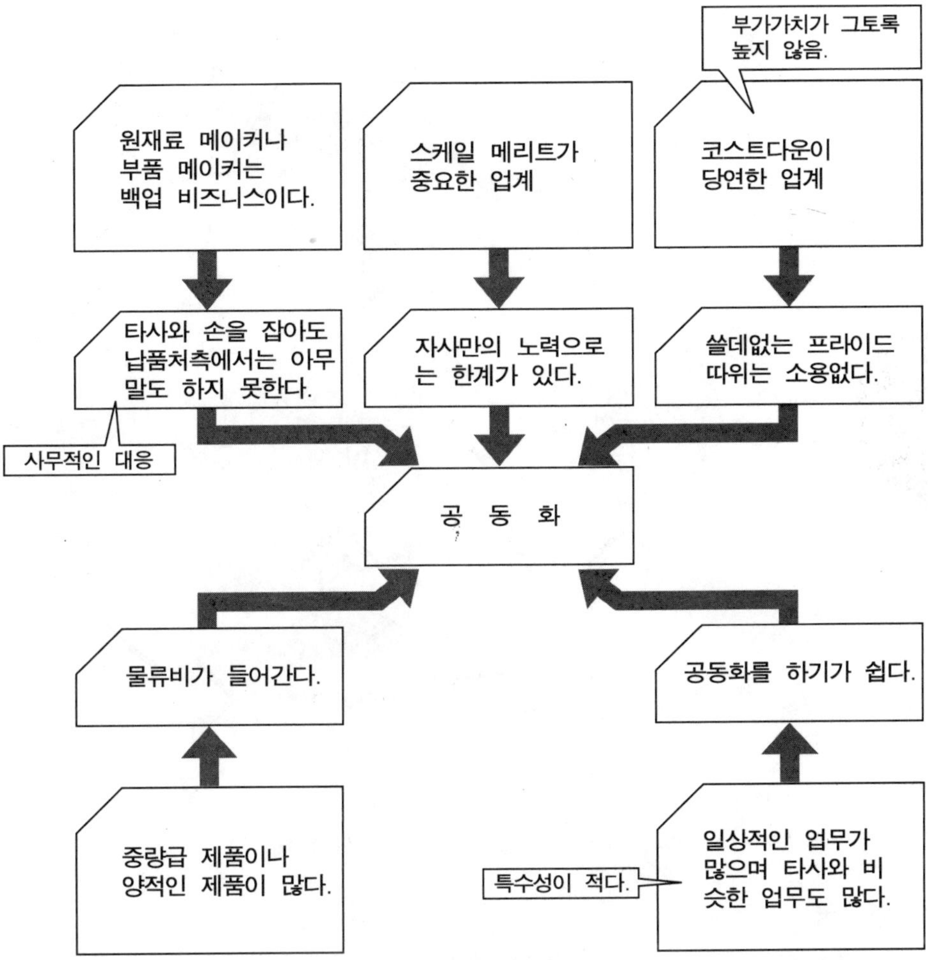

<그림4> 납품처 지도형(指導型) 공동화

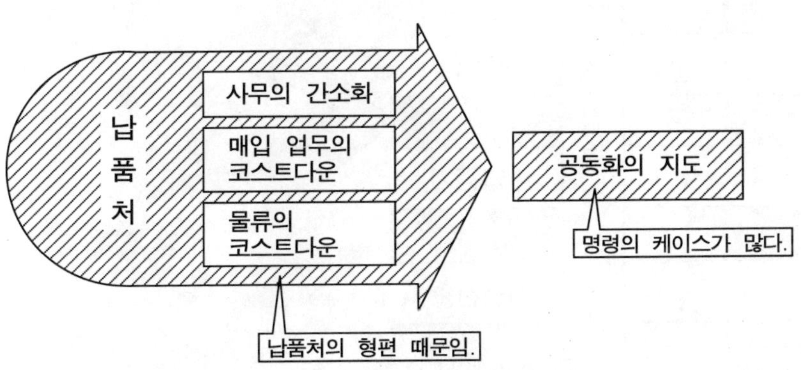

5-7 규제완화

<그림1> 규제완화와 새로운 시장 및 새로운 마케팅

타업계
로부터의
참여
일반적으로 이런 일이 없으면
시장은 활성화되지 못함.
규제완화
비즈니스
찬스의
발생
인더스트리얼
마케팅의
변화
새로운 경쟁
시장의 변화

<그림2> 수입면에서의 규제완화와 인더스트리얼 마케팅에 대한 영향

외 국
국 내
공장의 해외진출
(공동화)
해외부품 메이커·
원재료 메이커
수입규제완화
역수입
(저가격화)
수입증가
(저가격화)
기업진출
(경쟁격화)

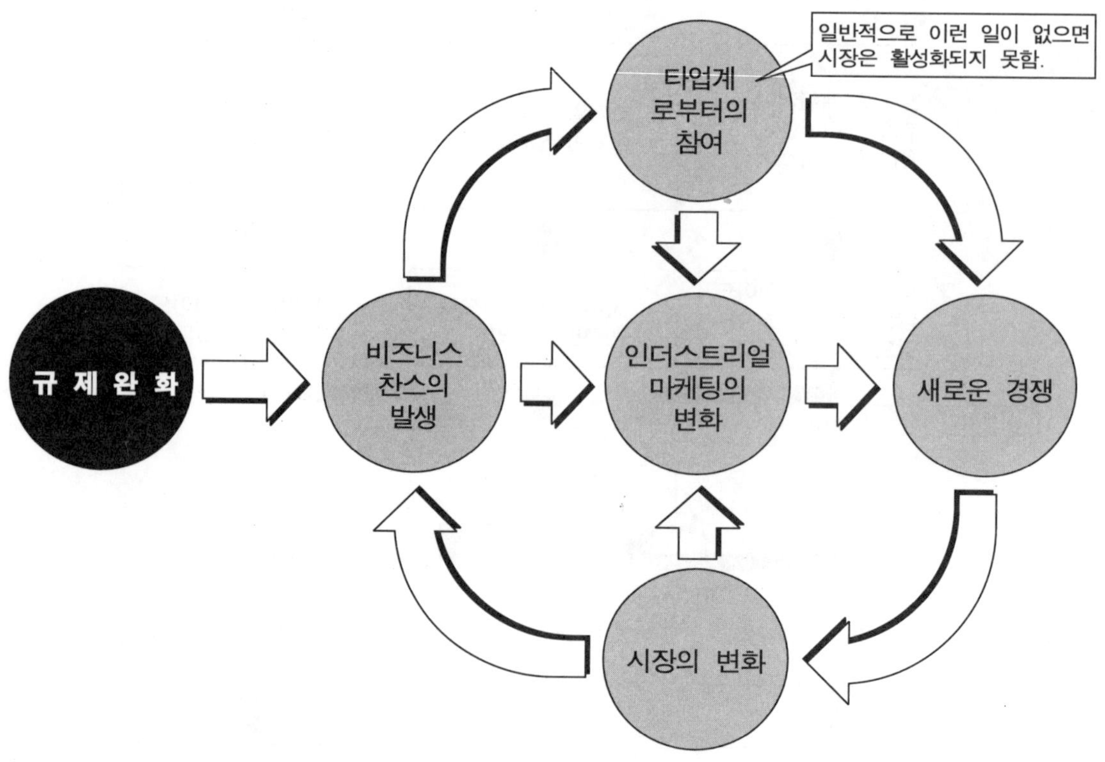

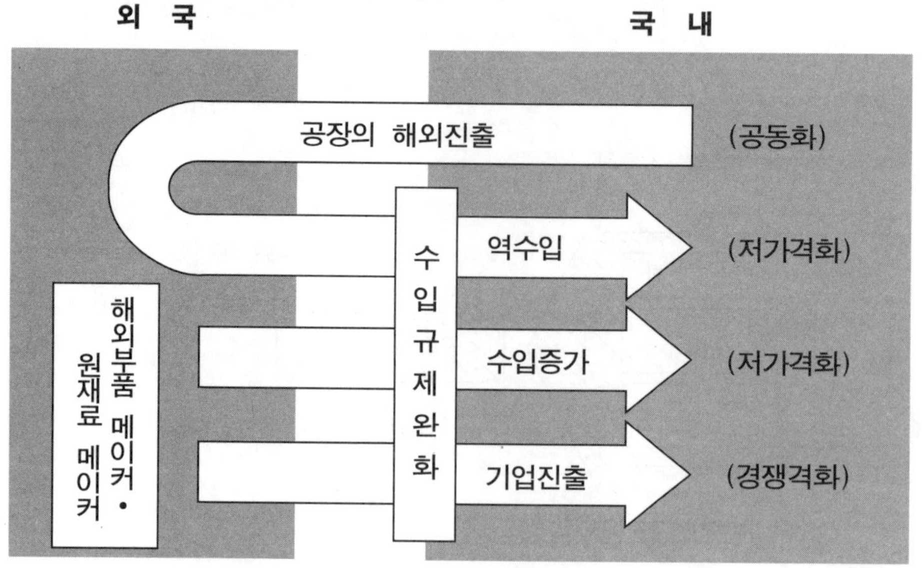

<그림3> 규제완화의 결과

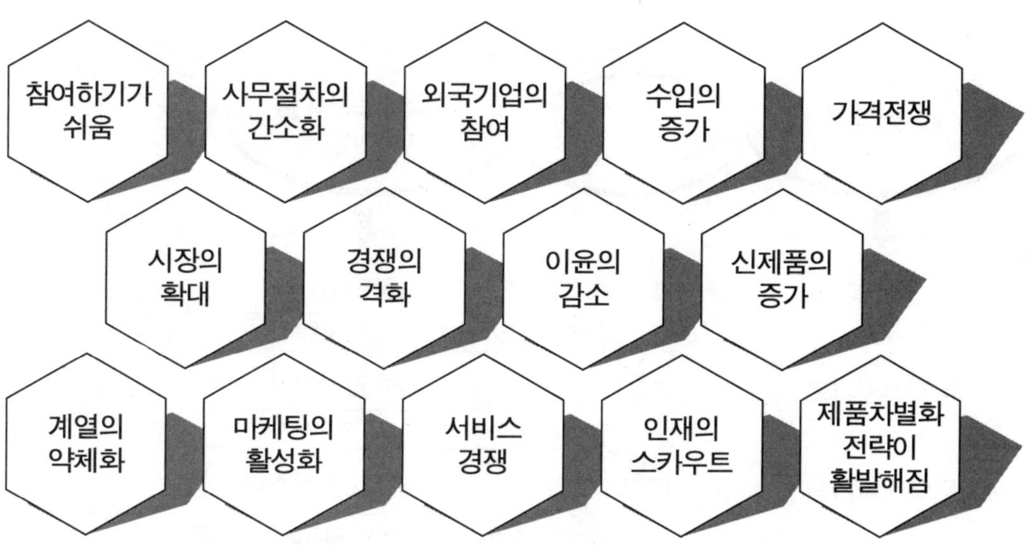

참여하기가 쉬움
사무절차의 간소화
외국기업의 참여
수입의 증가
가격전쟁
시장의 확대
경쟁의 격화
이윤의 감소
신제품의 증가
계열의 약체화
마케팅의 활성화
서비스 경쟁
인재의 스카우트
제품차별화 전략이 활발해짐

<그림4> 규제는 마케팅의 적

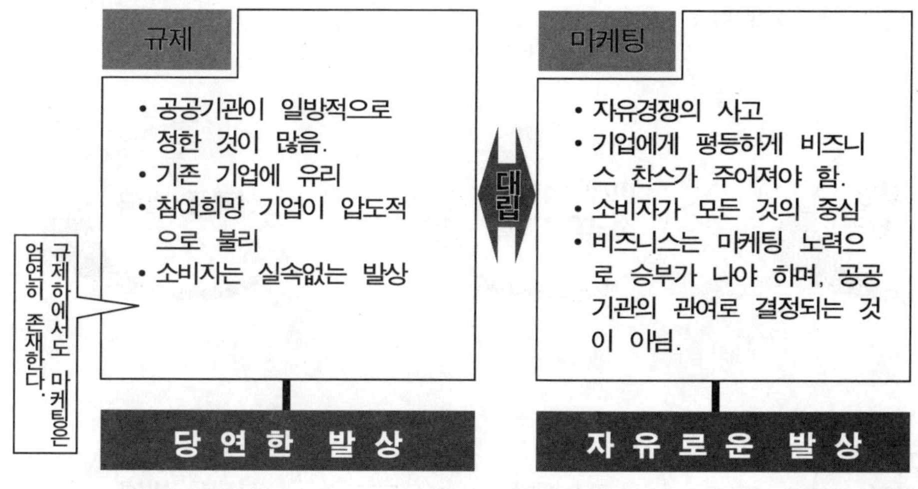

규제
• 공공기관이 일방적으로 정한 것이 많음.
• 기존 기업에 유리
• 참여희망 기업이 압도적으로 불리
• 소비자는 실속없는 발상
규제하에서도 마케팅은 엄연히 존재한다.
대립
마케팅
• 자유경쟁의 사고
• 기업에게 평등하게 비즈니스 찬스가 주어져야 함.
• 소비자가 모든 것의 중심
• 비즈니스는 마케팅 노력으로 승부가 나야 하며, 공공기관의 관여로 결정되는 것이 아님.
당 연 한 발 상
자 유 로 운 발 상

5-8 기술혁신

<그림1> 기술혁신과 인더스트리얼 마케팅

기술혁신
인더스트리얼 마케팅
(예)
코인센서기술
자동판매기
티켓 인쇄는 할 수 없을까?
티켓인쇄기술
자동권발매기
티켓을 해독할 수 없을까?
티켓해독기술
자동개찰시스템
정기권 케이스에서 정기권을 꺼내지 않더라도 개찰을 할 수 없을까?
정기권해독전파기술
자동정기권개찰시스템

<그림2> 기술개발과 소프트의 관계

<과거>
기술의 발명 (신제품의 발명)
이에 적합한 소프트 개발
신제품 발매
<현재>
소비자나 납품처의 수요 및 욕구
기술개발
신제품 발매
대단히 마케팅적

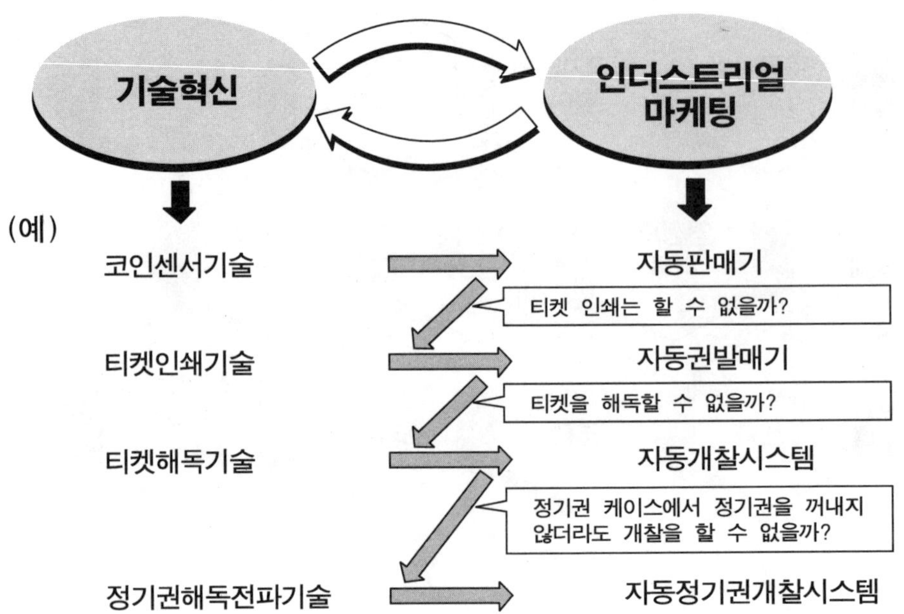

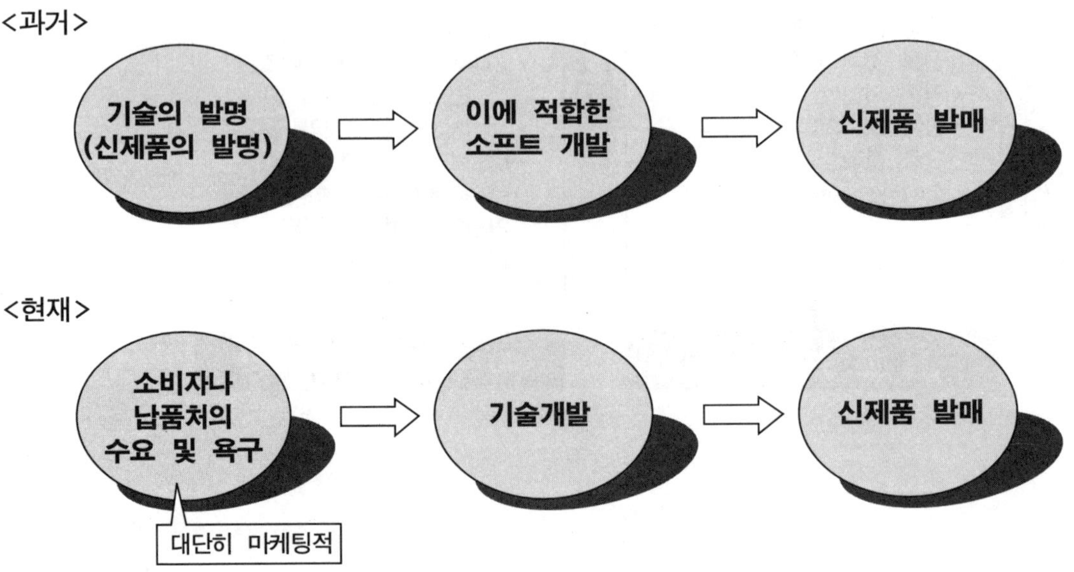

<그림3> 기술력과 마케팅력의 밸런스

기술력의 바퀴
마케팅력의 바퀴

<그림4> 납품처의 요망과 기술개발력

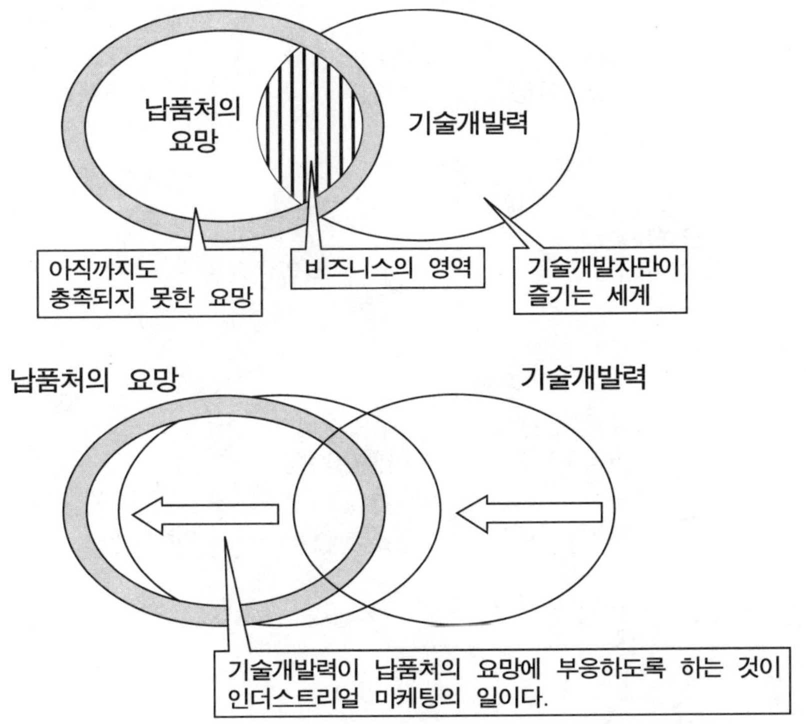

납품처의
요망
기술개발력
아직까지도
충족되지 못한 요망
비즈니스의 영역
기술개발자만이
즐기는 세계
납품처의 요망
기술개발력
기술개발력이 납품처의 요망에 부응하도록 하는 것이
인더스트리얼 마케팅의 일이다.

5-9 타임마케팅

<그림1> 타임마케팅(Time Marketing)

타임마케팅
시간
시간을 세일즈 포인트로
하여 전개되는 마케팅

<그림2> 6가지 유형으로 전개되는 타임마케팅

예약을 세일즈 포인트로
하는 마케팅
특정시점의
타임마케팅
특정기간의
타임마케팅
특정기간 동안의 마케팅
특정기간 개최
세계동시발매의
마케팅
시간경과상의
타임마케팅
동시성의
타임마케팅
스피드가 승부가
되는 마케팅
시간인식상의
타임마케팅
주기성의
타임마케팅
주기적으로 실시되는
마케팅
시간을 잊게 해주는
마케팅

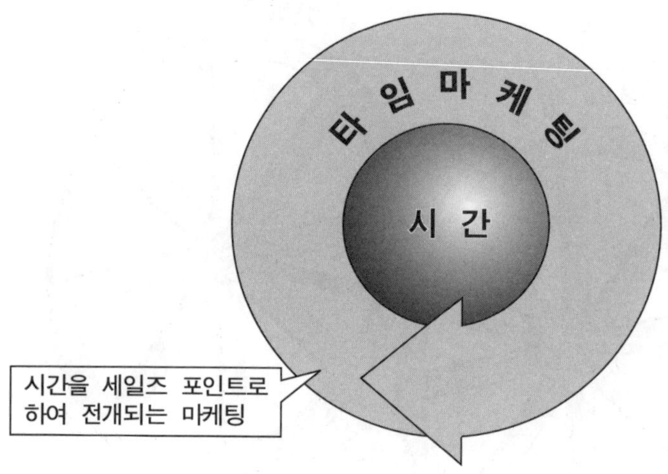

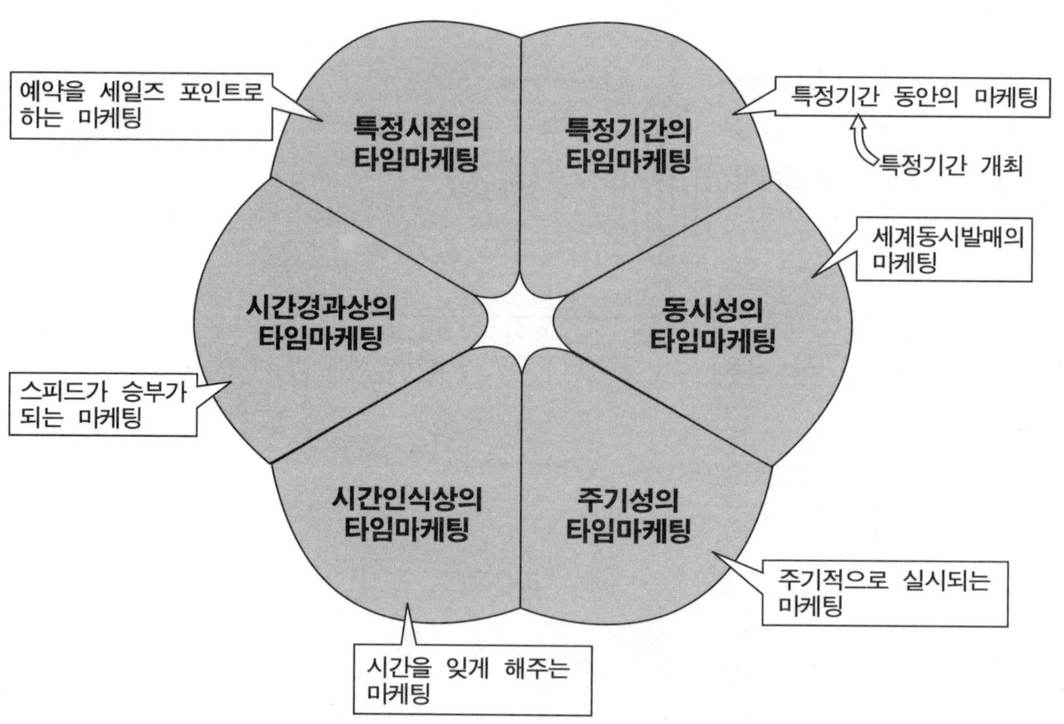

<그림3> 타임마케팅을 인더스트리얼 마케팅에 응용한 경우

특정시점의 타임마케팅		
기시형(旣時型)	리얼타임의 수주(受注) 생산 시스템
적시형(適時型)	차고법(車庫法) 개정시의 입체주차장 영업
시간차형	시차(Time-lag)를 활용한 세계적인 상품거래 시스템
시간특정형	철도노선 보수 서비스
예약형	여행대리점의 호텔예약경쟁
알람형	가스누출경보 시스템

시간경과상의 타임마케팅	
스피드형	납품단축 시스템 만들기
시간절약형	생산로봇의 판매
항시형(恒時型)	24시간 수주 서비스
일과성형	루빅큐브(Rubik's Cube)의 재고량 예측 시스템
시간지연형	시간을 벌기 위해 발매하는 신제품 마케팅
자유시간형	근무시간자유선택제 도입에 의한 영업사원 관리
진부화형	부품의 모델 변경
예측형	일기예측회사의 영업
측정형	정확성을 판매 표적으로 하는 계측기 메이커

특정기간의 타임마케팅	
이벤트형	상품전시장에서의 마케팅 활동
데드라인형	신문기사의 데드라인 시스템
시간활용형	공장조업 한산기의 OEM 수주활동
붐형	파지제품지향 IC의 마케팅
계절형	계절제품의 물류 시스템 만들기
정기형	정기적 서비스의 메이커 물류부문에의 판매
기간한정형	특별사양 자동차의 부품공급 시스템 만들기

시간인식상의 타임마케팅	
시간망각형	목욕탕 내장업자의 세일즈
레트로형(Retro型)	골동품 취급업자의 영업
시간엄수형	물류 위탁업자의 세일즈
편리형	사무처리 대행 서비스업

동시성의 타임마케팅	
동시병행형	동시병행처리형 컴퓨터 판매
세계동시형	세계동시인쇄 서비스

주기성의 타임마케팅	
주기형	특히 주말 등에 바쁜 기업에 대한 인재파견회사의 영업
부정기형	부정기 항공편 서비스의 택배업자의 판매

5-10 패션화

<그림1> 패션화의 진행

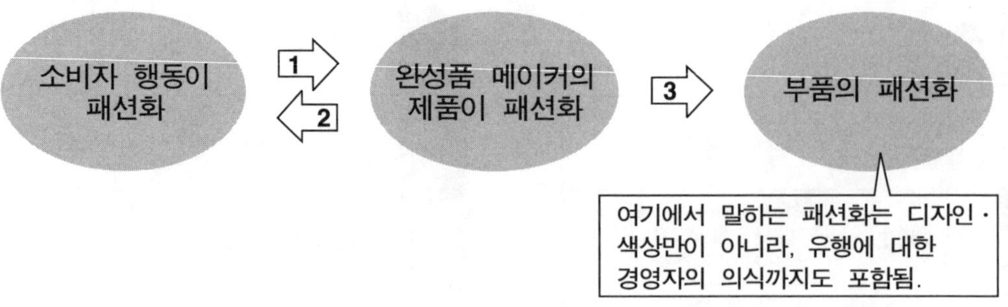

소비자 행동이 패션화
1
2
완성품 메이커의 제품이 패션화
3
부품의 패션화
여기에서 말하는 패션화는 디자인·색상만이 아니라, 유행에 대한 경영자의 의식까지도 포함됨.

<그림2> 패션화가 일어나는 이유

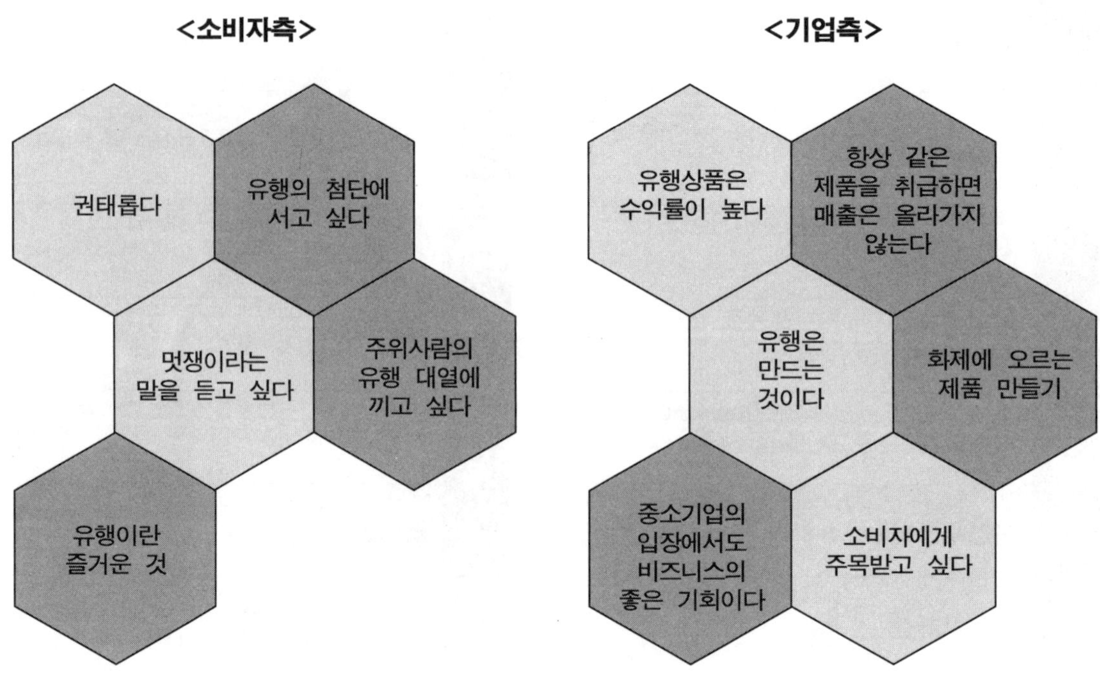

<소비자측>
권태롭다
유행의 첨단에 서고 싶다
멋쟁이라는 말을 듣고 싶다
주위사람의 유행 대열에 끼고 싶다
유행이란 즐거운 것

<기업측>
유행상품은 수익률이 높다
항상 같은 제품을 취급하면 매출은 올라가지 않는다
유행은 만드는 것이다
화제에 오르는 제품 만들기
중소기업의 입장에서도 비즈니스의 좋은 기회이다
소비자에게 주목받고 싶다

<그림3> 패션의 기본

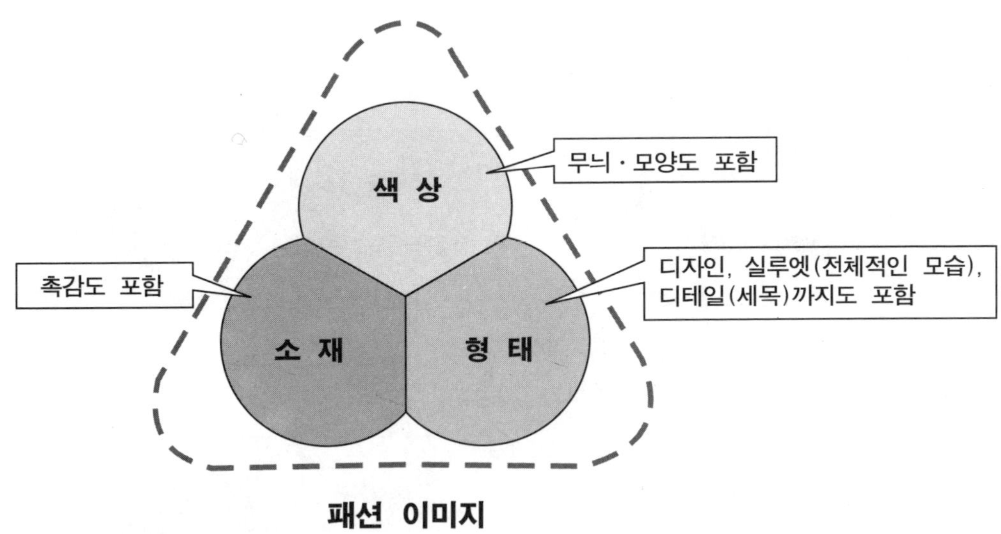
무늬·모양도 포함
색 상
촉감도 포함
디자인, 실루엣(전체적인 모습),
디테일(세목)까지도 포함
소 재
형 태
패션 이미지

<그림4> 패션은 기업간의 팀 머천다이징이 중요

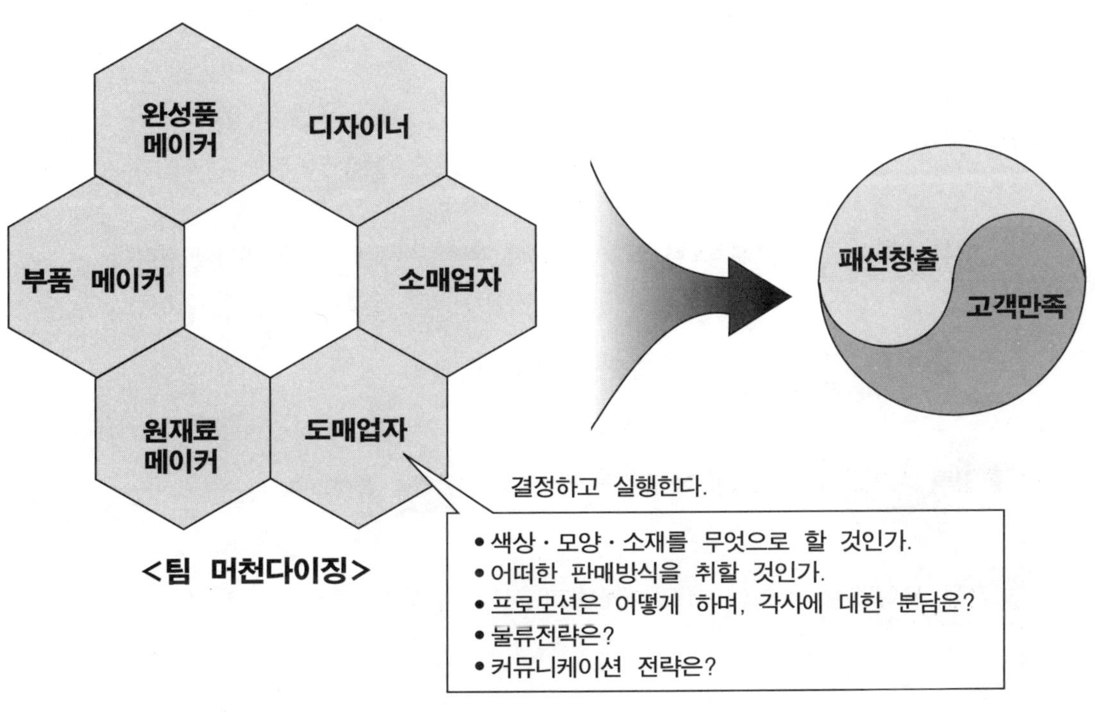
완성품
메이커
디자이너
부품 메이커
소매업자
원재료
메이커
도매업자
패션창출
고객만족
<팀 머천다이징>
결정하고 실행한다.
• 색상·모양·소재를 무엇으로 할 것인가.
• 어떠한 판매방식을 취할 것인가.
• 프로모션은 어떻게 하며, 각사에 대한 분담은?
• 물류전략은?
• 커뮤니케이션 전략은?

5- 11 사이즈 마케팅

사이즈 마케팅(Size Marketing)이란, 크기로 전개하는 마케팅을 말한다.

<그림1> 전략으로서의 사이즈(부품의 경우)

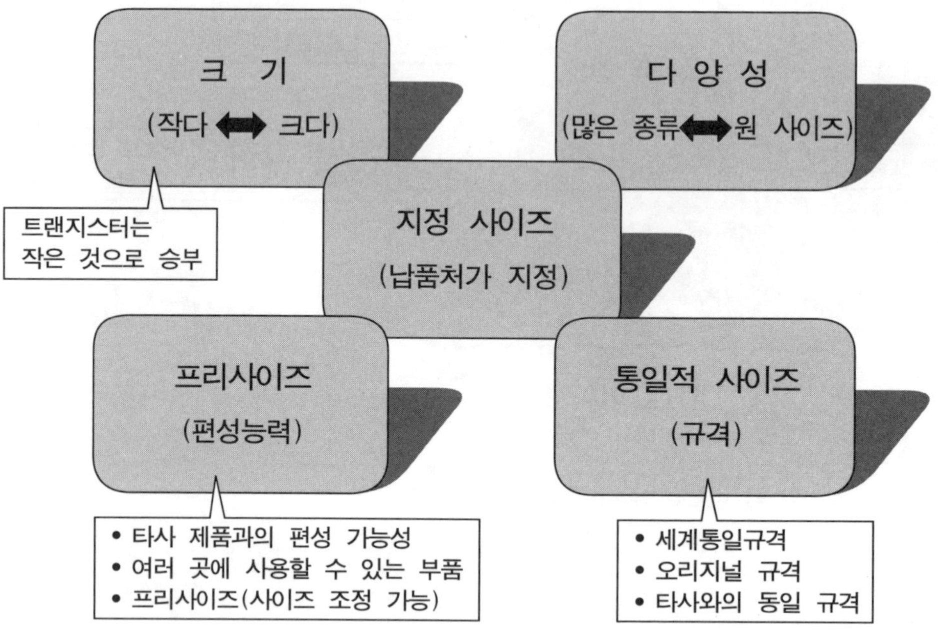

<그림2> 기업목적에 사이즈를 중시하는 기업

작 음 : 마부치모터(조그마한 모터 제작), 미네베아(작은 베아링 제작)

다양성 : 시마노공업(자전거 부품 일체 제작)

통일적 사이즈 : 미스미(잘 팔리는 사이즈의 부품만을 통신판매)

지정 사이즈 : 이와자키통신기계(NTT 지정의 전화기)

<그림3> 납품처가 통일 사이즈가 아니라 지정 사이즈를 택하는 이유

(예) 토요타 사이즈, NTT 사이즈

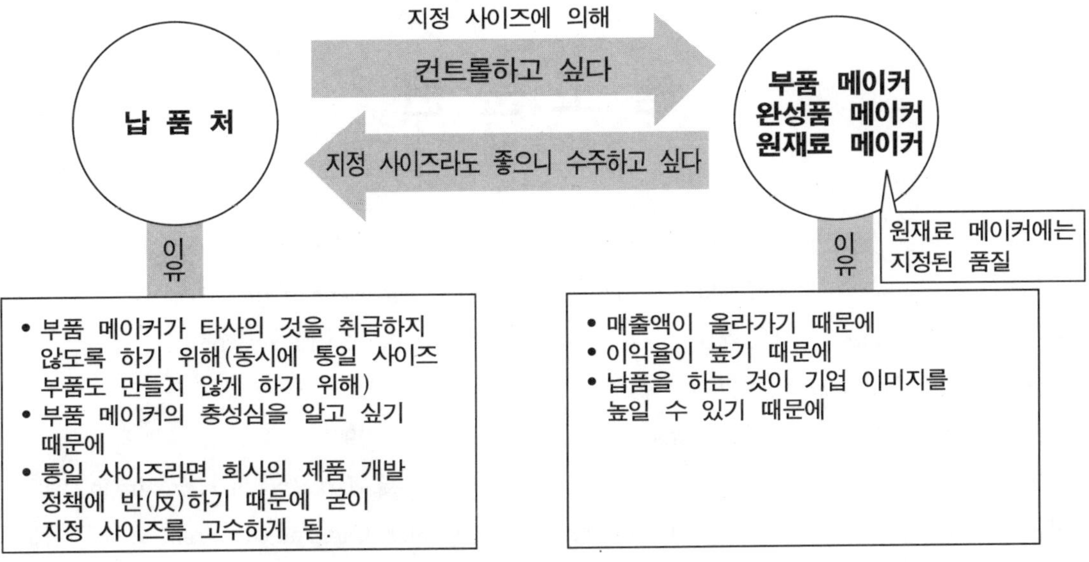

지정 사이즈에 의해
컨트롤하고 싶다
납 품 처
부품 메이커
완성품 메이커
원재료 메이커
지정 사이즈라도 좋으니 수주하고 싶다
이유
이유
원재료 메이커에는 지정된 품질
• 부품 메이커가 타사의 것을 취급하지 않도록 하기 위해(동시에 통일 사이즈 부품도 만들지 않게 하기 위해)
• 부품 메이커의 충성심을 알고 싶기 때문에
• 통일 사이즈라면 회사의 제품 개발 정책에 반(反)하기 때문에 굳이 지정 사이즈를 고수하게 됨.
• 매출액이 올라가기 때문에
• 이익율이 높기 때문에
• 납품을 하는 것이 기업 이미지를 높일 수 있기 때문에

<그림4> 작은 사이즈의 전략이 성공하는 이유

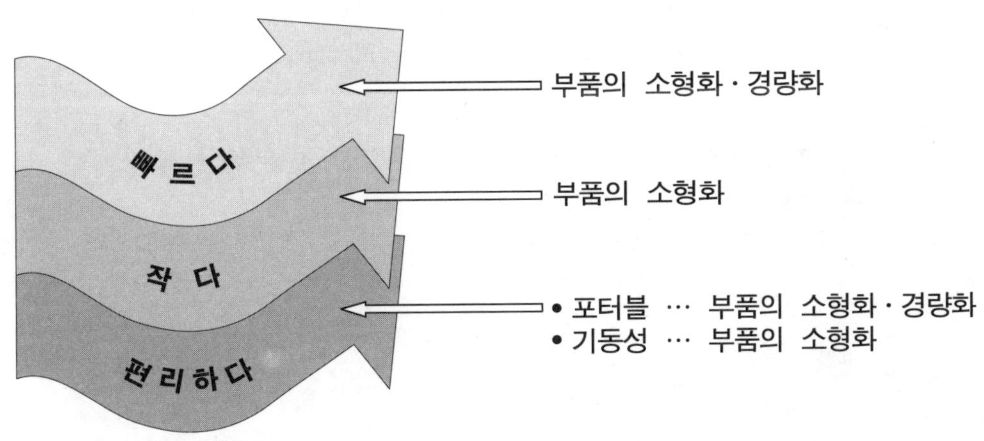

빠 르 다
작 다
편 리 하 다
부품의 소형화 · 경량화
부품의 소형화
• 포터블 … 부품의 소형화 · 경량화
• 기동성 … 부품의 소형화
<소비자가 좋아하는 장기적 경향>

참 고 문 헌

- Agarwal, M.K., P. Burger & D. A. Reid, *Readings in Industrial Marketing*, Prentice-Hall, 1985.
- Bingham, F. G. & B. T. Raffield, *Industrial Marketing Management*, Irwin, 1995.
- Corey, E. R., *Industrial Marketing*, 4th ed., Harvard Business School Press, 1991.
- Haas, R. E., *Industrial Marketing Management*, PWS-Kent, 1989.
- Mahin, P. W., *Business to Business Marketing*, Allyn & Bacon, 1991.
- Rangan, V. K., B. P. Shapiro & R. T. Moriarity, Jr., *Business Marketing Strategy*, Irwin, 1995.
- Reeder, R. R., E. G. Brierty & B. H. Reeder, *Industrial Marketing*, 2nd ed., Prentice-Hall, 1991.
- Webster, F. E., *Industrial Marketing Strategy*, 3rd ed., Wiley, 1995.
- Chisnall, P., *Strategic Business Marketing*, Prentice-Hall, 1995.
- Gross, A. C., P. M. Banting & L. N. Meredith, *Business Marketing*, Houghton-Mifflin, 1993.
- Haas, R. E., *Business Marketing Management*, 5th ed., PWS-Kent, 1992.
- Hutt, M. D. & T. W. Speh, *Business Marketing Management*, 4th ed., Dryden, 1991.
- O'Reilly, D. & J. Gibas, *Business to Business Marketing*, Pitman, 1995.
- 三家英治, 《圖說 マーケティング》, 晃洋書房, 1987.
- 三家英治, 《圖說 外食ビジネス》, 晃洋書房, 1991.
- 三家英治, 《圖說 タイム マーケティング》, 晃洋書房, 1992.
- 三家英治, 《マーケティングとは何か》, 晃洋書房, 1993.

새로운 발상의 마케팅 — 인더스트리얼 마케팅

초판1쇄 찍음 / 1996년 8월 26일
초판1쇄 펴냄 / 1996년 8월 30일

지은이 / 미야 에이지(三家英治)
편역자 / 윤상근
펴낸이 / 박경일
펴낸곳 / 한국산업훈련연구소

주소 / 서울시 동대문구 신설동 104 - 30 2층
등록 / 1978년 6월 24일 제1 - 256호
전화 / 234 - 4174 ~ 5
팩스 / 234 - 6070

값 12,000원
ISBN 89 - 7019 - 141 - 0 03320